经管文库·管理类
前沿·学术·经典

U0604453

四川省高校思想政治工作精品项目"'党建引领、四维协同'管理
（川教厅办函〔2024〕6号）
宜宾学院校级项目（2021YY01）
宜宾学院学科马克思主义学院学科建设项目（164–2021XKJS001）

EXPLORATION OF MULTIDIMENSIONAL INTEGRATION OF
UNIVERSITY EDUCATION CULTURE IN THE NEW ERA

新时代高校育人文化的
多维融合探索

刘明海 著

经济管理出版社
ECONOMY & MANAGEMENT PUBLISHING HOUSE

图书在版编目（CIP）数据

新时代高校育人文化的多维融合探索 / 刘明海著 .
北京 ：经济管理出版社，2025.4 -- ISBN 978-7-5243
-0144-8

Ⅰ. G649.2

中国国家版本馆 CIP 数据核字第 2025VX4629 号

组稿编辑：杨国强

责任编辑：赵天宇

责任印制：张莉琼

责任校对：王淑卿

出版发行：经济管理出版社

（北京市海淀区北蜂窝 8 号中雅大厦 A 座 11 层　　100038）

网　　　址：www.E-mp.com.cn

电　　话：（010）51915602

印　　　刷：唐山昊达印刷有限公司

经　　销：新华书店

开　　本：710mm×1000mm/16

印　　张：13

字　　数：255 千字

版　　次：2025 年 4 月第 1 版　　2025 年 4 月第 1 次印刷

书　　号：ISBN 978-7-5243-0144-8

定　　价：98.00 元

前　言

在这个充满机遇和挑战的时代，文化与高校思想政治教育的融合已成为育人工作中的重要课题。自党的十八大以来，习近平总书记多次强调，高校要切实以文化人、以文育人。中华优秀传统文化是中华民族的精神命脉，是涵养社会主义核心价值观的重要源泉，也是我们在世界文化激荡中站稳脚跟的坚实根基。高校思想政治工作关系高校培养什么样的人、如何培养人以及为谁培养人这个根本问题。要坚持把立德树人作为中心环节，把思想政治工作贯穿教育教学全过程，实现全程育人、全方位育人，努力开创我国高等教育事业发展新局面。

中共教育部党组印发《高校思想政治工作质量提升工程实施纲要》明确要求，要一体化构建"十大"育人体系，深入推进"文化育人"工作。高校作为立德树人的重要阵地，要把文化育人工作融入教育教学等人才培养全过程，推进中华优秀传统文化、社会主义核心价值观、红色文化、校园文化、网络文化等与思想政治工作深度融合，以文化滋养师生心灵、涵育师生品行、引领社会风尚，牢牢掌握高校意识形态工作领导权，切实用新时代中国特色社会主义文化培育能够担当民族复兴大任的时代新人。

在庆祝中国共产党成立100周年大会上，习近平总书记站在历史和时代全局的高度，提出"坚持把马克思主义基本原理同中国具体实际相结合、同中华优秀传统文化相结合"[①]的根本要求。2023年10月，习近平文化思想首次提出，为新时代高校文化融合的育人路径指明了前进方向。高等教育作为推动国家发展、塑造现代社会重要力量的关键环节，其核心职能和最终目标是培养德、智、体、美、劳全面发展的人才。那么如何将育人文化与高校思想政治教育有效融合，使之成为提升大学生思想素质、强化社会主义核心价值观培育的重要手段。实际上，高校作为创造文化、弘扬文化、传承文化的高地，其育人的过程也是其对大学生实施文化教育和文化熏陶的过程。

---

① 习近平.在庆祝中国共产党成立100周年大会上的讲话［M］.北京：人民出版社，2021.

从思想政治教育内涵看，时代性是高校思想政治教育的本质特征。进入新时代，我国社会的主要矛盾在变，教育的目标任务也有了新要求。党的十九大报告指出："我国社会主要矛盾已经转化为人民日益增长的美好生活需要和不平衡不充分的发展之间的矛盾。"在物质文明发展进入新时代的今天，美好生活的需要更多的是精神层面的充实和满足，这对新时代社会主义文化建设提出了新的要求。在教育层面，我们不仅要"培养德智体美全面发展的社会主义建设者和接班人"，还要"培养担当民族复兴大任的时代新人"。因此，高校应把各种育人文化与思想政治教育工作进行深度融合，从而实现文化育人。

文化与高校思想政治教育工作可以融合，因为文化与思想政治教育本身就具有密不可分的特点。从归属上看，思想政治教育作为上层建筑的重要组成部分，属于意识形态的范畴，而意识形态又根植于文化土壤。从本质上看，思想政治教育是一定阶级、政党、社会群体遵循人们思想品德形成的发展规律，用一定的思想观念、政治观点、道德规范，对其成员施加有目的、有计划、有组织的影响，使他们形成符合一定社会、一定阶级所需要的思想品德的社会实践活动。[①] 从内容上看，思想政治教育是社会主流文化思想、观念及价值形态的综合，其涉及的世界观、人生观、价值观教育，是人们思想行为的"总开关"，决定了人的立场和发展方向。就当今中国而言，中国特色社会主义进入新时代，高校思想政治教育要弘扬中华优秀传统文化和社会主义先进文化，增进大学生对中国特色社会主义的道路自信、理论自信、制度自信、文化自信，奋力书写中华民族伟大复兴的历史篇章。

中华优秀传统文化是高校思想政治工作生命力的重要源泉。对中华优秀传统文化"既需要薪火相传、代代守护，也需要与时俱进、推陈出新"。中华优秀传统文化是中华民族的宝贵财富，融入高校思想政治教育可以有效传承和弘扬这一文化传统。高校思想政治教育要加强对高校学生中华优秀传统文化教育，特别是中华优秀传统文化在中国5000多年的突出优势，而中国特色社会主义植根于中华源远流长的文化沃土，要坚定青年学子对中华优秀文化的"历史渊源"和"文化积淀"的正确认知，创新中华优秀传统文化在新时代的时代表达；要将中华优秀传统文化教育融入大学生日常生活中；要通过"润物细无声"的浸入式教育，引导学生探寻中华优秀文化的民族之根和融入中华优秀传统文化的精神之魂，确保高校思想政治工作生命力。

培育和践行社会主义核心价值观是新时代高校思想政治教育应自觉担负的价值使命。社会主义核心价值观是中国特色社会主义的价值基础，它们反映了

---

① 张耀灿，郑永廷，吴潜涛，等.现代思想政治教育学［M］.北京：人民出版社，2006.

中国特色社会主义的发展目标和价值追求。社会主义核心价值观作为"决定文化性质和方向的最深层次要素"，是高校文化育人的核心要素，引领着高校思想政治教育的方向。将社会主义核心价值观融入高校思想政治教育，可以引导学生树立正确的世界观、人生观、价值观，帮助他们树立正确的价值取向。高校思想政治教育要在培育和践行社会主义核心价值观上下功夫。要树立系统观念，从整体性、系统性和层次性方面设计好培育的阶段性内容并融入到大学生学习和日常交往中，着力通过教育引导、舆论宣传、文化浸润、制度设计、文明创建等举措，推进社会主义核心价值观与新时代高校思想政治教育融合，培养学生正确的世界观、人生观、价值观，增强他们的社会责任感和公民意识，促进创新精神和实践能力的培养，增强文化自信和身份认同，促进学生成人成才。

红色文化是一种具有鲜明革命性、社会主义特点和思想政治教育特质的文化形态，是中国共产党领导下由中国共产党人、先进分子和人民群众共同创造并极具中国特色的先进文化。革命博物馆、纪念馆、党史馆、烈士陵园等是党和国家"红色基因库"，发挥红色文化在高校思想政治教育中的育人功能，用好身边鲜活的"红色基因库"，是新时代高校文化育人的重要渠道。高校要把红色文化融入到课堂教学这个主渠道，对红色文化实施创造性的转化和创新，实现"思政课程"和"课程思政"有机协同，从而让课堂教学与思想政治教育的融入更加贴近学生实际；要用好"红色基因库"，通过社会实践、大学生"三下乡"、党团社团活动等"社会大课堂"，引导大学生做红色文化的鲜活传播者；要开展好校园红色文化活动，让红色文化在校园中亮出来、讲出来、活起来，从而增强大学生文化底蕴，实现红色文化铸魂育人的目标。

高校校园文化是一所大学精神的内在灵魂，校园文化建设彰显中华优秀传统文化的魅力，是加强高校思想政治教育的内在要求，也是把高校建设成为弘扬社会主义精神文明高地的现实需要。一般来说，校园文化主要内涵是以学生为主体、以学校环境为空间，彰显校园文明和精神的一种群体文化。高校校园文化的主体是大学生，大学校园是主要空间，涵盖了学校的校风、学风、教风、校训、精神和制度文化、环境文化、行为文化等内容。把校园文化建设融入到高校思想政治教育，要坚持以习近平新时代中国特色社会主义思想铸魂育人，用社会主义先进文化培育新人；要用独具特色的地域文化陶冶学生，拓展文化育人的地域载体；要用优秀的专业特色文化涵养学生，培养优秀的专业人才；要用积淀的大学精神涵育学生，潜移默化地达到育人效果；要以优美的环境文化滋养学生，营造良好的环境育人氛围。

网络文化是近年来网络技术高速发展的产物，它因网络而生，因技术而兴，是网络与文化的融合。这种在网络空间形成的各种文化观念、文化活动等新的文化形态，给高校思想政治教育带来诸多挑战，也孕育了无限机遇。从微信、微博、抖音、公众号等网络载体来看，开放的体系、广泛的内容和虚拟的主体，具有实时交互、跨民族传播等新型特征，形成了与原有文化截然不同的文化。要发挥网络文化在高校的育人功能，就要坚持以传播、互动、共享为核心，大力发展适应大学生学习、生活、社交等为主要内容的新型网络文化。作为高校的决策者、管理者、实施者，要坚持网络文化育人的主导性，把文化育人作为发展网络文化的出发点，坚持共谋、共建、共享原则，为学生提供个性化的选择，以满足不同学生的多样化需求，推进网络文化与立德树人深度融合。

高校思想政治教育是一项复杂的系统工程，也是一个文化彰显思想政治教育的实践过程。文化与高校思想政治教育相融，为加强大学生思想政治教育提供了路径思考。当然，在这一过程中，高校教师是关键的一环，因此要提升教师队伍的教育引导水平和文化传导能力，始终坚持以习近平新时代中国特色社会主义思想为指导，充分挖掘和利用好中华文化的资源精髓，彰显社会主义高校的人文情怀，赓续中华优秀文化的根脉，从而更好地增强新时代高校思政政治工作的文化性和有效性，务实推进教育强国建设，培育更多的社会主义建设者和接班人。

基于以上背景，本书旨在探讨文化与高校思想政治教育融合的新途径和新方法，为高校思想政治教育的改革与创新提供理论支持和实践借鉴。一是从新时代高校思想政治教育的相关概念与基本内涵出发，对新时代高校思想政治教育的内涵、特征、理念以及内容进行了详细的阐述，旨在对新时代高校思想政治教育进行深入、全面的理论阐释。在此基础上，对文化与高校思想政治教育融合的相关基础理论进行了详细分析，以期为后文的论述奠定基础。二是从优秀传统文化、社会主义核心价值观、红色文化、校园文化以及网络文化等育人角度出发，分析了不同形态育人文化的育人功能及其与高校思想政治教育融合的具体路径。本书对新时代高校思想政治教育融合不同文化的实践探索进行了深入研究，力求对文化与高校思想政治教育融合发展进行全方位研究，以期对我国新时代思想政治教育的发展与创新贡献绵薄之力。本书专门就教师队伍建设在推动文化与高校思想政治教育融合中的关键作用进行了深入研究，提出一系列切实可行的教师队伍建设策略，以期对教师队伍建设提供理论参考和实践指导。

鉴于编著者水平有限，书中难免存在一些不足与疏漏之处，敬请各位同行及专家学者予以斧正。

目　录

第一章
新时代高校思想政治教育的新发展

在中国特色社会主义新时代，党和人民肩负着新的历史使命，也面临着新的发展机遇与挑战，立足新时代新征程，为中国式现代化培养政治合格、思想过硬人才的思想政治教育，是当前意识形态多元化环境下增强国家凝聚力和人民创造力的主要方式。从德育的角度观察，我国的思想政治教育有着悠久的历史，而近代思想政治教育的发展与党带领全国人民进行的革命与建设紧密相连。步入新时代，高校思想政治教育无论从内涵上还是任务上都有了新的变化，呈现新的特征，培育符合新时代发展所需的高素质人才，必须重视新时代思想政治教育的开展。

第一节　新时代高校思想政治教育的内涵与特征

一、新时代高校思想政治教育的内涵

（一）思想政治教育探源

思想政治教育是社会或社会群体用一定的思想完善思想观念、政治观点、道德规范，对其成员施加有目的、有计划、有组织的影响，使他们的社会实践活动符合思想品德要求。而我们讨论的新时代思想政治教育，是以马克思主义基本理念及其中国化成果为主要教学内容的思想教育活动。从早期马克思主义者宣传革命的实践中，我们可以发现思想政治教育最初的"描述性"定义。

1847 年，卡尔·海因里希·马克思（Karl Heinrich Marx）与弗里德里希·恩格斯（Friedrich Engels）在英国伦敦创立了第一个国际性的无产阶级政党——共产主义者同盟，在《共产主义者同盟章程》中，明确强调了同盟的成员要具有革命毅力并需要努力进行宣传工作。马克思主义者早期对于宣传工作的重视，实际上是对于思想政治教育工作的重视。弗拉基米尔·伊里奇·乌里扬诺夫（Vladimir Ilyich Ulyanov，别名：列宁）继承和发展了这一革命成果，并明确提出了思想政治教育的概念。

我国马克思主义者在革命初期就认识到思想政治理论宣传与教育的重要性，在党员和群众中间积极开展思想政治教育活动，虽然此时对于思想政治教育的说法各有不同，但这一时期的各种马克思主义的宣传与教育活动都为之后思想政治教育概念的提出奠定了坚实的实践基础。

中国共产党历来重视思想政治教育，以马克思主义为指导的思想政治教学至今已有近百年的历史。1919 年，五四运动的爆发，使工人阶级正式走上了革命的舞台，也拉开了新民主主义革命的序幕，至 1949 年，新民主主义革命取得胜利。30 年间，党领导人民展开了艰苦卓绝的斗争，结束了帝国主义、封建主义和官僚资本主义在中国的统治，建立了人民民主专政的新中国。而新民主主义的胜利离不开党对于思想政治工作的重视。党重视用正确的理论指导和武装人民，充分发挥其主观能动性，整合各种积极因素推进思想政治教育，使广大的人民群众掌握思想武器，这就是我国近现代思想政治教育的萌芽。这一时期的萌芽与准备，对中华人民共和国成立之后思想政治教育的创立与发展产生了重要的影响，并打下了良好的基础。[①]

（二）我国思想政治教育概念的提出与发展

中国共产党是有着长期斗争历史和丰富斗争经验的政党。以毛泽东等为代表的中国共产党人，在领导中国人民进行新民主主义革命和社会主义革命与建设的过程中，把马克思列宁主义的普遍真理与中国革命的具体实践相结合，立足于中国的具体国情和革命实际，创造性地继承和发展了国际无产阶级革命导师关于思想政治教育的理论与实践，建立了具有中国特色的思想政治教育的一整套理论、原则、方针、方法和制度。

从中国共产党建党前后到第一次国内革命战争结束，是党思想政治教育的初创时期。在这个时期中，许多党的领导干部和优秀共产党员深入工农群众，开办工人夜校和农民运动讲习所，到黄埔军校和国民革命军中开展思想政治教育工作，为党思想政治教育的创立和形成打下了基础。

1927 年，南昌起义实现了党对部队的独立领导，号召全体官兵要坚决服从党的领导，听从党的指挥，成立了以共产党员为骨干的宣传队，对部队进行革命形势及党的政策教育，激发了广大官兵的革命斗志。在井冈山斗争的艰苦岁月里，毛泽东、朱德等身体力行，与部队战士同甘共苦，做深入的思想政治工作，形成了党的思想政治教育的优良传统。这一时期，党的思想政治教育从理论、原则到方法、制度已初步形成，其标志是古田会议决议的发表。

古田会议后，党的思想政治教育工作有很大的发展和创造，逐步发展成

---

① 何燕红，程迪 . 思想政治（品德）课程与教学论［M］. 成都：西南交通大学出版社，2018.

熟。1930 年 6 月，制定了《红军第四军各级政治工作纲领》，接着颁布了党的第一个政治工作条例——《中国工农红军政治工作暂行条例（草案）》，还制定了《政治委员工作须知》等一系列文件，使党的思想政治教育逐步走上制度化的道路。

1949 年，中华人民共和国成立，社会各领域迎来了蓬勃的发展，高校思想政治教育同样迎来了体系化的发展。高校思想政治教育工作全面深入开展，在教育内容、教育形式、教育方针和方法等方面都有了新的发展。

1950 年，中华全国学生联合会第十四届第二次执行委员会扩大会议在北京召开，会议通过了《中国学生当前任务的决议》，首次提出"思想政治教育"的概念，但在相当一段时期内，我国并没有对思想政治教育的概念进行详细阐释。

1951 年，教育部颁布文件取消"政治课"名称，设立独立的课程"辩证唯物论与历史唯物论""新民主主义""政治经济学"。

1953 年，教育部将"新民主主义论"改为"中国革命史"，强调毛泽东思想的重要地位。经过试用和修订，教育部最终将高校思想政治理论课确立为四门课程：马列主义基础、中国革命史、政治经济学、辩证唯物主义与历史唯物主义。这一过程见证了高校思想政治课程体系的创建、摸索和演进。

关于如何培养社会主义建设所需要的各类人才，1957 年 2 月，毛泽东在《关于正确处理人民内部矛盾的问题》的讲话中提出了教育方针，并强调加强思想政治工作的重要性。同年 12 月，《关于在全国高等学校开设社会主义教育课程的指示》出台，规定各高校开设社会主义教育课程。

从中华人民共和国成立至改革开放的这段时间，有关思想政治教育的概念并没有严格的界定，一般体现在宣传与教育实践之中，而非具体、规范的理论总结。改革开放以后，万象更新，经济社会迎来了巨大的变革，伴随着学科化意识的形成，我国关于思想政治教育概念的运用逐步走向科学化与规范化。1978 年 4 月，教育部办公厅发布《关于加强高等学校马列主义理论教育的意见》，强调在全国高校普遍开设四门政治理论课程，包括辩证唯物主义与历史唯物主义、政治经济学、中国共产党党史和国际共产主义运动史。1978 年 12 月，中国进入改革开放新时期。这一时期，思想政治理论课受到了高度重视。

1980 年 7 月，教育部发布《改进和加强高等学校马列主义课的试行办法》，要求各高校开设不同的马列主义课程。1980 年 5 月，中华人民共和国第一机械工业部和全国机械工会在北京联合召开思想政治工作座谈会，该次会议明确提出"思想政治工作应成为一门科学"的重要命题。1983 年 7 月，在由教育部主办的政工专业论证会上，专家经过反复研讨最终将涉及大学生思想政治工作的这一门学科命名为"高校思想政治教育学"，将相关专业命名为"高校思想政治教育专业"，并决定从 1984 年开始进行招生，这标志着我国高校思想政治教育概念与思想政治学科的正式确立。

1984 年 9 月，教育部印发《关于高等学校开设共产主义思想品德课的若干规定》并推出《共产主义思想品德教学大纲（试用本）》，明确共产主义思想品德课的任务是帮助学生建立共产主义人生观和道德品质。从这时起，思想品德课在课程设置、教材建设、教学计划等方面逐渐规范化，教学机构建立了共产主义思想品德教研室，为教师编制和队伍建设提供了基本政策依据。

1986 年 7 月，中国共产党中央委员会宣传部（简称中宣部）和中华人民共和国国家教育委员会（简称国家教委，已撤销）联合下发《关于对高等学校学生深入进行形势政策教育的通知》，为将形势政策教育纳入教学计划创造了条件。同年 9 月，国家教委发布了《关于在高等学校开设"法律基础课"的通知》，从而在高校思想政治教育的教学途径上新增了一门名为"法律基础"的课程。1987 年 3 月，国家教委进一步下发《关于在高等学校马克思主义理论课（公共课）教学中旗帜鲜明地坚持四项基本原则反对资产阶级自由化的通知》。最终，包括"形势与政策""法律基础""大学生思想修养"和"人生哲理"在内的思想品德课程体系逐渐形成，与马克思主义理论课共同构成高校思想政治理论课的教学体系，相关课程体系简称"两课"课程体系。

1997 年 9 月，中国共产党第十五次全国代表大会（简称党的十五大）召开后，将邓小平理论纳入教材并引入课堂，成为"两课"课程体系和教学内容改革的紧迫任务。为此，1998 年 6 月 10 日，中宣部和教育部联合发布了《关于普通高等学校"两课"课程设置的规定及其实施工作的意见》，这一方案被称为"98"方案。根据"98"方案，本科阶段的马克思主义理论课包括马克思主义哲学原理、马克思主义政治经济学原理、毛泽东思想概论、邓小平理论概论、当代世界经济与政治（文科开设），而思想品德课则包括思想道德修养、法律基础。2004 年 10 月，中共中央、国务院发布了《关于进一步加强和改进大学生思想政治教育的意见》，该意见不再使用"两课"的简称表示"马克思主义理论课和思想品德课"，而首次采用了"思想政治理论课"的名字，并提出了一系列原则性意见。为了贯彻这一意见，中宣部、教育部于 2005 年 2 月 7 日联合发布了《中共中央宣传部、教育部关于进一步加强和改进高等学校思想政治理论课的意见》（教社政〔2005〕5 号，以下简称"05"方案），提出"要以马克思主义中国化的理论成果毛泽东思想、邓小平理论和'三个代表'

重要思想为中心内容，完善思想政治理论课课程体系"，要求设立马克思主义一级学科，大力推进高等学校思想政治理论课的学科建设。2007 年 10 月，党的十七大提出了中国特色社会主义理论体系的科学命题。2008 年 8 月，原有的"毛泽东思想、邓小平理论和'三个代表'重要思想概论"课程调整为"毛泽东思想和中国特色社会主义理论体系概论"。新的"05"方案在保留"98"方案优点的基础上，更加突出马克思主义的整体性和与时俱进的理论品格，强调以马克思主义中国化的理论为核心的教育主题。

2012 年，中国共产党第十八次全国代表大会（简称党的十八大）的胜利召开，标志着中国正式步入中国特色社会主义新时代，思想政治教育也迎来了繁荣发展的时期。探讨如何提高高校思想政治教育的时效性和针对性，实现立德树人的育人总要求，为实现中华民族伟大复兴"中国梦"提供强大的精神动力，是新时代高校思想政治教育面临的重要课题。我国的高校思想政治教育立足新时代的实践基础，在改革中不断发展。2015 年 7 月，中宣部和教育部发布了《普通高校思想政治理论课建设体系创新计划》。该计划明确指出，思想政治理论课是巩固马克思主义在高校意识形态领域指导地位，坚持社会主义办学方向的重要阵地，是全面贯彻落实党的教育方针，培养中国特色社会主义事业合格建设者和可靠接班人，落实立德树人根本任务的主干渠道，是进行社会主义核心价值观教育、帮助大学生树立正确世界观人生观价值观的核心课程。2015 年 9 月，《高等学校思想政治理论课建设标准》要求高校严格遵循"05"方案，落实课程和学分及对应的课堂教学学时。

2018 年 4 月，教育部印发了《新时代高校思想政治理论课教学工作基本要求》，再次强调，思想政治理论课承担着对大学生进行系统马克思主义理论教育的任务，是巩固马克思主义在高校意识形态领域的指导地位、坚持社会主义办学方向的重要阵地，是全面贯彻党的教育方针、落实立德树人根本任务的主干渠道和核心课程，是加强和改进高校思想政治工作、实现高等教育内涵式发展的灵魂课程。

中国共产党第二十次全国代表大会（简称党的二十大）对于教育领域的发展非常重视，提出育人的根本在于立德，高校应全面贯彻党的教育方针，落实立德树人根本任务，培养德智体美劳全面发展的社会主义建设者和接班人。作为德育的重要途径之一，高校思想政治教育更应贯彻党的二十大精神，推进中国式教育现代化，为培养更多担当民族复兴重任的时代新人贡献力量。

（三）新时代高校思想政治教育内涵的界定

伴随着我国思想政治教育概念的确立和思想政治学科的设立，"高校思想政治教育"这一概念也成为规范的术语，高校思想政治教育逐步走上了科学化、系统化与规范化的发展轨道，关于高校思想政治教育概念与内涵的理论研究纷至沓来。

高校一般指实施高等教育的普通学校，包括本科大学、专门学院与专科院校，具有人才培养、科学研究、社会服务与文化传承创新的职能。高校教育是学生自身知识、技能体系与价值观建构的重要途径，同时，高校也是思想政治教育开展的主阵地。

高校思想政治教育即以高校为主体开展的思想政治教育。从目的上看，高校思想政治教育是为实现一定的政治目标而有目的地对人们施加意识形态的影响，进而实现对于人们思想转变的教育活动。从内容上看，高校思想政治教育是通过教授马克思主义理论及其中国化成果、中国的革命与建设历程、德育与美育相关知识、国家政策与国内外形势等内容，提升学生思想认知水平，促进学生身心健康发展的教学活动。从学科建设层面看，高校思想政治教育是运用马克思主义理论与方法，专门研究人们思想品德形成、发展和高校思想政治教育规律，培养人们正确的世界观、人生观、价值观的高等教育学科。

综上所述，我们能够对高校思想政治教育的概念有相对全面的认识，结合时代的变化与特点，我们可以将高校思想政治教育的概念总结如下：高校思想政治教育指在一定的社会阶段，以高校为育人主体的，用一定的思想完善观念、政治观点、道德规范，对以高校学生为主的受教育群体施加有目的、有计划、有组织的影响，使他们形成符合一定社会所要求的思想品德的社会实践活动。

高校思想政治教育在新时代仍不断地发展与完善。2019年8月，《关于深化新时代学校思想政治理论课改革创新的若干意见》发布，强调思想政治课是落实立德树人根本任务的关键课程，发挥着不可替代的作用。加强以习近平新时代中国特色社会主义思想为核心内容的思政课课程群建设，在保持思政课必修课程设置相对稳定基础上，结合大中小学各学段特点构建形成必修课加选修课的课程体系。

新时代高校思想政治教育是在中国特色社会主义进入新时代背景下推进的思想政治教育，其基本内涵未发生变化，在教学内容上增加了以习近平新时代中国特色社会主义思想为代表的马克思主义的最新中国化成果，同时，将新时代新的教育理念与思想政治教学内容融入高校思想政治教育的总体系之中。

二、新时代高校思想政治教育的特征

高校思想政治教育是我国高等教育的重要组成部分，它既是马克思主义理论及其中国化成果宣传的主渠道，也是德育与美育开展的重要途径。作为高等教育的一门学科，高校思想政治教育具有特殊的地位，它不能系统教授学生专业领域的知识与技能，但却是各专业大学生身心健康发展必须进修的课程。新时代高校思想政治教育有着自身鲜明的特征，具体如图 1-1 所示。

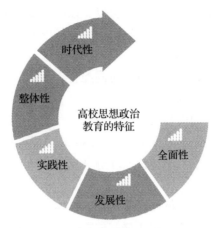

图 1-1　新时代高校思想政治教育的特征

（一）时代性

高校思想政治教育具有鲜明的时代性，这与马克思主义理论的特性是分不开的。马克思主义理论不是一成不变的教条，而是一个发展、开放的理论，与时俱进是马克思主义的精髓，一个科学的理论必须要立足于实践，伴随着时代的发展而不断丰富发展，这样才能始终保持强大的生命力。马克思主义的中国化成果是马克思主义与中国实践不断结合的产物，是马克思主义理论发展性的典型体现。马克思主义理论的发展性决定了以其为教学核心内容的高校思想政治教育需要具有丰富的时代内涵，体现时代特色。

高校思想政治教育的时代性在其教学内容上也能体现出来。高校思想政治教育的内容不仅包括马克思主义的基本原理，还包括马克思主义的一系列中国化成果，以及当今时代的国内政策与国际关系的内容，这些教学内容均具有鲜明的时代特征。

作为高校思想政治教育重要的教学内容，毛泽东思想、中国特色社会主义理论体系和习近平新时代中国特色社会主义思想是马克思主义中国化的重要理论成果，是中国共产党在领导中国人民进行革命、建设和改革开放过程中把马克思主义基本原理与中国具体实践相结合的理论成果，是符合中国在不同时代发展需求的科学指导理论。通过这些课程的教学，能让学生明白马克思主义如何指导中国人民开展实践，以及如何从实践出发，正确地运用马克思主义科学理论解决实际问题。

（二）整体性

高校思想政治教育的整体性体现在育人系统的方方面面。高校思想政治教育的育人主体具有整体性，高校思想政治教育具有丰富的德育与美育价值，其育人主体不再局限于学校，还包括社会以及家庭等多个主体，这些育人主体共同组成了一个育人整体，能够将思想政治教育的内容充分渗透进学生日常的生活与学习中，若想取得理想的育人成果，学校、社会和家庭等育人主体需要共同秉持正确的价值理念，相向而行，协同配合，保证学生世界观、人生观、价值观与道德体系的正确建构。

高校思想政治教育的内容具有很强的整体性。高校思想政治课不是对马克思主义及其中国化成果的简单介绍，而应结合时代背景对其进行全面的阐述与系统的分析，目的是让学生能够深入理解马克思主义的基本原理，进一步理解党和国家的大政方针。

高校思想政治教育的整体性还体现在评价体系上。教育评价作为对教学活动的价值判断过程，对于教学实践具有重要的导向作用，评价方式的不同对于高校思想政治教育育人目标的确定、课程的组织形式、教学内容的选取、教学方法的运用等具有重要影响。高校思想政治教育应注重评价主体的多元化，改变以往以教师为主体的评价方式。同时，在评价内容上注重对学生包括知识结构、道德体系、价值观与身心发展在内的整体素质发展的评价，而不是片面地评价学生对于具体理论知识的掌握。

（三）实践性

实践性是思想政治教育的重要特性。思想政治教育的实践性，深刻体现在思想政治教学内容与思想政治教育本身的实践性方面。重视、加强、发挥思想政治教育实践性，既是当代社会实践发展的要求，也是增强思想政治教育针对性与实效性的需要。

思想政治教育本身是一项富有实践性的对象性活动，且其教育主体具有实践性的本质。思想政治教育是既改造主观世界又变革客观现实的活动。思想政治教育是以人为对象的活动，而人是现实的、具体的人。人作为实践的主体，是客观存在的，主要表现在以下两方面：一是人有自己的物质力量——身体的力量，使人能够从事实践活动；二是人有自己的内在力量——精神的力量，使人能够有意识地进行社会实践。因而人是身体力量和精神力量的统一体。人的身体力量和精神力量不是凭空产生的，而是在社会实践过程中，由一定社会的经济、政治、文化等客观条件所决定而形成的。同时，人的思想虽然是一种主观形态的东西，但它产生的基础、发展的动力，只能是实践活动和客观实际。因此，思想政治教育作为一种育人实践，必须分析人的思想与行为形成、发展、变化的实践基础和客观原因，决不能脱离人的实践活动和客观条件，空洞猜测和空对空地进行思想政治教育。另外，思想政治教育具有塑造、改造人的思想，开发人的潜能，改变人的行为的功能，培养良好的行为习惯是改变对象的活动，是主观见之于客观的活动，是特殊的能动性，其最终的目标是指导人们更好地开展实践，因此，思想政治教育源于实践，最终必须回归实践。

高校思想政治教育的内容同样具有很强的实践性，高校思想政治教育的主要内容是马克思主义及其中国化理论成果，而马克思主义的实践性也决定了高校思想政治教育的实践性。马克思主义重视实践的作用，实践的观点是马克思主义认识论最突出的特点之一。马克思主义认为，实践对于认识有决定作用；实践是认识的来源与发展的动力，是检验认识真理性的唯一标准，同时是认识的最终目的与归宿。马克思主义理论本身是实践的成果，是以马克思、恩格斯为代表的马克思主义者在深入研究人类历史发展规律与社会实践发展特征的基础上创立，并在实践中不断地丰富、发展和完善的无产阶级思想的科学体系。纵观我国百年革命与建设史，中国共产党在不同的历史时期立足实践，坚持以马克思主义为指导，创造性地将马克思主义基本原理同中国的革命、改革与建设实践相结合，形成了一系列马克思主义中国化理论成果。这些马克思主义中国化的理论成果科学地回答了不同历史时期中国革命和建设所面临的具体问题，明确了党和人民的主要任务，使马克思主义真理性在中国革命和建设的实践中得以不断彰显，体现了马克思主义的实践性与与时俱进的特征。

马克思主义理论及其中国化成果是高校思想政治教育的核心内容，因此，实践性自然成为高校思想政治教育的重要特性之一。高校思想政治教育不仅在理论教学中强调实践的重要性，而且要求必须能够通过思想政治教育，使学生有效地将所学习的知识与具体实际情况紧密结合在一起，也就是将马克思主义理论及其中国化成果运用到各项实践活动中，由此，思想政治理论课的教学目标才能得以实现。实践是检验真理的唯一标准，只有将思想政治理论课的教学内容运用到实践中，才能更有效地培养和提升学生的思想道德素质。

（四）发展性

高校思想政治教育的发展性集中体现在育人目的与教学内容发展上。从内容上看，高校思想政治教育的核心教学内容是马克思主义理论及其中国化成果，这些科学的理论建立在实践基础上，马克思主义理论具有鲜明的发展性，与时俱进是其重要特征，因此，马克思主义随着实践的发展而不断丰富与发展。时代的发展不断形成新的实践条件，我们要立足于实践不断丰富与发展马克思主义理论以回答时代的课题，因此，思想政治理论课的教学内容同样处于不断的发展中。

从社会对于人才的需求看，当前我国高校的育人目的是培养全面发展的新时代中国特色社会主义建设接班人，时代的发展对于人才的素质结构提出了新的要求，这为高校思想政治教育提出了新的课题。高校思想政治教育作为德育与美育的重要途径，肩负着健全和完善新时代高素质人才道德认知体系的重大任务。高校思想政治教育要突出时代性与发展性，坚持以马克思主义及其中国化成果为指导，以社会主义核心价值观为引领开展思想政治教育实践。

高校思想政治教育的发展性体现在教育理念与教学条件的发展上，随着时代的变化，教育理念与教学的软硬件资源不断发展，与之相随，新的教学模式不断出现。高校思想政治教育本身是一门高等教育课程，其同样需要根据教育理念的更新与发展不断调整、优化教学模式。因此，无论从教学内容上还是教学过程上来看，思想政治理论课都具有鲜明的发展性。

（五）全面性

高校思想政治教育的全面性与其美育和德育的重要功能密切相连，高校思想政治教育与其他大学专业课的最大区别在于它尤其重视学生综合素质的全面发展，不仅注重学生智力因素的提升，而且着力于学生非智力因素的培养和提高。不同类别的高校思想政治教育课程的育人目标十分明确，有的针对学生的思想道德素质的培养与提升，有的着眼于学生法治观念的培养与健全，有的强调深化学生对于当前国内政策的理解与国际形势的认识。这些课程的设置，从当代大学生的思想状况与认知规律出发，旨在全面提升学生的综合素养，培育学生正确的成长与发展价值观，充分体现了党和国家对青年一代的关心及爱护，也体现了党中央在青年教育问题上的高瞻远瞩。

高校思想政治教育的全面性还体现在课程开设的广度上，由于其教育内容涉及学生身心的健康发展以及综合素质的提升，对于学生世界观、人生观与价值观的塑造具有重要的促进作用，因此，高校思想政治教育课程是在所有高校面对全体学生开设的，保证学生能够在科学思想的引导下学习与生活。

第二节　新时代高校思想政治教育的创新理念

一、"以人为本"的教育理念

（一）"以人为本"的科学内涵

"以人为本"是马克思主义重要的思想结晶，始终蕴含在马克思主义理论体系中，探讨"以人为本"的科学内涵，我们要从马克思主义基本原理以及马克思主义中国化的理论成果中寻找。

与传统哲学理念中强调"抽象的人"不同，马克思将人看作是"现实的人"，认为人在本质上说是一切社会关系的总和。"现实的人"这一概念是马克思历史唯物主义研究的出发点和归宿点。马克思定义"现实的人"是以物质生产活动为基础的，处于一定历史条件下，在一定的社会关系中从事生产实践活动的，有思想、观念和意识的个人。

马克思将"现实的人"作为唯物史观的基本前提，并提出了"现实的人"这一概念的一系列规定性。作为马克思理论重要的组成部分，历史唯物主义揭示了人类社会发展的一般规律，强调人民群众在人类历史发展进程中的主体地位。人是实践的主体，人民群众是社会历史的创造者，是所有物质财富与精神财富的创造者，是促进社会变革的主要力量。人既是发展的根本目的，也是发展的根本动力。以人为本中的"人"，指广大的人民群众，既不是抽象的人，也不是某个人、某些人，发展需要依靠人民群众，发展同样需要为了人民群众。因此，在开展实践时，要充分重视人民的重要性，始终站在最广大人民的立场上，代表最广大人民的根本利益。具体到社会发展的各领域，"以人为本"中的人，指发展的主体，比如在教育中贯彻以人为本的理念，就是以学生为本。

以人为本重视人的发展。马克思主义强调人的发展应该是自由、和谐、充分的发展，人具有社会性，人的发展与社会的发展紧密相连，两者互为发展条件。人是社会实践的主体，人在已有实践条件的基础上充分发挥主观能动性，不断进行创造性实践，在实现自我发展的同时，推动着社会不断向前发展，而社会的发展又为人的发展创造了新的实践条件。中国共产党在深入理解马克思主义群众路线的基础上，结合中国实践，形成了党的群众路线，即一切为了群众，一切依靠群众，从群众中来，到群众中去。纵观党的百年宏伟征程，无论是在革命战争极端艰难困苦的环境中，还是在社会主义建设曲折探索的路途中，或是在新时代中国特色社会主义建设的伟大征程中，党始终不忘初心，坚持以人民为中心，在践行群众路线的同时，不断深化对于群众路线的认识。

党的二十大报告再次强调了以人民为中心的重要性，指出要坚持以人民为中心的发展思想，强调人民性是马克思主义的本质属性，党的理论是来自人民、为了人民、造福人民的理论，人民的创造性实践是理论创新的不竭源泉。我们要在新时代坚决维护人民的主体地位，维护人民根本利益，增进民生福祉，不断实现发展为了人民、发展依靠人民、发展成果由人民共享，让现代化建设成果更多更公平惠及全体人民。

（二）"以人为本"教育理念的理论借鉴

1. 因材施教理论

因材施教是"以人为本"理念在教学实践过程中的鲜明体现，其重视在教学过程的推进中、在教学方法的选择上充分贯彻"以人为本"的理念，因为学生在个性与天赋上有很大的差异，教育活动若不能关注到这些差异性，则很难保证教育的质量与教育的效率。因材施教指教师在教学过程中，根据学生不同的认知水平、学习能力、性格特点以及生活环境，有针对性地选择适合不同学生的教学方法进行教学。因材施教的教育方法由来已久，在《论语·先进篇》中，就记载了孔子因材施教的典型案例。[①]

因材施教是以人为本的理念在教学实践中的表现，是一种尊重学生个性化发展的教学理念，它不但重视学生知识的积累，而且重视对于学生自主学习能力的培养和提升，根据学生的特点因势利导，引导学生充分开发自己的潜能，并进行创造性实践。

具体到高校思想政治教育中，因材施教理论要求教育工作者要全面、深入地了解学生，正视学生之间的差异，同时充分发挥自身的主观能动性，灵活选用不同的教学方法以提升教学活动的针对性，实施个性化教学与管理，以使每个学生都能够真正有效地参与到课堂教学中。同时，教育工作者应根据学生不同的个性特征制订教学计划，安排好每个教学环节，针对不同的学生实行不同的管理方式，从而保证思想政治教育的有效性，调动学生学习的积极性。

2. 人本主义学习理论及其应用

（1）人本主义理论的内涵。人本主义兴起于 20 世纪五六十年代，由亚伯拉罕·马斯洛（Abraham H. Maslow）创立，是心理学的重要流派，强调人的自我实现。

人本主义既反对只针对人类行为进行研究的行为主义，也不认同弗洛伊德只研究人类精神和心理问题的行为，因此被称为心理学的第三种势力。人本主义将研究的落脚点放在人的成长与正向的心理发展上，同时汲取了哲学中存在主义的部分思想，强调自由的重要性与人生价值的意义。

马斯洛认为，动机是人类个体成长的内在力量，而动机的形成受诸多因素的影响，其中最为关键的是人类发展的需要。人类的需要多种多样，而各种需要间有高低层次之分，由不同需要所形成的动机将决定人类的行为，进而影响个体发展的境界。马斯洛将个体的需求划分为五个层次，后来扩展为八个层

---

① （春秋）孔子. 论语［M］. 杨伯峻，杨逢彬注译；杨柳岸导读. 长沙：岳麓书社，2018.

次，分别为生理需要、安全需要、归属与爱情需要、尊重需要、认知需要、审美需要、自我实现需要以及超越需要。

（2）人本主义学习理论的内涵。人本主义学习理论强调人的发展、情感、态度等因素对于教学的影响。人本主义学习理论不仅强调学习者在教学过程中的主体地位，也强调学习过程与学习者的发展。

人本主义学习理论从学习者自我实现的角度考察教学活动，认为知识的学习服务于学习者的个人发展，教育的目的是帮助学生学会学习，将学习本身抽象为一种品质，这种品质可以帮助学习者树立正确的学习理念、探寻合适的学习方法，实现个人的全面发展。因此，在教学实践中，教师不能将学生简单地当作教学对象，而应该将学生视为谋求发展的个体，是教学活动的重要参与者。人本主义学习理论的重要代表人物是美国心理学家卡尔·兰塞姆·罗杰斯（Carl Ransom Rogers），罗杰斯认为，人类的情感与认知是不可分割的，教学的目标是促进人躯体、情感、知识、精神的全面发展，他主张以学习者为中心组织开展教学活动，促进学习者自我学习能力的提升，不断追求自我发展与自我实现。罗杰斯对于教学活动还有更为详细的阐述，包括五点：①教学活动的主要目标之一是激发学习者的潜能，教师在教学过程中应该为学生提供良好的学习氛围，在传授知识的同时帮助学习者加深对于自我的理解。②学习者拥有选择教材的自主权，好的教材应该贴合学习者的实际生活、符合学习者的发展意向、切合学习者的能力水平。③教师在教学的过程中，应注意观察学习者的内心感受与情感变化，帮助学习者建立有效的沟通渠道，及时发现学习者由于各种因素引起的心理问题并提供心理辅导与其他帮助。④在教学实践中培养学习者的学习兴趣，注重学习者自主学习能力的提升。⑤鼓励学习者积极参与社会活动，培养自我求知能力。

人本主义学习理论强调学习者自主学习意识的培养与自主学习能力的提升，认为在教学过程中，教师应该重视学习者自主的思想，鼓励学习者在学习和探索知识时充分发挥主观能动性，分析自身的学习特点与学习现状，根据自身的学习需求自主制订学习计划，选择适合自己的学习方法，对自己的学习进程进行跟踪监控，总结分析自己的学习成果，反思自身在学习中存在的问题。学习者是学习的主体，应在教师的帮助下，通过建构知识内容，实现自我的发展与提升。

人本主义还关注学习者的内心世界，着重讨论"人"的概念和意义，认为"人"是研究和理解人类社会与人类思维的基础，人本主义学习理论同样重视学习者的内心世界对于教学的影响，认为学习是学习者的主观行为，在教学中应将学习者的认知、情感、动机等主观因素放在十分重要的位置。人本主义学习理论反对行为主义将人当成动物进行简单的行为分析，也反对弗洛伊德将对于特殊群体的研究成果应用到普通人身上，人本主义学习理论强调促进人的正向发展，认为教育者应该更多地了解学习者的内心世界，根据学习者的兴趣、认知、情感、动机等因素调整教学方式，培养学习者的自主学习意识，增强学习者的自主学习能力。

人本主义学习理论认为，教育的理想目标是帮助学习者成为全面发展的人。人本主义学习理论不仅重视学习者知识的掌握与自我学习能力的发展，还重视人的自我修养的形成，通过丰富多彩、形式多样的课堂设计，为学习者营造一个平等、自由、和谐、民主的学习氛围，帮助其更好地融入集体当中，通过与其他学习者之间的良性互动，实现集体的共同进步。学习者在学习过程中，不仅需要探索和掌握具体的知识、培养和提升自主学习能力，还需要形成能适应社会环境变化，在变化中谋发展的个人品质。

当然，基于现代教育的视角观察人本主义学习理论，其同样存在着诸多不足。比如，人本主义学习理论认为，学习是由个体内部的心理过程决定的，而忽视了环境对学习的影响。事实上，环境因素对学习过程有重要的影响，如学习场所的氛围、教师的教学方式等都会影响学习效果。因此，仅仅关注个体内部的因素，而忽视环境因素，就会导致培训效果不佳。在实操方面，人本主义学习理论的落实也存在一定难度，人本主义学习理论强调对学习者的关注和尊重，但缺乏具体的操作指导，只强调理论和概念，对于实际操作的指导十分有限，因此会导致学习者无法将学习到的知识和技能应用到实际工作中，从而影响培训的实效性。而且，人本主义对于学生个性的发展以及对于个性化教学十分重视，这种理念本身是科学的，但难以运用到我国的教育实践中，我国高校普遍实行大班教学，按专业组织教学，这与西方许多国家小班教学的实际情况不符。另外，在教育实践中，每个学生的学习能力和学习方式不同，但这种差异可以通过训练和教育来改善。因此，如果仅仅根据个体差异制订教育方案，可能会导致教育效果的下降，同时也会影响教育的效率。

在高校思想政治教育与文化育人融合发展的过程中，教育者应该批判借鉴人本主义学习理论，取其精华为我所用，注重学生个性的发展，重视学生在教育中的主体地位，优化人才培养模式，革新教学方法与评价机制。在思想政治教育中，教育者不仅要培养学生的个性，也要将人本主义的理念与我国教育实践以及社会实际需求充分结合，在社会主义核心价值观的引领下，引导学生树立集体主义和社会主义的价值观，强调个人的发展要与社会的发展相统一，个人的自由要与社会的责任相统一。

（三）坚持"以人为本"的教育理念

"以人为本"的教育理念是当代重要的教育理念，是新时代教育重视学生自身发展的体现。在现代高校思想政治教育中坚持以人为本，就是要在教学过程中充分理解并贯彻以人为本理念的内涵与要求。

1. 重视学生的主体地位

以人为本是建立在人类社会历史实践经验基础上的重要理论，其对于人类实践具有重要的指导作用，教育活动同样需要坚持以人为本的理念。在教育活动中坚持以人为本，就是以学生为本，重视学生在教育活动中的主体地位，教育工作者需要科学制订人才培养方案，在教育理念与教学目标中充分体现以人为本的理念，在教学实施的过程中科学引导学生自觉进行马克思主义相关理论的学习，重视学生自主学习能力的提升，凸显学生在自主学习中的主体性。以学生为主体是现代教育理念最重要的观点之一，只有重视学生的主体地位，才能保证以人为本教育理念的贯彻落实，才能真正从根本上进行教学模式的优化。

2. 重视学生的个性化发展

在高校思想政治教育的过程中贯彻以人为本的教学理念，还要重视学生的个性化发展。每个学生都具有自身的独特性，高校思想政治教育应该重视学生个性的发展，不能抑制学生个性的发挥，使学生能够在掌握知识的基础上充分发挥主观能动性。同时，学生的个性对于学生自身的发展也具有重要的推动作用，学生的兴趣、潜力等素质都是基于个性而产生的。可以说，个性是学生开展学习活动重要的内驱力，若能在教学活动中贯彻以人为本的理念而实现学生个性与知识、技能学习的良好融合，就能充分激发学生的学习兴趣，提升学生学习的主动性与自觉性，使教育活动能够更好地实现预期效果，切实促进学生的发展。

3. 根据学生的特点因材施教

因材施教的教育方法由来已久，我国早在春秋战国时期就有因材施教的典型案例。因材施教指教师在教学过程中，根据学生不同的认知水平、学习能力、性格特点以及生活环境，有针对性地选择适合不同学生的教学方法进行教学。具体到高校思想政治教育的过程中，以人为本的理念要求教育工作者在高校思想政治教育过程中尊重学生个体的差异性，能够根据学生不同的特点选择合适的教育方法，因材施教。

4. 重视学生综合素质的提升

在高校思想政治教育的过程中贯彻以人为本的教学理念，需要重视学生综合素质的培养和提升。高校人才培养的最终目的是促进学生的全面发展，为国家和社会的发展培养高素质人才，因此，培养和提升学生的综合素质是高校教育永恒的主题。促进学生综合素质的提升，既是时代的要求，也是"以人为本"教育理念贯彻于高等教育中的体现。对于学生来说，自我的发展与个人价值的实现是其接受高等教育的重要目的，无论是升学、就业还是创业，都服务于这一目的。在高等教育中，以学生为本是要使高等教育在理念、目标、内容与评价等方面都符合学生自身发展的需求，能够帮助学生更好地实现自我价值。

当今时代，学生综合素质的提升是实现个人价值的重要条件。个人价值指个人在生产、生活中为满足个人需要所做的发现、创造。个人价值主要包括四个方面，即满足个人的生存需要、满足个人的享受需要、满足个人的尊重需要以及满足个人的发展需要。其中，人的发展需要既包括体力发展需要，也包括智力发展需要，在原始社会，人类认识世界与改造世界的能力较低，无法同时满足发展体力和智力的需求，随着实践的发展与社会分工的不断细化，人们不再满足于片面的发展，而追求更全面的发展。由此可见，个人价值是在通过实践不断满足生存需要、享受需要、尊重需要和发展需要的过程中一步步实现的。

提升学生的综合素质，是为了让学生能够实现全面的发展，能够更好地满足国家与社会发展的需求，进而实现自身从学校到社会的良好过渡，更好地实现自身的价值追求。在这一过程中，作为德育的重要途径，高校思想政治教育发挥着巨大的作用。高校思想政治教学需要重视学生综合素质的提升与全面发展，这既是新时代中国特色社会主义建设对于高校人才培养的要求，也是新时代高校学生自身发展的需要。

二、"德育为先"的教育理念

（一）立德树人与"德育为先"教育理念

1. 新时代德育的内涵

从概念上看，德育的概念有广义与狭义之分。广义上看，德育指社会环境中多元主体有目的、有计划地对社会成员在政治、思想与道德等方面施加影响的活动，包括学校德育、家庭德育与社会德育，等等。狭义上看，德育专指学校德育，即教育者按照一定的社会或阶级要求，有目的、有计划、有系统地对受教育者施加思想、政治和道德等方面的影响，以使其形成一定社会与阶级所需要的品德的教育活动。德育对于国家和学生个人的发展具有非常重要的意义，德育是社会主义现代化建设的重要条件和保证，是社会精神文明建设的重要路径，同时也是学生健康成长的条件和保证。

高校德育一般指思想、品德与政治教育，它体现了教育的社会性与导向性，是高校教育活动的重要组成部分。德育的内容是与时俱进的，其中既包括优秀的传统文化思想，也包括新的时代理念与价值观。具体来说，其内容包含爱国主义教育、集体主义教育、理想教育、劳动教育、人道主义与社会公德教育、自觉纪律教育、民主与法制观念的教育、科学世界观和人生观教育以及心理健康教育等。

在习近平新时代中国特色社会主义思想的指导下，用社会主义核心价值观引领学生不断健全和完善自身的思想道德体系。

新时代全球视野下人才培养的要求，也是公民道德建设与立德树人的要求。新时代的德育，应该把立德树人贯穿学校教育全过程，坚持育人为本、德育为先，把学生品德建设工作纳入到学校教育质量评价体系中，致力于德智体美劳全面发展的育人目标的实现。同时，新时代德育以培养"具有中国精神、世界胸怀的公民"为目标。所谓"中国精神"，是指有着强烈的中国文化认同、全面的中国文化素养、深厚的爱国主义情感。所谓"世界胸怀"，是指有宽阔的国际理解和国际视野，有国际交流与对话的意识与能力。所谓"公民"，是指政治正确、思想端正，在社会公德、职业道德、家庭美德和个人品德建设方面，能够担当民族复兴大任的社会主义公民。

新时代德育的显著特点是对社会主义核心价值观的体认和践行。社会主义核心价值观整合了国家目标、社会理想与个人修养，是个体成功、社会进步与国家富强的有机统一，是对我国国民教育需要培养什么人的本质规定。它超越传统智育与德育的二元区分，将德育置于教育的灵魂和统帅地位。新时代德育既关注学生个体的生命成长、个体尊严与价值意义，又将学生长期的个体发展与国家社会的发展相结合，倡导以足够长的时间、足够多的耐心成就每一个人，不放弃任何一个人，是真正的"树人成才"。因此，新时代德育应该坚持社会主义核心价值观的引领，注重学生德、智、体、美、劳协同发展，以培养具备较高综合素质的人才为目标，为新时代中国特色社会主义建设提供人才支持。

2. 立德树人的根本任务

2012 年 11 月 8 日，党的十八大首次提出"把立德树人作为教育的根本任务，培养德智体美劳全面发展的社会主义建设者和接班人"，强调了道德的重要性。立德，就是坚持德育为先，通过正面教育引导人、感化人、激励人；树人，是坚持以人为本，通过合适的教育来塑造人、改变人、发展人。只有把立德树人贯彻到教育事业发展的各领域、各方面、各环节，做到以树人为核心、以立德为根本，培养社会主义建设者和接班人，才能真正建成教育强国。

立德树人的提出是为了解决我国教育领域存在的一些现实问题。部分学校存在重智轻德、过分追求学业分数而忽视德育的现象，这在一定程度上制约了我国教育的健康发展。而教育改革的推进需要更加注重系统性与协同性，使更多主体参与到育人的过程中，形成更加有效的育人合力。同时，随着信息技术的高速发展和多元文化的交融，学生所面临的成长环境变得越来越复杂。网络的广泛传播和多元文化之间的碰撞，既为学生提供了丰富的知识和经验，也给他们的身心健康与价值观念带来了一定的冲击。国际竞争的日趋激烈，对学生综合素质的培养提出了更高要求。在此背景下，要培养出既有道德情操，又具备较高综合素质的社会主义新时代建设者，对教育系统提出了更高、更具挑战性的要求。

2018 年 9 月 10 日，习近平总书记在全国教育大会上的重要讲话中多次提到"立德树人"，强调坚持党对教育事业的全面领导，坚持把立德树人作为根本任务；要把立德树人融入思想道德教育、文化知识教育、社会实践教育各环节，贯穿基础教育、职业教育、高等教育各领域，学科体系、教学体系、教材体系、管理体系要围绕这个目标来设计；要深化教育体制改革，健全立德树人落实机制。党的二十大强调，教育是国之大计、党之大计。培养什么人、怎样培养人、为谁培养人是教育的根本问题。育人的根本在于立德。全面贯彻党的教育方针，落实立德树人根本任务，培养德智体美劳全面发展的社会主义建设者和接班人。坚持以人民为中心发展教育，加快建设高质量教育体系，发展素质教育，促进教育公平。由此可见，立德树人是我国当前教育的根本任务，是教学实践推进的根本遵循。

立德树人，作为一种教育理念，强调在教育过程中以道德为核心，培养具有优秀品质和道德素养的人才。它起源于中国古代优秀思想，后来逐渐演变成现代教育的重要指导原则。立德树人的提出和内容，旨在回应现代社会对于德育的日益关注，关注人的全面发展，以德立身，以德兴国。

作为我国教育事业发展的根本任务，立德树人具有丰富深刻的内涵，其意义不仅包括了对优秀传统思想的传承，伴随时代变迁也有了新的发展，是新时代对我国教育目标与育人价值观的深刻阐释。在中国特色社会主义进入新时代的背景下落实好立德树人这一任务，最根本的是全面贯彻党的教育方针，解决好培养什么人、怎样培养人、为谁培养人这个根本问题。新时代做好立德树人工作，不仅要明确"立什么德""树什么人"，还需要明确立德与树人之间的关系。

（1）立德的内涵与要义。立德，就是坚持德育为先，通过正面教育引导人、感化人、激励人。立德树人的理念深刻地体现了"立育人之德"与"树有德之人"的有机统一，是新时代人才培养的基石与准则。德才兼备、以德为先，这一用人标准与培养目标强调的是人的"德"在个体发展中的核心地位。在全面发展教育理念下，"德"不仅是教育的起点，更是教育实践的终极目标。在中国特色社会主义新时代，坚持社会主义核心价值观是立德的基础。坚持社会主义核心价值观不仅是社会主义人才培养的基石，更是现代教育的核心理念。社会主义核心价值观集我国深厚的传统文化和世界文明的精华于一体，为国家和社会的持续发展提供了思想指引。时代的发展，社会的进步，离不开坚守和践行核心价值观的引领。从国家角度看，社会主义核心价值观教育旨在确保国家的长治久安、繁荣稳定；从个人角度看，它是塑造健全人格、实现人的全面发展的基础。核心价值观本质上是一种"德"，体现在每个个体身上并"汇集"成为国家和社会的"大德"。因此，培育与践行社会主义核心价值观是"立德树人"的基本要求和有效路径，对社会主义核心价值观的认同、内化、践行是立德树人的重要目标。

强化公民道德教育是立德的核心。公民道德可细分为政治品德、社会公德和个人品德。政治品德体现在公民对国家和集体的信仰和忠诚上，它涉及对国家的支持、对集体的热爱，以及对社会制度和价值观的认同。而社会公德，更多地与公民日常生活中的行为有关，如遵纪守法、保护环境、乐于助人等。正是这些品德构建了一个有序、和谐和进步的社会环境。个人品德，更多地关系到一个人的内在修养和自我管理，包括对自己的人生目标、理想和价值观的追求。三个方面的品德的充分发展帮助公民成为社会进步的积极参与者和推动者。因此，立德树人不仅仅是为了培养有道德的个体，促进个人的发展，更是为了创造一个更加文明、和谐和进步的社会。

（2）树人的价值指向。培养什么人、怎样培养人、为谁培养人是发展我国社会主义教育事业必须要解决好的根本问题。我国教育事业以立德树人为根本任务，这为我国教育事业指明了方向，教育不仅要培养具备专业知识和技能的人才，更要培养具备高度的思想觉悟、坚定的政治信仰和对社会主义制度忠诚拥护的人才。这些人不仅仅是社会的建设者，更是拥护党的领导、传承和发扬社会主义核心价值观的接班人。

立德树人的教育理念追求人的全面发展，注重德智体美等方面的培养。在强调德育的同时，也要关注学生的智力发展和身体健康。这样，才能培养出全面发展的人才，为国家和社会做出更大的贡献。在实际教育工作中，教育工作者应该以立德树人为目标，不断探索和实践，为提高我国德育工作的水平和质量做出努力。

从全球化发展与文化交流的角度看，立德树人的教育理念同样具有深厚的历史渊源和现实意义。在全球化的今天，各种文化交流和碰撞日益频繁，各种价值观和道德观念不断变革。因此，立德树人的教育理念在当前国际和国内教育背景下显得尤为重要。只有注重道德品质的培养，才能培养出具备全球竞争力的人才，为国家和社会的可持续发展提供强大的人才支撑。在此背景下，各级政府、教育部门和广大教育工作者，应该积极响应立德树人的教育理念，培养德行高尚的人才，为国家的繁荣昌盛，为全人类的福祉贡献自己的力量。新时代高校思想政治教育作为德育的重要途径，肩负着帮助学生构建符合新时代价值要求的思想道德体系的重要任务，因此，新时代高校思想政治教育更应将立德树人作为育人的根本目标。

（二）贯彻"德育为先"的教育理念

德育为先，顾名思义是将思想道德教育放在所有教育环节的首要位置，要在"立德"的基础上展开教学。国无德不兴，人无德不立，育人之本，在于立德铸魂。在我们当今所提倡的德、智、体、美、劳"五育"并举育人中，"德"排在第一位，这说明，在教育中培养学生良好的品德，促进学生道德品质的发展与提升是重中之重，是发展学生其他一切素质的基石。

"德育为先"的教育理念具有悠久的历史，早在春秋战国时期就有明确论述，《论语·学而篇》中记载了孔子的相关论述，"弟子，入则孝，出则悌，谨而信，泛爱众，而亲仁。行有余力，则以学文"。孔子认为，首先应该培养人的道德观念与行为，其次才有闲暇时间进行文化知识的学习。

2022年1月，全国教育工作会议在北京召开，会议再次强调要落实立德树人根本任务。由此可见，"德育为先"教育理念既是对我国传统育人理念的继承与发扬，同时也符合当代我国社会发展对于教育的需求。

文化，是民族精神的凝聚，是社会发展的灵魂，它无时无刻不在塑造着人们的思想观念和价值取向。教育，是培养人才的重要手段，更是国家和民族长远发展的基石。将文化与思想政治教育融合起来，意味着要用文化的力量培养学生的思想品质，用教育的力量传播文化价值。在这个过程中，如果没有"德育为先"的指导，则很难达到预期的目标。"德育为先"的新教育理念能够使文化与思想政治教育融合发展的人才培养目标更为明确、更具操作性。文化的广泛性和复杂性，使得在进行文化教育时，需要有明确的方向和重心，而"德育为先"的理念，为文化教育提供了这样一个重心，使得教育工作者在处理文化教育的各个环节时，能够始终保持对道德教育的重视，从而更好地传播文化价值，培养学生的道德品质。

三、开放式的教育理念

（一）开放式教育理念的内涵

"创新、协调、绿色、开放、共享"是党立足于我国发展实际，针对我国发展所面临的问题提出的重要发展理念，其中，开放发展注重解决发展内外联动问题。开放不仅仅是经济领域的开放，同时也是文化与教育领域的开放，具体到教育领域，是立足于中国教育的实际，以开放、包容的姿态，吸收和借鉴国外先进的教育理念与人才培养模式。

开放性是当今时代显著的特性之一，伴随着全球化进程的不断推进，国家间在政治、经济、文化等领域的交流日益频繁，世界日益成为一个联系紧密的有机整体。这种背景下，传统的封闭式教育模式被打破，全方位开放的新型教育模式成为了新时代教育的主流。开放式的教育理念主要有两层含义：一是人才培养要开放地吸收、借鉴国内外先进的教育理念与模式，不能闭门造车、故步自封；二是将开放的理念融入教育实践中，做到育人主体、教育内容、评价方式的多元与开放，拓展学生的知识获取途径，使学生在一种相对开放、轻松的环境与氛围中开展学习实践。

开放式教育理念与学生的主体性发挥有密切的关系，随着时代的发展，学生的主体地位越发受到重视。在教育活动中尊重学生的主体地位，需要改变传统的以教师为主体的单向知识灌输的教育方法，转变为以学生为主体的多元开放教育方法，不仅要使教学模式更具开放性，还要充分开拓学生获取知识的渠道，扩展教育空间，激发学生学习的积极性与主动性，使学生在更为开放的学习空间中充分发挥主观能动性开展学习活动。高校思想政治教育具有鲜明的时代性与发展性，因此，在当今时代推进高校思想政治教育，若想取得理想的育人成果，必须顺应时代发展的需求，用开放的教育理念指导高校思想政治教育的转型与模式重构。

（二）在高校思想政治教育中贯彻开放式的教育理念

在高校思想政治教育中贯彻开放式的教育理念，就是要以促进学生全面发展为基本目标，以学生为教育主体构建开放式的思想政治教育体系，在教学过程注重开放、民主、平等、和谐、自由、互动的教学关系与教育氛围的营造，整合多元育人主体丰富的教育资源，构建自主互动的教育模式与民主平等的师生关系，健全与完善育人评价体系，在马克思主义理论的指导下，以社会主义核心价值观为引领，帮助学生树立正确的世界观、人生观、价值观。

在新时代高校思想政治教育中，创造宽松自由的学习环境十分重要。为学生提供一个开放和自由的学习氛围，鼓励他们发表不同的观点，有助于培养他们的思辨能力和创新精神。教师应尊重学生的独立思考能力，鼓励学生提出问题并表达自己的观点，不论其与教师的观点是否一致。教师可以塑造一种开放式的学习氛围，让学生在课堂上勇于发言和提问，这样可以激发学生的思维活跃性，培养他们独立思考的能力。教师应避免对学生观点的片面批评或指责，应该以开放和包容的心态对待学生的不同观点，尊重他们的表达权利。即使学生的观点存在错误或不足，也应该通过引导和讨论来促使他们深入思考和修正，这样可以培养学生的批判性思维和分析能力，让他们从错误中学习和成长。教师还可以引入不同的学习资源，如书籍、文献、互联网资料、视频等，以便学生从不同的角度和资源中获取信息，拓宽视野。同时，组织学生参与小组讨论、辩论、项目合作等活动，促进他们之间的交流和合作，这样可以让学生在多样化的学习环境中充分展示自己的观点，从他人的观点中汲取新的思想理念。

开放式教育理念的应用与思想政治教育的本质及内容紧密相关，思想政治教育涉及国家、社会、思想品质等方面，而作为高校思想政治教育主体内容的马克思主义及其中国化成果，也是与国家社会发展实践紧密相连的。因此，思想政治教育与学生生活密切相关。在新时代高校思想政治教育中，教师需要通过案例研究和实践教学等方式帮助学生更好地理解马克思主义理论，帮助学生更好地将理论与实践相结合。在思想政治教育中引入案例研究，可以帮助学生将抽象的理论与实际情境相结合。学生通过对具体案例的分析和讨论，可以更加深入地理解并应用思想政治知识。实践教学可以将抽象的理论与实际问题结合起来，让学生在实践中发现问题、思考解决方案，从而培养他们的实际操作能力和解决问题的能力。实践教学为学生提供了实际参与和实践的机会。教育工作者可以组织学生参与社会实践、调研调查、模拟演练等活动。例如，可以为学生提供机会，使其参与社区服务项目，了解社会问题并尝试制订解决方案；或者参与模拟法庭，体验法律实践和辩论技巧。通过实践活动，学生可以运用所学的思想政治知识，面对真实的情境，锻炼解决问题的能力和团队合作能力。案例研究和实践教学将学习与实际问题相结合，激发了学生的学习兴趣。通过面对真实的情境和挑战，学生更加积极主动地参与学习，提高学习效果。还可以帮助学生全面发展自己的综合能力，为将来的工作和社会生活打下坚实的基础。

第三节　新时代高校思想政治教育的内容

一、新时代高校思想政治教育内容的宏观考察

高校思想政治教育肩负着马克思主义理论教学、健全和完善大学生思想道德体系以及帮助学生正确构建世界观、人生观、价值观的重要使命，因此，新时代高校思想政治教育的内容、途径十分丰富。从宏观的角度对其进行考察，按照教育内容所对应的素质结构进行分类，新时代高校思想政治教育的内容主要包括以下方面。

（一）理想信念教育

理想是人奋斗的内驱力，是人的精神支柱，对人的发展具有重要的导向作用。理想和信念对于人具有重要的鼓舞作用，人们的学习、工作和生活离不开理想和信念的支撑。信念在心理学上指人们对自己的想法、观念及其意识行为倾向，坚定不移地确信与信任。在个体成长与发展中，理想与信念密不可分。一个人的理想，体现着一个人的信念和追求。信念可以使人们在追求理想的过程中获得一种强有力的精神力量，鼓舞人们为了理想而坚持不懈地奋斗。只有建立了科学的理想和信念，人们才会积极投身于自己所热爱的事业，勇于面对奋斗过程中遇到的艰难坎坷，披荆斩棘，努力奋斗。

理想信念教育是大学生思想政治教育的核心，是引领大学生健康发展的不竭动力。理想和信念对于个体的发展具有重要的推动作用，对于大学生来说，崇高的理想和科学的信念是大学生的精神支柱，有利于塑造大学生积极健康的个性倾向。有了科学的理想和信念，就有了精神追求与前进的动力，能够朝着目标不懈努力。若是没有科学的理想与信念，就没有明确的奋斗方向，失去努力的动力。在新时代高校思想政治教育中，要进一步强化学生的理想信念的教育，必须使大学生始终坚定马克思主义的伟大旗帜，树立正确的世界观、人生观和价值观，只有让大学生把崇高的理想信念进一步内化到自己的人格之中，才能真正实现高校思想政治教育的育人目标。

（二）爱国主义教育

爱国主义是一个民族精神的核心，是国家凝聚力的主要源泉，是国家和民族不断前进发展的重要驱动力。爱国主义是个体对于国家依存关系的集中反映，体现为深厚的爱国之情、自觉的报国之行和坚定的强国之志的有机统一。爱国主义教育是新时代高校思想政治教育的重点，爱国主义精神是衡量大学生

思想道德素质的重要标志。以大学生为代表的青年人群是国家与民族未来的希望，是新时代中国特色社会主义建设的生力军，只有坚定爱国主义思想，自觉地将人生价值、个人理想与国家和民族的前途、命运紧密相连，继承和发扬中华民族的优良传统，不断报效祖国，服务人民，才能真正实现自己的人生价值和社会价值。

对中国特色社会主义新时代的中国青年来说，热爱祖国是立身之本、成才之基。在当代中国，爱国主义的本质是坚持爱国和爱党、爱社会主义高度统一。爱国是人世间最基本、最深沉、最持久的情感，同时也是中华民族最重要的传统，爱国主义是我们民族精神的核心，是中华民族团结奋斗、自强不息的精神纽带，也是社会主义核心价值观最主要的部分。新时代推进高校思想政治教育，必须坚持以爱国主义教育为重点，通过中华民族历史文化教学、中国共产党百年征程讲述、马克思主义中国化成果分析以及新时代新起点的阐释，激发学生的爱国主义情怀，提升学生的中国特色社会主义道路自信、理论自信、制度自信、文化自信，帮助学生树立矢志报国的理想信念。

（三）道德规范教育

德育重规范，偏重于对善的行为的逻辑判断，注重发展受教育者的意志约束力。教育的目标在于使学生能够自觉地用社会的普遍行为准则来规范自己的价值观与实践行为，带有一定的规范性。道德规范是社会稳定发展的重要保障，同时也是个人融入社会的重要前提，道德规范教育是高校思想政治教育的基础。人具有社会性，人的成长与发展离不开社会，因此，大学生的成长，不仅仅是身心的成长，同时也是社会性的成长。道德作为重要的社会学概念，规范着人们的生活与行为。社会发展需要法治与德治相结合，法律是对于道德底线的约束，道德作用于人们的心理，对人们的日常行为具有普遍的约束作用，对社会的发展具有重要的规范作用。同时，道德对于个人的发展也具有重要的促进作用，而思想政治教育是高校德育最重要、最直接的途径之一。

习近平总书记在山东考察时曾讲到，国无德不兴，人无德不立。必须加强全社会的思想道德建设，激发人们形成善良的道德意愿、道德情感，培育正确的道德判断和道德责任，提高道德实践能力尤其是自觉践行能力，引导人们向往和追求讲道德、尊道德、守道德的生活，形成向上的力量、向善的力量。只要中华民族一代接着一代追求美好崇高的道德境界，我们的民族就永远充满希望。①

---

① 《人民日报》2013 年 11 月 29 日第 1 版。

道德规范代表了一种理性的社会导向，大学教育作为学生个人道德认知体系与三观建构的重要环节，应以思想政治课为主要阵地，引导大学生的道德主体性朝正确的方向发展。若想实现这一育人目标，最重要的途径是高校思想政治教育。高校思想政治教育在教学过程中要以社会主义核心价值观为引领，不断健全与完善学生的道德认知体系，并帮助学生自觉将道德思想外化为道德行为，使学生成为具有高尚品德的人。

（四）全面发展教育

全面发展教育指全面提升学生的综合素质，概括起来主要包括对学生思想道德素质、人文素质、创新素质、科学文化素质、身体健康素质、心理素质、个性素质和审美素质等方面的培育与提升。实现人的全面发展，既是马克思主义的根本要求，也是高校育人的根本目标。高校思想政治教育要以马克思的人的全面发展理论为基础，服务服从于大学生的全面发展。

通过高校思想政治教育推进学生的全面发展，需要做到以下几点：

其一，坚持以习近平新时代中国特色社会主义思想为指导，以社会主义核心价值观为引领，重视马克思主义理论及其中国化成果的教学。习近平新时代中国特色社会主义思想是对马克思列宁主义、毛泽东思想与中国特色社会主义理论体系的继承和发展，是马克思主义中国化的最新成果，它立足于新时代中国发展的实际，体现了新时代最广大人民的根本利益与诉求，彰显了新时代中国精神与中国气魄，勾绘出新时代中国特色社会主义发展的新方向。新时代的大学生要深入学习与理解习近平新时代中国特色社会主义思想，并以其为指导开展一系列实践活动。

其二，重视学生身心健康发展。身心健康指个体生理与心理同时处于健康状态的一种情况，也即身心的协调统一与健康发展，是学生正常开展学习与生活实践的重要前提，同时也是学生自由、全面发展的重要基础。高校思想政治教育以促进学生的全面发展为目标，要在尊重学生个性发展的前提下，用正确的价值观引导学生，帮助学生实现身心协调发展，为学生其他素质的全面提升打下良好的基础。

其三，重视美育内容的渗透。美育是运用实践生活中的社会美与自然美，传授正确的审美观点，增强人的审美能力，提升人的审美水平，构建人的审美意识与自觉创造美的意愿，培养人创造美的能力，促进个体人格完善与整体素质提升的过程。美育与高校思想政治教育在育人理念上十分契合，在育人目标上高度一致，在教学内容上互有补充，在教学过程中互相渗透。美育是一种情感教育，具有形象直观、自由愉悦、潜移默化的特点，在高校思想政治教育中加入美育的内容，能够更有效地激发学生学习的积极性，提升教学效果。

二、新时代高校思想政治理论课的具体内容

（一）高校思想政治理论课的性质

高校思想政治理论课指针对大学生提供的关于马克思主义理论方面和思想政治教育方面的一整套的综合性课程体系，思想政治理论课的性质如图1-2所示。

图1-2 思想政治理论课的性质

1. 政治性

思想政治理论课主要是针对大学生开展政治教育，其主要的人才培养目标是通过思想政治理论的学习，帮助大学生培养起正确的政治认知、良好的政治信仰和鲜明的政治立场。因此，可以说，政治性是高校思想政治理论课的本质特性。思想政治理论课通过一系列的教育，如马克思主义政治理论领域的教育、社会主义理想信念领域的教育、政治立场和政治方向的教育、强烈的爱国主义和浓厚的集体主义等其他系统领域的政治教育，不断地有意识、有目的、有计划地向大学生传输各种政治文化，从而提升学生的敏锐政治观察能力和分辨能力，激发学生的政治兴趣与热情，有效地提高学生的政治素质，并提升学生的思想道德素质。

2. 思想性

思想性指思想政治理论课能对大学生的思维产生积极的引导作用，思想政治教育能够使学生学习与掌握更多科学的世界观与方法论。开展思想政治理论

课教育，能够有效地培养起大学生运用各种科学观点去正确、科学、全面地认知事物，同时有助于学生形成正确的世界观、人生观、价值观。

思想政治理论课不仅有着丰富多彩的内容，同时也具有完整、全面的理论体系，这些理论体系都是经过实践检验的科学的理论。我国思想政治理论课的主要教学内容是马克思主义理论及其中国化成果。马克思主义理论是科学的世界观与方法论，对于人类社会的发展有清晰的认知，对于人类的实践具有科学的指导作用。马克思主义中国化的成果是党和国家在充分分析中国实践的基础上，创造性地将马克思主义与中国实际相结合的产物，是中国化的马克思主义，是符合中国实际的马克思主义。

开展思想政治理论教育，能够有效地向学生传输辩证唯物主义和历史唯物主义的世界观与方法论，从而有利于学生正确认识世界，掌握马克思主义世界观和方法论，进一步培养他们分析和解决实际问题的能力。同时，能够帮助学生加深对中国社会的理解，加深对党的大政方针以及各项政策的理解。

科学的思想是指导学生正确开展实践的重要因素，思想政治理论课将为人民服务作为核心内容，以集体主义为原则，对学生给予社会主义核心价值观教育，从而培养出高尚的理想情感操守和良好的道德品质，树立起彰显中华民族特色和宏伟时代精神的高尚的社会主义价值标准和正确的道德规范。

3. 科学性

科学性是马克思主义理论及其中国化成果最为鲜明的特性之一，当今时代，我国思想政治理论课教育的核心内容是马克思主义理论及其中国化成果。这些科学的理论对人类社会漫长历史的本质和发展规律做出了科学阐述，且有效地将自身的理论与各个具体实际经验紧密地连在一起，以人与世界之间的关系作为研究对象，凭借自然科学和社会科学领域的各项成果，有效地揭示人类社会的发展规律，诠释中国的发展步伐。因此，从内容上看，思想政治理论课具有鲜明的科学性。

4. 德育性

德育并非一门专业课程，但却是现代教育的重要理念与重要内容，国无德不兴，人无德不立，纵观中国五千年历史长河，"德"一直是评价一个人，甚至是一个政权的重要标准。在中国特色社会主义新时代，"德"对于个人与国家的发展来说越发重要。"德"既指代一种高尚的品德与情操，也表示一种正确的价值观，德育的任务就是培养和提升人们这种高尚的情操与正确的价值观。

思想政治理论课程通过对学生进行各种思想政治教育，能够在很大程度上增强学生的思想道德素质，因此，思想政治理论课具有十分重要的德育作用。

新时代的思想政治理论课，要以高尚的道德情操教育学生，以社会主义核心价值观引领学生。

5. 发展性

思想政治理论课的发展性主要体现在两个方面，分别是教育课程层面和教学内容层面。

作为思想政治理论课的核心内容，马克思主义理论及其中国化成果本身具有鲜明的发展性，与时俱进是马克思主义的精髓，一个科学的理论必须要立足于实践，伴随着时代的发展而不断丰富发展，这样才能始终保持强大的生命力。马克思主义的中国化成果是马克思主义与中国实践不断结合的产物，是马克思主义理论发展性的典型体现。

作为一种教学活动，学校开设的思想政治理论课不仅要有明确的教学目标和教学内容，而且要紧随时代的发展步伐以及现实生活的各种需要，并能够伴随着大学生的具体思想情况和各方面需求的变化而做出改变。教育的理念、媒介、模式等是不断发展的，一门课程若想取得良好的人才培养效果，必须以先进的教育理念为指导，不断调整、优化课程教学的模式。

（二）高校思想政治理论课的构成

1. 以马克思主义基本原理教育为主题的课程

这类课程主要包括"马克思主义基本原理概论"和"马克思主义经典著作选读"等，这类课程重点在于通过对马克思主义基本原理的详细教学，对大学生进行科学的世界观、方法论教育，培养学生的理论思维能力，使学生通过对这些课程的学习，能够系统地掌握马克思主义基本原理，提高运用马克思主义的立场、观点和方法综合分析问题和解决问题的能力。

2. 以马克思主义中国化理论成果为主题的课程

以马克思主义中国化理论成果为主题的课程教学内容主要是马克思主义与中国具体实际相结合形成的理论成果。这类课程重点在于帮助大学生正确认识马克思主义中国化成果与马克思主义一脉相承的关系，增强大学生对马克思主义中国化重要意义的认识，从而使他们能够更好地掌握马克思主义、毛泽东思想、中国特色社会主义理论体系。

学生通过学习这些课程，可以深入理解中国特色社会主义理论体系是在马克思主义与毛泽东思想基础上，对中国特色社会主义事业发展的总结与提炼。习近平新时代中国特色社会主义思想是在新的历史条件下，对马克思主义中国化的进一步发展和创新，是指引新时代中国特色社会主义建设的伟大旗帜。以马克思主义中国化理论成果为主题的课程具有丰富的内容和深刻的意义。这些课程既为学生提供了理论知识，也有助于培养他们的思想道德品质和爱国情怀。在新时代背景下，加强这类课程的教学，有助于为中国特色社会主义事业培养出一代又一代具备坚定理论信仰、高度思想觉悟和良好道德品质的人才。

3. 以中国的革命与建设历程为主题的课程

开设这类课程的目的是为了让学生更好地了解我国的历史、中国的国情，深刻领会中国历史和中国人民为什么选择了马克思主义，马克思主义是怎样指导我国的革命与建设实践的。通过学习这类课程，能够充分激发学生的爱国情感，增强学生的历史使命感与时代责任感，激励学生为新时代中国特色社会主义的建设贡献力量。

4. 以德育为主题的课程

开设这类课程的目的是为了通过思想道德教育，帮助学生树立正确的世界观、人生观、价值观，提升学生的思想道德素质，增强大学生的法治观念与法治修养。

5. 以运用马克思主义认识当今世界形势为主题的课程

开设这类课程的目的是为了帮助学生以马克思主义的立场、观点和方法正确地认识当今国际、国内形势，这类课程包括"当代世界经济与政治"和"形势与政策"等。这类课程能够有效开阔学生的视野，帮助学生更好、更全面地了解世界，了解中国。

运用马克思主义认识当今世界形势为主题的课程注重培养学生的国际视野和战略思维。在丰富知识、拓展视野的同时，通过深入剖析当代世界经济、政治、文化等领域的热点问题和挑战，使学生能够站在国际、国内大形势下，把握世界发展的大趋势，增强对国家发展的全局观念，培养具有战略思维的现代化人才。运用马克思主义认识当今世界形势为主题的课程还关注跨文化交流和国际合作，使学生具备较强的跨文化沟通能力。通过对世界各国的文化特点、价值观念、发展道路的学习和比较，培养学生尊重文化多样性、开展国际合作的意识，为他们在国际舞台上展现中国特色、中国智慧做好准备。这对于培养具备全球胜任力的高素质人才具有重要意义。

第二章

文化与高校思想政治教育融合的
理论分析

我国是一个文化底蕴深厚的国家，拥有着悠久、灿烂且多元的文化，文化是一种强大的精神力量，对于国家的繁荣发展与民族性格的塑造具有重要的推动作用。文化蕴含着丰富的思想政治教育内容，两者的融合对于新时代思想政治教育的发展来说是十分必要的。

第一节　文化的内涵、特点及文化育人机制分析

一、文化的内涵

文化，是人类在其社会历史发展中不断创造、总结、积累下来的物质财富与精神财富的总和，因此，文化具有非常丰富的内涵。

（一）价值观和道德规范

价值观和道德规范是文化的核心，它们构建了社群成员行为模式的准则，塑造了其生活方式，更进一步地定义了它们对善恶、好坏、对错、美丑的评价标准。两者不仅描绘了社群的形象，更昭示了一个社群的人性定位和精神追求。

价值观指社会或个人认同并追求的价值取向和价值目标，是人们行为的动力和导向。每个社会或个人的价值观都有其独特性，反映出其对生活、社会、世界的认知和期望。如，中华文化中的"仁爱""和谐""诚实"等价值观，既是中华民族的历史文化积淀，又是中华民族的精神象征。价值观的重要性体现在其能够在宏观和微观层面上指导人们的行为，即它可以对人们的社会生活起到规范作用。道德规范是一个社会对其成员的行为和行动进行规定和约束的一套系统，制约了人们的行为模式，影响了人们的生活方式。在一定程度上，道德规范是对社会公平、公正、公义的追求，反映了社会对个体的期望和要求。

在不同的文化中，道德规范的具体内容和形式可能有所不同，但其基本功能是相同的，即维护社会秩序，促进社会和谐。

当将价值观和道德规范放在一起看时，可以发现它们共同构建了一个社会的精神结构和行为模式。价值观为道德规范提供了理论基础和价值目标，道德规范则是价值观在实践中的具体表现和实现方式。在这个过程中，人们不断地解读和实践价值观，不断地调整和改进道德规范，以更好地适应社会的发展和变化。更进一步地说，价值观和道德规范不仅影响着每个个体的行为和生活，而且影响着整个社会的发展和变迁。在这个意义上，文化不仅是一个社会的反映，也是一个社会的推动力。通过传播和实践价值观，通过执行和遵守道德规范，我们可以塑造更加和谐、公正、进步的社会环境，推动社会的发展和进步。

（二）知识与技能

知识与技能是构成文化内涵的最重要元素之一，是文化的核心组成部分，是文化源远流长的关键载体，而且深深地影响了人类社会的发展和进步。这种知识和技能包括了社群的艺术、科学、法律等方面，从生存技能到科学技术，从基本规则到高级艺术，都是文化传承和发展的重要内容。

在古代社会，知识和技能通常以口口相传的方式进行教授，例如，狩猎、农耕、编织等基本生存技能，以及医药、天文、算术等基础知识。这些知识和技能在人类社会的早期发展中发挥了重要作用，使人类能够在各种环境中生存下来，逐渐形成了不同社群的特色文化。随着社会的进步和科技的发展，知识和技能的范围不断扩大和深化。例如，科学和技术的发展产生了各种新的知识和技能，如计算机编程、生物工程、人工智能等。这些新的知识和技能改变了我们的生活方式，也进一步地推动了社会的发展和进步。

知识与技能的内涵包括许多领域，比如，艺术是文化中不可或缺的一部分，是人类情感和创造力的表达，是人类文化和历史的重要记录。每个社群都有其独特的艺术形式，如音乐、舞蹈、绘画、雕塑、戏剧等。这些艺术形式不仅表现了人类的美学观念，也反映了社群的价值观、信仰和历史。法律是社会生活的规范，它定义了社会成员的权利和义务，规定了人们的行为和活动。法律的内容和形式也反映了一定社群的价值观及公平观，是社会秩序和公正的重要保障。

知识和技能的传承及发展是文化交流和文化创新的重要方式。在全球化的过程中，不同文化的知识和技能可以相互学习和借鉴，从而产生新的知识和技能，推动文化的发展和繁荣。知识和技能是文化内涵的重要组成部分，它们反映了社群的历史、价值观和创新能力，也是社会发展和进步的基础和动力。在全球化和科技化的今天，理解和研究文化的知识和技能，对于我们理解和应对社会变化、保护和发展文化具有重要的意义。

（三）生活方式

生活方式是文化最为显著的体现之一，也是距离我们最近的文化呈现方式，它反映了一个社区的生活习惯、日常行为和社会习俗。通过观察和理解生活方式，我们可以了解到一个社区的历史、价值观、信仰和社会结构等深层次的文化内涵。

生活方式可以从许多方面来观察和理解。比如，饮食习惯可以反映一个社区的地理环境、农业技术、历史经验和审美观念。服装是文化特色和身份认同的重要标志。服装的样式、颜色、材质和装饰都可以反映一个社区的审美观念、社会地位和历史变迁。

作为生活方式的重要组成元素，习俗与节日是非常重要的文化符号。节庆活动是文化传承的重要方式，也是增强文化认同的重要途径，具有丰富的象征意义和社会功能。例如，中国的春节不仅是庆祝新年的活动，也是家庭团聚和祈求吉祥的重要时刻。同样，美国的感恩节不仅是庆祝丰收的节日，也是家庭聚会、感恩分享的重要场合。习俗是社区日常生活的规范和习惯，它可以反映一个社区的道德观念、社会关系和生活节奏。

生活方式不仅是文化的反映，也是文化的塑造者。随着社会的发展和环境的变化，生活方式也在不断变化和演进，从而推动文化的创新和发展。例如，随着科技的进步和全球化的进程，许多新的生活方式出现，如在线工作、健康饮食、环保生活等，这些新的生活方式正在塑造着当今的文化和社会，而其也作为一种重要的文化符号印刻在我们所生活的时代中。

（四）社会规则

社会规则是构建一个有序社会的基础，是文化的重要组成部分。社会规则既包括明文规定的法律法规，也包括社会成员普遍接受的社会准则和行为习惯。通过这些规则，社会成员了解如何选择行为方式，明确什么是可以接受的，什么是不被接受的，从而构建一种社会共同的行为和认知模式，促进社会和谐有序地发展。

社会规则的形成和演变，与历史、环境、社会结构和价值观等因素密切相关。在农耕社会，规则往往强调集体主义和互助，以应对自然环境的挑战和保障社区的生存。在工业社会，规则更倾向于强调个人主义和竞争，以推动经济发展和技术进步。社会规则的内容和形式反映了社会的价值观和权力结构。例如，对公正和公平的追求可能体现在法律规定和法律执行的公正性上；对自由和人权的尊重可能体现在言论自由、集会自由等基本权利的保护上；权力的分配和运行方式可能体现在政治制度和治理规则上。同时，社会规则也在塑造和改变我们的文化。法律和政策可以推动文化的发展，也可以对文化产生限制。例如，教育政策可能会推动科学知识的普及和文化多样性的理解；审查制度可能会对艺术和思想的自由表达产生限制。社会规则不仅在国内社会中起作用，在国际社会中也扮演着重要的角色。国际法规、贸易协定、人权公约等构建了国际社会的行为规范，反映了国际社会的价值观，也塑造了国际关系和全球文化。

当然，与许多文化元素一样，社会规则并不是一成不变的，在应对新的挑战和问题时需要不断更新和改变。在全球化、科技进步和环境变化等现代问题面前，我们需要反思和调整现有的规则，以应对新的挑战和问题。同时，我们需要在尊重和保护文化多样性的同时，推动公正、公平和可持续发展的社会规则。

（五）语言与文字

语言与文字是构成人类文化不可或缺的一部分，是文化最重要的载体之一，它们在我们的生活中扮演着至关重要的角色。语言不仅是人类交流和分享思想的主要工具，也是我们认知世界和表达自我的重要方式。文字是语言的具象化，是我们记录和传承知识、思想和历史的重要手段。

首先，语言和文字是人类认知世界的基础。我们用语言和文字命名世界，理解世界，从而构建我们的认知模型。例如，不同的语言有不同的词汇和语法结构，这反映了不同的思维方式和世界观。英语中的被动句可能反映了英语使用者更关注事件的结果，而汉语的语言结构则展示了使用者更关注事件的过程。

其次，语言和文字是人类传达和分享思想的主要方式。通过语言，人类可以表达自身的情感、想法和观点，分享掌握的经验和知识。通过文字，可以记录和传承这些思想，使它们超越时间和空间的限制，成为人类文化的一部分。例如，古代的石碑和经卷、现代的书籍和网络文章，都是人们用文字记录和传承文化的显著体现。

最后，语言和文字是构建社会认同和促进文化传承的重要手段。通过共享一种语言，人们可以更容易地交流和理解，构建共享的认同和价值观。通过文字，可以记录和传承文化的历史和传统，使新一代人可以学习和理解他们的文化背景。例如，汉字不仅是中国人日常交流的工具，也是连接中国人和历史及文化的重要纽带。当然，语言和文字的使用及变迁也反映了文化和社会的变化与发展，扮演着历史记录者的角色。

（六）精神成果

文化是人类智慧和创造力的卓越体现。它们既包括物质成果，如艺术作品、建筑物、科学发明等，也包括非物质成果，如思想观念、道德规范、习俗风俗等。这些精神成果塑造了社群的身份和特性，同时对社群的未来发展产生深远影响，而历史遗产与精神成果是其中最具代表性的文化元素。

历史遗产是文化的重要组成部分，代表了一定社群的历史记忆和身份认同。历史遗产包括一系列的文化产物和事件，如建筑遗址、历史文献、历史事件等。这些遗产见证了社群的历史变迁和文化发展，也为我们理解社群的过去和现在提供了重要线索。例如，中国的长城、故宫和兵马俑等历史遗产，不仅展示了中国古代文明的辉煌，也反映了中国传统文化的核心价值观，如尊重历史、尊重权威、追求和谐等。这些历史遗产是中国人民的共享记忆，也是他们建构自我认同的重要标志。

精神成果是文化的核心，代表了社群的智慧和创造力。精神成果既包括科学技术的发展，如中国的四大发明、欧洲的科学革命等，也包括思想文化的创新，如中国的儒家学说、印度的佛教教义等。这些精神成果推动了社群的进步和发展，也对全人类的文明进步产生了深远影响。例如，儒家学说强调的仁爱、和谐和社会责任，不仅影响了中国社会的道德规范和政治制度，也对全球的道德理论和社会理论产生了重要影响。

二、文化的特点

（一）社会性

社会性是文化的核心特点之一，它揭示了文化与社会之间的紧密联系。文化不是孤立存在的，而是在特定的社会环境中形成、发展和变化的。它包括社会成员共享的信仰、价值观、行为规范和符号系统，这些元素是社会的黏合剂，使得社会成员能共同行动，彼此理解。每个个体都是通过社会交互与沟通交流而学习和传承文化的，同时，个人和群体的实践行为对文化的发展也具有深刻的影响。

文化是社会的产物，反映了特定社会环境和历史背景。它不仅包含了一系列物质成果，如工艺品、建筑物、艺术作品等，也包含了一系列非物质成果，如习俗、信仰、语言、价值观等。这些成果是社会成员在特定环境和条件下，通过集体智慧和创新力量创造出来的。文化是社会成员共享的。在社会中，人们通过相同的信仰、价值观和行为规范，建立了共同的认同和归属感。这种共享性使得社会成员能够互相理解和协作，也使社会能够维持稳定与和谐。例如，印度的种姓制度，虽然自身存在很多问题，但在一定程度上维持了印度社会的稳定；西方继承自希腊与罗马的文化与价值观，使得西方社会成员有了共同的权利和责任意识，有了相对统一的文化认同，很大程度上推动了社会的公平和进步。

文化的社会性还体现在文化是个体通过社会互动学习和传承的。人不是天生就有文化的，而是通过观察、模仿和学习获得的。在这个过程中，家庭、学校、媒体和其他社会机构都扮演了重要的角色。例如，孩子在家庭中学习如何礼貌待人，在学校中学习科学知识和道德规范，在媒体中学习新的思想和信息。

文化的社会性表明文化是社会的镜像和工具，它反映了社会的特征和需要，也塑造了社会的形态和发展。对文化的理解和研究，需要深入理解其社会性，同时需要关注个体在其中的角色和作用。

（二）学习性

文化的学习性强调文化不是天生就有的，而是通过学习和经验得到的。从出生开始，我们就在观察、模仿、体验和学习所处的文化环境。通过这些过程，我们学习了如何思考、如何行动、如何与他人交流、如何理解和应对世界。这些文化知识和技能，不仅影响了我们的生活方式和价值观，也塑造了我们的身份和个性。同时，我们有责任和使命将这些文化知识和技能传给下一代，以保持文化的延续和发展。

学习是我们获取文化知识和技能的主要方式。从婴儿期开始，我们就不断地学习和模仿周围人的行为和言语，以适应我们的文化环境。随着年龄的增长，我们的学习方式在不断地扩展和深化，包括正规的教育、非正规的学习、自主的探索等。在这个过程中，我们学习了一系列的文化元素，如语言、信仰、价值观、规则、习俗、技能等。这些元素不仅帮助我们理解和适应世界，也帮助我们建立自我认同和社会关系。

学习是我们参与和影响文化的主要途径。通过学习，我们不仅可以接受和继承已有的文化元素，也可以创新和改变这些元素。这种参与和影响可能表现为个人的探索和创新，也可能表现为社会的抵抗和改革。例如，科学家通过学习和研究，发现了新的科学理论和技术，推动了文化的发展和进步；社会活动家通过学习和反思，提出了新的社会观念和政策，推动了文化的变革和进步。

学习是我们传承和发展文化的主要方法。每一代人都有责任将文化知识和技能传给下一代，以保持文化的延续和发展。这种传承可通过家庭教育、学校教育、媒体传播等方式进行。同时，每一代人也有机会和权力对传统的文化进行反思和改变，以满足新的环境和需求。例如，家长通过教育孩子，将自己的价值观和生活经验传给下一代；教师通过教学，将科学知识和社会规范传给学生；作家和艺术家通过创作，将自己的思想和感情传给读者和观众。

（三）符号性

文化的符号性指文化建立在符号之上。我们使用各种符号，如语言、图像、音乐、舞蹈、仪式等来构造、传递和理解文化的意义。这些符号不仅帮助我们理解和解释世界，也使我们能够表达自我，分享感知，交流思想，形塑社会，我们可从以下方面观察文化符号性的特点。

首先，语言是文化的主要符号系统。人类使用语言来表达和交流思想，传递和储存知识，组织和协调行动。语言的结构和用法反映了特定文化的思维方式、价值观和社会结构。例如，一些文化用丰富的词汇来描述自然环境和社会关系，反映了文化与生活经验和社会需求紧密的关系，也是其符号性的鲜明体现。

其次，艺术是文化的重要符号系统。人们使用各种艺术形式，如绘画、雕塑、音乐、舞蹈、戏剧等表达和传达感情、思想、想象、理想。艺术作品不仅提供了个人和社会的情感和精神体验，也反映和塑造了文化的审美观和价值观。例如，希腊雕塑强调人体的比例和谐与动态美，反映了希腊文化的理性主义和人文主义，其本身的审美价值是希腊文化审美与价值观的鲜明代表。

再次，礼仪、习俗、仪式等是文化的基本符号系统。人们通过各种仪式，如宗教仪式、节日庆典、社交礼节等纪念和庆祝重要的事件，标记和确认社会的身份和关系，表达和强化共享的信仰和价值。仪式的形式和内容反映了文化的宗教观念、社会结构和道德规范。例如，印度的婚礼仪式包含了复杂的仪式步骤和象征意义，反映了印度文化的宗教信仰和社会规范。

最后，物品和环境也是一个社会重要文化符号。人们使用和制造各种物品，如工艺品、服饰、食品、建筑等满足需求，表达身份，传达意义。人们也会通过实践活动塑造和使用各种环境，如家庭、学校、市场、公园等进行活动，形成社区，塑造经验。物品和环境的设计和使用反映了文化的生活方式和空间观。

（四）动态性

文化的动态性强调了文化不是静止不变的，而是持续发展和变化的。它既是社会变迁、科技进步、外来文化影响等因素的结果，也是个人和群体创新、抵抗等行动的产物。这种动态性使文化具有生命力和创新力，同时带来了文化的复杂性和多样性。

文化的动态性是社会变迁的反映。随着经济的发展、政治的变动、社会的演进，文化也会产生相应的变化。比如，工业革命带来的社会变迁引发了欧洲的文化变革，现代主义和后现代主义思潮的兴起改变了我们的艺术观、道德观和知识观。这些变化不仅影响了文化的内容和形式，也影响了文化的传播和接受，从而推动了文化的创新和多样化。

文化的动态性是科技进步的产物。科技的发展改变了我们获取和处理信息的方式，增强了我们改造自然和社会的能力，拓宽了我们认知和表达世界的途径。比如，印刷术的发明推动了文化的大众化和民主化，互联网的出现促进了文化的全球化和虚拟化。这些变化不仅推动了文化的快速传播和广泛交流，也创造了新的文化形式和文化内容，如网络文化、数字文化等。

（五）多样性

文化的多样性不仅体现了人类的创造性和适应性，也反映了地理、历史、社会等多种因素的影响。它是人类社会的重要特点，也是人类文化的重要财富。

不同的地理环境塑造了不同的生活方式和习俗。例如，海洋环境催生了以捕鱼为主的生活方式，而内陆环境可能形成了以农耕或畜牧为主的生活方式。这些不同的生活方式进一步影响了人们的价值观、思维方式、社会结构等，形成了不同的文化。历史事件，如迁移、自然灾害等，也会对文化产生深远影响。不同的社会结构和政治制度也会形成不同的文化。例如，等级制度严格的社会可能形成一种强调尊卑和顺从的文化，而民主制度的社会可能形成一种强调平等和自由的文化。经济发展阶段也会影响文化。例如，农业社会可能形成一种强调传统和稳定的文化，而工业社会可能形成一种强调变革和进步的文化。文化交流也是文化多样性的一个重要因素。通过交流，不同文化可以相互借鉴和融合，形成新的文化形式。

文化的多样性体现了人类的创造性。人类能够根据自己的需要和愿望，创造出各种文化形式和内容。如，各种艺术形式（如绘画、音乐、戏剧等），科学理论（如物理学、化学、生物学等），思想观念（如宗教、哲学、道德等）都是人类创造力的体现。这些创造不仅丰富了我们的精神世界，也提高了我们的生活水平。

三、文化育人机制分析

（一）社会化过程

作为文化育人的核心机制之一，社会化是一个持续的过程，从个体出生开始，一直延续到他的生命结束。在这个过程中，个体被引导去学习、理解并接受社会规范和文化，从而成为社会的一分子。这个过程的各阶段都有其主导力量，如家庭、学校、同伴群体、媒体等。

在个体生命的早期阶段，家庭作为社会化的第一舞台，具有至关重要的作用。父母或者其他亲人是孩子的第一任教师，他们通过日常生活中的互动，包括如何用餐、如何礼貌待人等教授孩子基本的行为规范。这不仅仅包括具体的行为方式，还包括背后的价值观和道德规范。例如，孩子会从父母那里学到诚实、尊重他人、爱护环境等基本的道德观念。家庭也是孩子学习并实践自己文化的重要场所，例如，孩子会通过参与家庭的节日庆祝活动、食物烹饪等了解并体验自己的文化。

进入学校阶段后，教育机构成为社会化的主导力量。学校不仅提供了学习基础知识和技能的平台，更是培养和塑造价值观、行为规范的场所。通过教师的引导和同伴的互动，学生会学习并接受社会的基本规范和价值观。例如，学生会在学校中学习公平、公正、助人为乐等社会公认的价值观。他们会通过课堂学习和课外活动来了解并接受自己文化的各种知识和技能，如历史、文学、艺术、科学等。

与家庭、学校、社会关系紧密的同伴群体是另一个重要的社会化场所，尤其是在青少年阶段。青少年会通过与同伴的互动，如共同参与游戏、组织活动、解决问题等，来学习并实践社会规范和文化。他们会在这个过程中形成自我认同，也会在对自我和他人的认知中，逐渐理解和接受社会的复杂性及多元性。同伴群体也是青少年学习和实践自己文化的重要场所，他们会在这里共享文化经验，如音乐、电影、服饰等。

而作为社会信息宣传最重要的途径之一，媒体是文化通过社会化过程育人的重要途径。通过电视、电影、互联网等媒体，个体可以接触到大量的社会和文化信息。他们可以在这里看到社会的各种可能性，也可以在这里看到自己文化的多样性和深度。媒体为个体提供了表达和交流的平台，他们可以在这里发表自己的观点，也可以在这里了解和理解他人的观点。通过这种交流，个体可以逐渐形成自我认同，也可以逐渐理解和接受社会的多元性及复杂性。

（二）习俗与传统

习俗和传统作为文化育人机制的关键元素，具有举足轻重的作用。它们是文化传承和塑造个体身份的核心载体，包含了一种群体的价值观、行为规范和生活方式。每一个习俗和传统都富含着丰厚的文化信息，是一种社会经验的积累与传递。

首先，通过参与和体验这些习俗和传统，人们可以了解和接受自己的文化。例如，节日庆祝是最为常见的文化体验方式。不同文化有不同的节日和庆祝方式，如中国的春节、中秋节，西方的圣诞节、复活节等。参与这些节日庆祝，可以帮助我们理解自己文化的乐趣和意义。每个节日的习俗和传统都蕴含着一种群体的历史记忆、价值观和行为规范。比如，在中国春节期间，家人团聚，贴春联，放鞭炮，而在西方的圣诞节，人们装饰圣诞树，赠送礼物，这些传统都传递着丰富的文化信息，既是文化传承和发展的重要载体，也是文化以"习俗"的范式影响人、培育人的显著体现。

其次，学习和实践传统艺术也是一种深入了解和接受文化的方式。传统艺术，如中国的书法、国画，印度的舞蹈、音乐，西方的古典音乐、油画等，都是各自文化的瑰宝。它们富含着文化的智慧和美学。通过学习和实践这些艺术，我们可以领略和传承文化的美与智慧。例如，通过学习书法，我们不仅可以体验到线条的美，还可以理解中国文化中的深邃哲理和审美追求。通过学习舞蹈，我们可以感受到动态的美，也可以理解到印度文化的精神内涵和生活哲学。

习俗和传统是塑造个体身份的重要方式，人们的身份认同往往来源于自身的文化经验。通过参与习俗和传统，我们可以更好地理解自己，也可以更好地理解他人和社会。我们的价值观、行为规范和生活方式，都会在这个过程中得到塑造和确认。

（三）符号和语言

符号和语言是文化信息的主要载体，它们为文化的传播和理解提供了工具。这种载体既可以是具体和实在的，如文字、图像、音乐，也可以是抽象和象征的，如惯用语、比喻、寓言等。通过学习和使用这些符号和语言，个体可以理解和表达文化信息，也可以与他人进行文化交流，从而逐步塑造个人的世界观、价值观和生活方式，形成对自身与社会的认知和认同。

在语言层面，母语是最基本和直接的文化符号和语言。每一种语言都蕴含着文化的思维方式和世界观。通过学习和使用母语，人们可以理解和表达自己的思想及感情，也可以理解和接受文化的基本信息。例如，中文的诗词，以其独特的语言形式，传递了中国文化的美学观和人生哲理；英文的谚语和习语，反映了西方文化的实用主义和个体主义。以书写、绘画、音乐等为代表的符号也是文化信息的重要载体。它们可以表达更为复杂和深远的文化信息，也可以帮助个体创造和欣赏文化作品。例如，书写不仅是信息的传播工具，也是个人情感和个性的表达方式；绘画不仅可以描绘现实，也可以想象和构造理想；音乐不仅可以表达个人的情感，也可以反映和塑造社会的情绪和气氛。

此外，符号和语言还为个体与社会的交流提供了工具。人们可以通过语言交流思想和感情，也可以通过符号表达态度和立场。这种交流可以帮助个体理解和接受他人，也可以帮助个体表达和主张自己。例如，公共领域的标语和标识，既传递了社会的规范和要求，也反映了个体的需求和反应。

（四）角色和身份

角色和身份的塑造是文化育人的重要机制之一，角色和身份在任何社会体系中都是不可或缺的，它们为我们在社会中的行为提供了指引，并在一定程度上定义了我们是谁以及我们如何理解自己在社会中的位置。这些角色和身份既是社会规范的具体化表现，也是我们理解、适应和改变社会的主要方式。通过扮演和适应这些角色和身份，人们不仅可以学习和接受社会规范，也可以实现自己的价值和目标。在这个过程中，人们的价值观、思维方式和行为模式都会受到塑造和影响。

角色是人们在特定情境中应该如何行事的期望或规定。每个人都需要在不同的社会情境中扮演不同的角色，例如，作为学生、朋友、工人、家庭成员等。这些角色都有其对应的行为规范和期望。例如，作为学生，人们需要遵守学校的规则，尊重教师，努力学习；作为工人，人们需要掌握职业技能，尊重上司，完成工作任务。通过学习和扮演这些角色，人们不仅可以理解和接受社会的规范和要求，也可以形成自己的行为习惯和技能。而身份是人们在社会结构中的位置，它决定了人们的社会地位和权利。每个人都有多重的社会身份，如性别、年龄、职业、阶级、族群等。这些身份既决定了人们的生活经验和机会，也影响了人们的自我认同和社会认同。

角色和身份为人们的社会交流提供了基础及框架。人们可以通过角色的扮演和身份的表达，与他人建立联系，交换信息，解决冲突，形成合作。角色和身份是文化育人的重要机制。它们既可以帮助人们学习和接受社会的规范和价值，也可以帮助人们实现和表达自己的价值和目标。在这个过程中，人们不仅被社会塑造，也在塑造社会，这是文化的生命力和创新力的重要源泉之一。

第二节　多元文化对新时代高校思想政治教育的影响

一、多元文化的概念与内涵

多元文化主张接受和尊重社会中存在的多元文化差异，这些差异可能源于种族、民族、宗教、性别、年龄、社会阶层等多种因素。多元文化主张每个人的独特身份和经验都值得尊重，而这些身份和经验往往由其所在的文化群体所塑造。在人类社会越来越复杂化、信息流通越来发达的情况下，文化的更新转型日益加快，各种文化的发展均面临着不同的机遇和挑战，新的文化也层出不穷。人们在现代复杂的社会结构下，必然需求各种不同的文化服务于社会的发展，因此造就了文化的多元化，也就是复杂社会背景下的多元文化。

在多元文化的视角下，社会是多种文化共存、交融的多元体，而不是一个单一、均质的集体。多元文化主张平等对待各种文化，反对任何形式的文化霸权和歧视。这不仅要求人们尊重和保护不同文化群体的权利，也要求人们开放视野，接纳和理解不同的文化经验和观念。多元文化的内涵还包括批判和反思的精神。多元文化认为，人们不能简单地将任何文化视为是自然的、必然的或优越的，而应承认文化是社会的产物，是人类历史和社会关系的反映。因此，人们应持批判的态度，去分析和反思自己的文化及其他文化，去理解和改变存在的不平等及偏见。

具体到教育领域，多元文化提倡促进多元文化社会不同文化群体间的平等与尊重。具体包括倡导教育公平，反对任何形式的文化的局限性，致力于培养学生解决偏见的行动能力，对学习者主体性和面对不同文化时的抉择能力、批判能力和反思能力，以及促进教育机会均等。

二、多元文化的特征

多元文化主义是一种社会和政策理念，主张在社会中平等对待各种文化，以此维护社会的多元性和包容性。多元文化的主要特征如下。

（一）文化平等

多元文化的核心理念之一就是"文化平等"。这个理念源于对人类文化的深刻理解和尊重。每种文化，无论其出现的地理位置、历史背景、传播规模如何，都有其存在的价值和意义。这些文化是人类社会生活的不同面貌，也是人类创造力和思考能力的体现。

在全球化不断深化发展的今天，人们可以接触到的文化越来越多，这些文化中的一些可能与人们自己的文化有很大差异。这些差异可能会让人们感到不适应，甚至可能会引发冲突。然而，多元文化主义认为，人们应该从平等的角度看待这些差异，尊重和理解这些文化，而不是简单地以自己的文化为标准，去评价和判断其他文化。

多元文化所主张的文化平等体现在多元文化主义反对文化霸权和歧视。文化霸权指一种文化试图主导和压制其他文化的现象，它不仅否定了其他文化的价值和存在，也阻碍了文化的交流和发展。文化霸权往往以"优越性"的名义出现，如"某文化更先进""某文化更文明"等，然而，这些看法都是基于某种特定的价值观和标准，而不是基于对文化的公平和客观的评价。同样，多元文化主义也反对文化歧视，即因为某种文化的特征、来源或者群体而对其进行贬低或排斥的行为。这种歧视通常表现为对某种文化的偏见和刻板印象，它不仅侵犯了个人和群体的尊严和权利，也阻碍了社会的和谐和进步。

因此，多元文化主义主张，人们应该以平等的态度对待各种文化，去欣赏和理解它们的特色和价值。人们应该以开放的心态去接触和学习不同的文化，去欣赏和理解它们的美和智慧。人们应该尊重每一个人的文化身份和选择，尊重他们保持和发展自己文化的权利。同时，人们应该反思和挑战那些存在的文化霸权和歧视，去建设一个更平等、更包容、更多元的文化世界。

（二）文化多样性

文化多样性是多元文化的一个重要特征。这一特征体现在社会文化是由多种文化共同构建、相互影响、交融共存的多元体，它强调文化的多样性，认为每种文化都有其独特的价值和贡献，也都有其存在和发展的权利，人们需要对每种文化给予平等对待和尊重。

文化多样性意味着社会的多元性。每个社会都是由各种不同的文化组成，这些文化可能在信仰、价值观、生活方式等方面有巨大的差异。例如，一个国家可能有多种语言、宗教、种族、民族等，这些不同的群体可能有各自不同的文化传统和实践。这种多样性使得社会更加丰富和多元，也为社会的创新和发展提供了资源。

文化多样性强调了对文化差异的尊重和理解。在多元文化的视角下，人们不应该因为某种文化与人们的文化不同，就对其进行排斥或贬低。相反，人们应该尝试理解和接受这些差异，尊重每个人的文化身份和选择。例如，在对待外来文化时，人们应该以开放的态度去接受和学习，而不是以排斥和歧视的态度去对待。文化多样性还鼓励了文化的交流和学习。多元文化主义认为，文化不是孤立存在的，而是通过交流和互动来发展的。通过学习和接纳其他文化，不仅可以扩大人们的视野，也可以丰富人们的知识和经验。例如，人们可以通过学习外语，了解其他文化的思想和价值观；人们通过欣赏外国艺术，感受其他文化的美和韵味。同时，文化多样性本身强调了人们需要在社会的发展与文化交流中注重保护和维护文化的多样性。在全球化的过程中，一些弱势的文化可能会受到压迫和侵害，他们的文化传统和实践可能会被忽视和遗忘。因此，人们需要采取措施保护这些文化的存在和发展，保护他们的权利和尊严。例如，人们可以通过法律和政策，保护少数群体的语言和文化权利；人们可以通过教育和传媒，传播和宣扬多元文化的理念，倡导文化的平等和尊重。

（三）鼓励文化交流

鼓励文化交流是多元文化的核心理念之一。这一理念是在"文化并不是孤立存在"的前提下提出的，文化并非孤立存在与独立发展，而是在与其他文化的交流、碰撞中不断丰富、发展的。通过交流，人们能够更深入地理解和尊重他人的文化，同时可以丰富和发展自己的文化。在全球化日益深入的今天，文化交流的重要性更为凸显。文化交流可以帮助人们拓宽视野。通过了解其他文化，人们能更全面地认识这个世界。这不仅能够让人们增长知识、提高人文素养，而且有助于打破文化偏见，促进社会的和谐与包容。

鼓励文化交流可以帮助人们更深入地理解和尊重他人的文化。每种文化都有其独特的价值观、生活方式、艺术形式等，这些都是值得人们了解和学习的。例如，人们可以通过阅读外国文学作品，了解其他文化的历史和社会现状；人们可以通过观看外国电影，感受其他文化的情感和思想；人们可以通过学习外国语言，理解其他文化的逻辑和表达方式。这种了解和学习，可以帮助人们深化对他人文化的理解和尊重，也可以帮助人们扩大视野，丰富生活体验。

鼓励文化交流也可以丰富和发展自己的文化。文化不是固定不变的，而是在与其他文化的交流中不断发展和变化的。通过学习他人的文化，人们可以借鉴其优点，改善自己的文化。例如，人们可以从其他文化中学习其先进的科技知识，以提高自己的科技水平；人们可以从其他文化中学习其独特的艺术形式，以丰富自己的艺术创作；人们可以从其他文化中学习其积极的价值观，以提升自己的道德品质。

鼓励文化交流是促进社会和谐和包容的重要方式。在多元文化的背景下，文化差异和冲突难以避免。通过文化交流，人们可以了解和接受文化差异，缓解文化冲突，促进社会的和谐与包容。例如，人们可以通过举办文化节、交流会等活动，让不同文化的人们有机会互相了解和学习，这不仅可以增强他们对自身文化的认同和自豪感，也可以减少他们对他人文化的偏见和歧视。

（四）提倡文化包容性

多元文化主义的一个重要特征是提倡文化包容性。这一点主要体现在两个方面：一是尊重和保护不同文化群体的权利；二是开放视野，接纳和理解不同的文化经验和观念。

在多元文化中，文化包容性的核心是尊重和保护不同文化群体的权利。这种权利包括许多方面，比如，保持和发展他们自己的语言、艺术、宗教、习俗等，参与他们所在社区的决策过程，享受和其他社群相等的社会福利，不受到基于文化差异的歧视和排斥等。尊重和保护不同文化群体的权利对于文化的发展来说至关重要，因为尊重和保护文化权利不仅是实现社会公平和正义的基本条件，也是促进文化多样性和创新的关键因素。

当然，提倡文化包容性并不仅仅是关于法律和政策层面的问题，它更是关于人们如何看待和对待文化差异的态度问题。这需要人们打开视野，接纳和理解不同的文化。打开视野意味着人们需要积极地了解和学习其他文化，而不是固守自己的文化视角和经验。接纳和理解意味着人们需要尊重和欣赏其他文化的价值和意义，而不是轻视和排斥它们。

此外，提倡文化包容性意味着人们需要在日常生活和工作中实践这种包容性。例如，在学校教育中，人们需要尊重和理解来自不同文化背景的学生，给予他们公平的学习和发展机会；在社会活动中，人们需要包容和接纳不同文化群体，让他们参与决策，尊重他们的习俗和传统；在工作场所，人们需要尊重和欣赏不同文化背景的员工，鼓励他们发挥自己的特色和优势，创造多元化的工作环境。

提倡文化包容性是多元文化主义的一个重要特征，它要求人们在法律、政策和日常生活等层面尊重和保护文化多样性，开拓视野，接纳和理解文化差异。通过这种方式，人们可以建立一个更加公平、和谐与创新的社会，也可以更好地发展和利用人们的文化资源和潜力。

三、多元文化对新时代高校思想政治教育影响分析

（一）全球视野的培养

在新时代高校的思想政治教育中，多元文化的影响体现在对学生全球视野的培养上。在全球化不断发展的今天，人们生活的世界不再是单一文化语境的世界，而是一个由各种文化交织、碰撞和影响的文化与价值多元化的世界。在这样的环境中，个体需要具备全球视野，才能在全球范围内理解和处理问题，才能有效地在多元文化环境下生活和工作。

多元文化主张的文化包容和交流，有助于打破学生的思维局限，拓宽他们的学习视野。传统的教育方式可能会过于强调一种文化，而多元文化主张尊重和理解其他类型的文化，这种观念可以帮助学生跳出传统的思维框架，以一种更包容、更开放的态度看待世界。这不仅有助于他们理解和接纳其他文化，也有助于他们发现和反思自己文化中的问题，从而提高他们的思考能力和判断能力。

全球视野的培养对于新时代高校思想政治教育具有重要的促进作用。在全球化的背景下，国家之间的联系日益紧密，文化交流日益密切，这要求新时代的人才必须具备全球视野，才能有效地应对全球化带来的一系列机遇与挑战。全球视野不仅仅是对世界的认知，更是一种跨文化学习与交流的能力，多元文化的引入，使得人们的教育不再仅仅局限于本国的历史和文化，而将视线拓展到全球，将教育的内容和视角放大到全球范围，进而能够更加全面地看待和理解文化现象。

全球视野的培养有助于学生建立全球公民的身份认同。在全球化的背景下，人们不仅是某一国家或某一文化的公民，更是全球公民。作为全球公民，人们不仅需要理解和尊重自己的文化，也需要理解和尊重其他文化。这种全球

公民的身份认同，能够帮助学生建立起一种全球责任感，使他们意识到自己的行为不仅影响到自己，也影响到全球。这对于他们未来在全球范围内生活和工作具有重要的指导意义。

（二）强化社会责任感

在新时代高校的思想政治教育中，多元文化的影响还体现在强化学生的社会责任感上。多元文化的理念强调尊重每一种文化，鼓励平等对待各种文化。这一理念在思想政治教育中的实施可以帮助学生理解社会的多元性，更加尊重其他文化群体，强化他们的社会责任感。

在全球化的时代背景下，多元文化已经成为社会的基本特征。社会中的每个成员都可能拥有不同的文化背景，他们有着不同的思想观念、生活方式和价值取向。这种社会的多元性要求人们在理解和接受自己文化的同时，也要理解和尊重他人的文化。这不仅是一种文化上的需求，也是一种社会责任。只有当人们理解和尊重他人的文化，才能有效地与他人交流和合作，才能构建和谐的社会关系。而对于新时代的高校学生来说，他们需要在多元文化的环境中生活和学习。他们需要与来自不同文化背景的同学、老师和工作人员进行交流和合作。这就要求他们能够理解和尊重他人的文化，能够跨越文化差异，建立有效的沟通和合作。这一要求不仅是他们在学校的学习需要，也是他们未来在社会中生活和工作的必备能力。

在新时代高校思想政治教育中，高校需要将多元文化的理念纳入教育的内容和方式，要教育学生理解和尊重他人的文化，要鼓励他们积极参与各种文化的交流和学习，并引导他们跨越文化差异，建立有效的沟通和合作。通过这样的教育，人们可以帮助学生理解社会的多元性，更加尊重其他文化群体，强化他们的社会责任感。具体来说，可以在课程中引入多元文化的内容，如介绍不同文化的历史、艺术和社会制度，分析不同文化在处理同一问题时的不同策略和方法。也可以组织各种文化活动，如国际文化节、多元文化讲座等，让学生有机会亲身体验和理解不同文化。同时，鼓励学生进行跨文化的研究和交流，如开展国际交换生项目、组织国际研究团队等。

（三）培育创新思维

在新时代高校的思想政治教育中，多元文化对学生创新思维的培养与提升具有显著的促进作用。创新实践的产生在很多时候是因为新知识、新理念、新思想的引入，多元文化主张各种文化的交融与碰撞，这种交融与碰撞在很大程度上能够刺激和激发人们的创新思维。这是因为，面对多元文化，高校不仅要接受和理解其他文化，还要将不同的文化理念、思维方式和解决问题的方法结合起来，创造出新的文化形式和解决问题的策略。这种创新的过程，是创新思维的体现。把多元文化的理念融入到思想政治教育中，高校可以更好地培育学生的创新思维。通过接触和理解不同的文化，学生可以跳出自己的思维框架，从多元文化的视角看问题，这可以拓宽他们的视野，提升他们的思维深度，激发他们的创新思维。

在实际的思想政治教育过程中，高校可以通过各种方式将多元文化的理念融入到思想政治教育中，培育学生的创新思维。比如，高校可以在课堂教学中引入多元文化的内容，让学生通过比较和分析不同的文化，培养他们的跨文化思维能力。高校还可以组织各种跨文化的活动，让学生有机会亲身体验和理解不同的文化，刺激他们的创新思维。高校还可以引导学生进行跨文化的研究，让他们从实践中发现和解决问题，锻炼他们的创新能力。

（四）增强团结协作精神

在新时代高校的思想政治教育中，多元文化的理念对增强学生的团结协作精神具有深远影响。多元文化主张尊重和包容各种文化差异，这一理念在很大程度上能够帮助学生理解和接纳他人的不同，增强他们的团结协作精神。这对于他们在人际交往中，如何处理与他人的关系，如何在团队中进行有效合作，具有重要意义。

首先，多元文化的理念有助于学生理解和接纳他人的不同。在全球化的背景下，人们的生活和工作环境中，充满了各种各样的文化差异。如何理解和接纳这些差异，是每个人都需要面对和解决的问题。把多元文化的理念引入到思想政治教育中，学生可以更好地理解每一种文化都有其独特的价值和意义，人们应该尊重和接纳各种文化差异，而不是排斥和歧视。这样，学生就可以从心底接纳他人的不同，而不会产生排斥和歧视。

其次，多元文化的理念有助于增强学生的团结协作精神。团结协作是人们在人际关系中，特别是在团队合作中必须具备的一种精神。它要求人们在面对差异和冲突时，能够包容和接纳，能够共享和协商，而不是自私和对抗。在思想政治教育中引入多元文化理念，学生能更好地尊重和包容他人的不同，是团结协作的基础。也只有尊重和包容他人的不同，才能建立起有效的合作关系，才能促进文化的进一步发展，并能更好地维护团队的和谐稳定。

在实际的教育过程中，可以通过各种方式将多元文化的理念融入到思想政治教育中，以增强学生的团结协作精神。比如，可以在课堂教学中引入多元文化的内容，让学生通过比较和分析不同的文化，理解和接纳文化差异。还可以组织各种团队活动，让学生在实践中体验和学习团结协作的重要性。另外，可以引导学生进行跨文化的研究，让他们在解决问题的过程中，体验到尊重和包容差异的重要性。

（五）坚定文化自信

文化自信是更基础、更广泛、更深厚的自信，是一个国家、一个民族发展中最基本、最深沉、最持久的力量。道路自信、理论自信、制度自信，归根结底是文化自信。中华民族有着五千多年悠久文明历史的深厚底蕴；人们是在这块土地上的文明培育出来的，全党全民族都要敬仰人们自己的文化，坚定文化自信。大学生正处于世界观、人生观、价值观形成发展的时期，坚定文化自信对于大学生来说尤为重要。同时，作为德育最重要途径之一的高校思想政治教育，其同样承担着弘扬中华优秀文化、帮助学生坚定文化自信的责任。

在新时代高校思想政治教育中，多元文化对于学生坚定文化自信具有非常重要的作用。多元文化鼓励学生在尊重和理解其他文化的同时，要热爱和尊重自己的文化，这种观念的介入有助于学生形成文化自信，也就是对自己文化传统的自豪感，同时接受和尊重其他的文化。这种自信心对于学生走向全球化的世界提供了坚实的基础。

文化自信是对自己文化有一个相对全面、深入的认知和理解。高校的思想政治教育应强调对本国文化的深入学习，因为对自己文化的深入理解是形成文化自信的重要基础。每种文化都有其独特的历史、价值观和生活方式，了解自己的文化，就是了解自己的根，这对于个体的自我认知和自我定位是至关重要的。另外，文化自信也表现为对自己文化价值的确认和自豪。每种文化都有其独特的价值和贡献，只有当学生对自己文化的价值有了深入的理解和认同，他们才能对自己的文化产生自豪感，也就是所说的文化自信。

同时，多元文化理念还强调对其他文化的理解和尊重。在全球化的背景下，文化交流和融合日益频繁，学生必须学会对其他文化的理解和尊重，这对于他们的国际视野和跨文化交际能力的培养至关重要。因此，在思想政治教育中，教师应引导学生开放视野，积极学习和理解其他文化，尊重其他文化的价值和意义。

第三节　文化融入新时代高校思想政治
教育的依据

一、文化融入新时代高校思想政治教育的必要性

（一）社会发展的需求

文化融入新时代高校思想政治教育是时代发展所需，高校思想政治作为德

育的重要手段，对于学生世界观、人生观、价值观的形成具有十分重要的影响。在当今时代，全球化和信息化已经成为社会发展的重要趋势，这使得文化交流变得日益频繁，也推动了文化的融合与碰撞。一方面，信息技术的快速发展使得文化传播的范围和速度大大增加，人们可以通过各种渠道和方式获取来自全球各地的文化信息。因此，人们生活的这个世界已经从单一文化的环境转变为多元文化的环境。另一方面，全球化的进程使得各种文化的交流和交融成为可能，不同文化之间的交流不仅增加了文化的多样性，也促进了文化的创新和发展。在这样的背景下，高校教育，特别是高校思想政治教育，作为社会教育实践的重要组成部分，应反映这一社会发展的要求，从而实现教育与文化传承创新的交融发展。

思想政治教育应包含对多元文化的理解和尊重。由于生活在一个多元文化的世界，学生需要理解和尊重不同的文化，这对于他们的成长和发展具有重要意义。在教学过程中，教师应引导学生理解文化的多样性，尊重各种文化，包括他们自己的文化和其他文化。这样，学生可以从中学习到包容和理解的精神，也能更好地适应多元文化的社会环境。

随着全球化进程的不断推进，跨文化交流与沟通能力已经成为新时代人才所应具备的重要素质。以思想政治教育为代表的高校教育应培养学生的跨文化交际能力。由于全球化的推进，未来的社会更加需要具备跨文化交际能力的人才。在教学过程中，教师应设计和实施一些跨文化交际的教学活动，如进行国际交流项目，组织学生参加模拟联合国会议等，以培养学生的跨文化交际能力。在跨文化交际能力培养中，坚定学生的文化自信非常重要，因为文化的碰撞与交流会大大拓展学生获取信息的渠道。若想保证学生在多元文化语境下能够树立正确的世界观、人生观、价值观，身心健康，就必须充分发挥高校思想政治教育的功能，引导学生坚定文化自信。在多元文化的背景下，学生需要有对自己文化的自信，才能在全球范围内进行有效的交流和合作。因此，教育应强调培养学生的文化自信，让他们对自己的文化有深入的了解和认同，也能尊重和理解其他的文化。

（二）学生发展的需要

在现代社会，随着全球化和信息化的深入发展，以通用大模型为代表的智能技术快速发展，推动社会生产格局再一次迎来变革，使人的发展被赋予新的内涵[①]。多元文化已经成为世界发展的一大特征。与此同时，教育的目标也从传统的知识技能教育转变为更加注重培养学生的综合素质，促进学生的全面发

---

① 吴砥，郭庆，郑旭东.智能技术进步如何促进学生发展［J］.教育研究，2024，45（1）：121–132.

展上。在这种背景下，新时代的学生面临的是多元文化的世界，他们需要具备较强的综合素质和文化底蕴才能更好地实现自身的发展，融入文化的思想政治教育是满足学生发展需要的重要途径。

文化是个体发展的重要资源。学生的认知、情感、价值观和行为在一定程度上都受到文化的影响。在多元化的社会环境中，各种不同的文化为学生提供了丰富的认知资源，可以帮助他们开阔眼界，增加知识，丰富经验，提高他们的综合素质。在此过程中，学生不仅可以更好地理解社会，也可以更好地理解自我，实现自我价值的提升。同时，文化也是个体与社会互动的重要桥梁。学生通过学习、理解和运用文化，可以更好地融入社会，建立和维护与他人的关系，实现自我与社会的良好互动。在这个过程中，学生可以通过文化活动的参与，提高自身的社会适应能力和人际交往能力，从而在社会生活中更好地实现自我。文化还是个体塑造自我身份的重要工具。通过对文化的理解和运用，学生可以构建和塑造自己的社会身份，明确自己的社会角色，实现自我认同和社会认同的统一。这对于学生的心理健康和社会适应具有重要的意义。

文化融入新时代高校思想政治教育，不仅可以提高学生的综合素质，增强他们的社会适应能力，塑造他们的社会身份，而且能引导他们对于多元文化有更为深入的理解和尊重，为他们在全球化的社会环境中实现自我发展提供必要支持。

（三）提升教育质量的内在要求

将文化融入思想政治教育中是提升高等教育质量的内在要求，主要表现在以下几方面：

1. 使思想政治教育更具有现实意义和生动性

当高校思想政治教育过程中的内容和主题与现实生活、历史背景、社会状况和文化背景紧密联系时，学生更易产生共鸣，更能理解和接受。文化因素的引入为思想政治理论知识教学提供了生动的案例，可以帮助学生更好地理解和掌握抽象的理论知识，从而提高学习效果。将文化因素融入到教育中，让思想政治教育更具有生动性和实用性，是教育进步的重要一步。当思想政治教育中融入了文化元素，这些教育内容就不再是脱离现实、空泛的理论，而是具有现实背景和文化底蕴的知识。在这样的教学过程中，学生能够清楚地看到教育内容与他们生活的紧密关系，这种关联性使得教育内容更容易被接受，也使得学生更容易从理论中提取适用于实际生活的知识，使得教育的效果得到显著提升。

通过把文化融入到教育中，思想政治教育的生动性以及学生学习的主动性得到增强。人们常说，好的教育是活的，因为活的教育能够引起学生的共鸣，激发学生的学习兴趣。将文化元素融入教育，就是赋予教育以生命力，文化元素可能是某一个历史事件，可能是某一部艺术作品，也可能是某一种风俗习惯。无论哪一种，当它们被融入到教育中时，就会让原本枯燥的思想政治教育内容变得生动有趣，让学生在学习的过程中感到愉悦，从而激发学习的积极性，将文化融入教育中有利于将教育的理论知识与实际生活相结合，在面对复杂多变的现实生活时，单一的理论知识往往难以满足实际需要，而将文化因素融入思想政治教育中，可以使思想政治教育内容更加贴近实际，有助于学生将理论知识应用到实际生活中，从而实现教育的最终目标——服务于生活，服务于实践。

2. 激发学生的学习兴趣和动力

融入文化的思想政治教育更能激发学生的学习兴趣和动力，文化元素往往具有丰富的情感色彩和人文关怀，可以使教育内容更富有吸引力，使得学生在学习过程中更加投入，从而提高他们的学习效率和效果。

在教育中，最重要的是人。教育最核心的理念是以人为本，以学生为本，关注学生的需求，激发学生的潜能，培养学生的个性，实现学生的全面发展。然而，如何实现这一目标，如何更好地激发学生的学习兴趣和动力，一直是教育界面临的重大课题。将文化元素融入教育，让学生在学习中感受到文化的魅力，体验到文化的生动性，从而激发他们对学习的热爱。也就是说，融入文化的教育是一种以情感为纽带的教育，是一种能够打动人心、触动人性的教育。

文化融入教育，有助于培养学生的人文素养。每一种文化都是一个民族、一个社会的精神象征，它寄寓着一个民族、一个社会的精神追求和价值观念，让学生在思想政治学习中了解到不同的文化，理解不同文化的特性和价值，才能够更好地培养他们的人文素养，扩大他们的视野，提高他们的人文素质。

融入文化的思想政治教育，是一种开放的教育，是一种鼓励学生独立思考、独立探索的教育。在文化的浸润下，学生可以发现问题、提出问题、思考问题、解决问题，这样的学习过程不仅能够提高学生的学习能力，也有助于培养他们的创新精神和独立思考能力。

3. 有利于培养学生的创新能力

文化与思想政治教育的充分融合有利于培养学生的创新能力。文化是人类创新思维的产物，具有多元性、开放性和创新性。将文化融入教育中，可以鼓励学生从不同的文化视角看待问题，提高他们的多元思考能力，激发他们的创新精神，因为创新是在不同的知识与文化的碰撞中产生的。

创新是当今时代社会发展的首要驱动力，创新思维与创新能力是新时代人才所必须要具备的素质。在讨论创新时，我们首先需要明确的是，创新不是空穴来风，不是无的放矢。每一个创新的观念、想法或者解决问题的新方法，其实都是在已有的文化背景和知识结构的基础上生成的。如果将创新比作是一棵大树，那么文化就是这棵大树扎根的土壤。没有文化的土壤，创新的大树无法生长，无法繁茂。

文化的多元性为创新提供了丰富的养分。每一种文化都有其独特的价值观念、思维方式、生活方式，都有其独特的解决问题的方法和手段。将不同的文化融入教育中，就如同给创新的大树提供了丰富的养分，让这棵大树更加茁壮，更加强大。文化的开放性为创新提供了发展的空间。每一种文化都是开放的，都是在与其他文化的交流和碰撞中生成、发展、完善的。将开放的文化融入教育中，就是为创新提供了一个开放的、宽广的、无限的空间，让学生的创新思维得到自由的舒展，让他们的创新精神得到充分的发挥。文化的创新性为创新提供了模型和激励。每一种文化都是人类创新思维的产物，都是人类智慧的结晶。将创新的文化融入教育中，是为学生提供了一个创新的模型，让他们看到创新的可能，感受到创新的魅力，从而激发他们的创新动力，提高他们的创新能力。

4. 更好地塑造学生人格

融入文化的思想政治教育可以更好地实现教育的人格塑造功能。不同的文化背景下形成的价值观、思维方式、行为模式等，都能对学生的人格形成产生深远影响，在教育过程中引入文化元素，可以使学生在多元文化的对比和碰撞中，逐步形成包容、开放、创新的人格特质。对于个体来说，人格塑造并非一蹴而就的过程，而是在日常生活中形成的。尤其是在学习中，不断吸收和融化各种知识，对各种价值观念进行判断和选择，逐渐形成自己独特的人格特质。而文化，正是这个过程中不可或缺的一环。思想政治教育融入文化，将对学生的人格塑造产生深远的影响。

一方面，各种文化都蕴含了丰富的价值观和思维方式。例如，东方文化强调集体主义，注重和谐共处，而西方文化强调个人主义，注重个人自由和权利。这些不同的价值观和思维方式，为学生的人格塑造提供了多元的视角和选项，可以让他们在多样化的价值取向中找到自己认同的部分，形成自己的价值观。另一方面，文化中的行为模式和社会规范，也对学生的人格塑造产生了影响。行为模式和社会规范是文化的实践体现，是价值观在具体生活中的表达。通过学习和模仿这些行为模式和社会规范，学生可以逐渐树立起自己的行为准则，形成稳定的行为模式。通过对比和碰撞不同的文化，学生可以逐步形成包容、开放、创新的人格特质。面对不同的文化，我们需要有足够的包容性，接受并尊重他人的价值观和生活方式；面对不断变化的文化，我们需要有足够的开放性，愿意接纳新的观念和思想；面对日新月异的世界，我们需要有足够的创新性，勇于改变和创新。在这一过程中，需要强调的是，将文化融入思想政治教育，对于实现教育的人格塑造功能，其影响并非一朝一夕就可以看到成效，而需要在持续的教育实践中，通过时间的积累和深化，才能真正体现出来。教育者需要有耐心和信心，相信每个学生都有可能在文化的熏陶下，逐渐形成他们独特的人格特质。

二、文化融入新时代高校思想政治教育的优良条件

（一）知识经济与全球化的发展

在知识经济和全球化的大背景下，新质生产力已是推进经济社会高质量发展的推动力、支撑力，彼此间文化交流日益频繁，各种文化资源得以共享。这为高校思想政治教育引入世界各地的文化元素，培养学生的全球视野，提供了前所未有的便利。

知识经济和全球化的发展使得文化交流日益广泛和深入。知识经济推动了全球文化交流的深度和广度。知识经济时代，信息和知识的流动成为经济增长的重要驱动力，文化作为知识和信息的重要载体，其交流和传播的重要性日益凸显。世界各地的文化资源通过各种渠道广泛流通，使得学生可以接触到更广泛的文化视野，获取更多元的文化知识，从而丰富和拓展他们的思维和视野。而全球化的发展为文化交流提供了更广阔的平台。全球化使得世界各地的文化在更广阔的范围内进行碰撞和交融，不同的文化在相互影响和交互中不断发展和创新。全球化使得学生有机会接触到更多的文化资源，了解不同文化背景下的价值观、思维方式等，这对于培养他们的跨文化理解能力、批判思考能力以及创新能力具有重要意义。

（二）信息技术的发展

技术是教育实践不断发展的重要基础，现代社会，无论是教学活动的开展还是教育资源的整合，都离不开现代化的教学技术。可以说，信息技术的飞速发展正在深刻地改变着教育领域。网络技术、大数据等新型信息技术的发展，使得获取和传播文化资源更为方便快捷，也为教学模式提供了更多可能性，如线上教学、虚拟现实等，都能让学生更加直观、深入地理解和感受不同的文化。在新时代高校思想政治教育中，网络技术、大数据等新型信息技术的应用，不仅使获取和传播文化资源变得更为方便快捷，而且为教育教学提供了更多的可能性和便利。

具体到高校思想政治教学中，信息化教学的产生为传统的教学模式注入活力。在教育信息化时代，应大力推进教学方法改革，将信息技术融入教学设

计，推动教师使用信息化教法，从而更好地在思政课教学中与学生沟通心灵、沟通情感①。信息化教学不仅仅是教室内的黑板与粉笔的升级，更是教育理念和方法的进步，为学生和教师提供了更广阔的互动平台和无限的学习资源。这种转变意味着教育不再受限于学校的四堵墙，而是融入每一个角落，甚至融入家庭、社区和工作场所。在信息化教学背景下，学习的过程不再是单一的教师传授知识，而变成了多元的、互动的和参与式的。学生可以根据自己的兴趣和需求选择最适合自己的学习路径和方式。教师更多地扮演指导者和伙伴的角色，与学生一同探索和创新。这种模式不仅增强了学习的效果，还大大提高了学生的学习积极性和参与感。

以网络技术与大数据技术的发展为例，网络技术的发展使得获取和传播文化资源更加便捷，网络作为一个开放、自由的平台，使得全球各地的文化资源可以在其中自由流动。通过网络，学生可以接触到世界各地的文化，了解不同的思维方式和价值观，这对于他们建立全球视野，增强跨文化交流和理解能力具有重要意义。同时，网络也为教育者提供了丰富的教学资源，可用来丰富教学内容，使教学更加生动和有趣。大数据技术的应用，使得教育工作者可以更加精准地掌握和了解学生的学习状态及需求，从而能够提供更为个性化的教育服务。通过对大数据的分析，教育者可以了解学生在文化学习上的兴趣偏好、学习难点等，然后根据这些数据进行针对性的教学设计，使教育更加贴近学生的实际需求，提高了教育的效果。

信息技术的发展极大地拓展了高校思想政治教学的教育空间，在传统教育模式下，受教育的机会和空间往往受到物质资源的限制。而现在，广播、电视、卫星和计算机等技术的融合为学习提供了前所未有的便利性。这不仅仅是物理空间上的拓展，更是教育形态和内容的创新。学习不再局限于固定的课堂和时间，可以随时随地进行。这种模式确保了在资源有限，尤其是师资、校舍和教材不足的情况下，教育活动仍可以高效进行。它打破了地域和时间的界限，为远程地区和工作时间不固定的人们提供了平等的学习机会。同时，多元化的学习方式更好地满足了个体差异化的需求。对于那些渴望知识但因各种原因无法进入传统教室的人们，信息技术提供了宝贵的机会。总的来说，这一技术的进步确保了教育的普及和平等，让知识真正成为人人可以触及的财富。

（三）教育改革的推动

新时代的教育改革注重学生主体性，注重以学生为中心，强调发挥学生的主动性和创新性。这要求教育不再只是传统的知识灌输，而应将文化元素融入

---

① 刘杨 . 试论高校思政课教师信息化教学能力的提升［J］. 学校党建与思想教育，2023（24）：39–41.

其中，以培养学生的综合素质和能力。

在这样的教育改革背景下，教育的目标和任务不再仅仅是传授知识，而是在帮助学生掌握知识的基础上，更注重培养学生的能力和素质，包括学生的思维能力、创新能力、实践能力、社会能力等，这对现代教育实践的开展提出了更高的要求。一方面，教育必须充分发挥学生的主体性，让学生在学习过程中主动探索、主动思考，形成独立思考和判断的能力。在这样的教育模式下，文化元素的融入显得尤为重要。因为文化不仅是知识的载体，更是情感、价值和智慧的载体。将文化融入教育，可以让学生在学习知识的同时，也学习和理解各种文化，感受和认识多元的价值观，形成独立的思维方式和人格特质。另一方面，以学生为中心的教育模式要求教育必须贴近学生的实际生活，符合学生的认知规律和发展需求。在这个过程中，将文化融入教育可以使教育内容更加生动和具体，更加符合学生的生活经验和心理特征，从而提高教育的吸引力和影响力。

第四节　文化与新时代高校思想政治教育融合的原则

一、理论与实践相结合

（一）理论与实践相结合的重要性

理论与实践的结合可以帮助学生更深刻、更全面地理解思想政治理论。理论是对现实世界的抽象和概括，而实践是理论的具体体现和验证。只有通过实践，学生才能真正理解和掌握理论，将抽象的理论知识转化为具体的行动指南。理论教学和实践教学之间是相互依赖、相互促进的关系。理论教学能够为学生提供扎实的知识基础，帮助学生理解和掌握各种基础原理和理论知识。而实践教学则将理论知识应用于实际情境中，使学生有机会将理论知识与实践经验相结合，深化对理论知识的理解和运用。

理论学习是知识获取的基础，它赋予学生扎实的知识结构，并帮助他们理解基础原理和规律，为后续的实践活动提供理论支持。理论学习不仅仅传授知识，而且通过启发式教学，引导学生发展独立思考和批判性思考的能力，培养他们的思维深度和广度。在此过程中，学生对知识的理解和掌握程度不断提高，形成对知识的深刻理解。理论的作用在于指导实践的开展，因此，大学生对于知识的掌握不应停留在理论层面，而应该上升到实践层面。实践活动是理论学习的延伸，使学生有机会将所学的理论知识应用到实际操作中，从而深化理解和掌握知识。而实践可以提供直接的经验和感受，使学生能够更直观、生动地理解理论知识。理论与实践相结合，可以使学生在理解和掌握知识的同时，能体验和参与，从而提高学习效果。理论与实践相结合可以增强高校思想政治教育的实效性。教育不仅仅是传授知识，更重要的是引导和促进学生的发展。将理论与实践相结合，可以使学生在理论学习的基础上，通过实践活动提高能力，形成技能，从而实现教育的目标。与此同时，理论与实践相结合本身也是教育改革的重要内容之一。教育是一个实践活动，是在不断的实践中进行的。将理论与实践相结合，可以使教育者更好地了解教育的实际情况，更好地理解学生的需要，从而提出更为科学和实效的教育策略及方法。

（二）贯彻理论与实践相结合原则

1. 注重实践教学

学校可以拓展思想政治教学的路径，丰富思想政治教学的模式，借助各种教学方式，如实地考察、模拟演练、角色扮演、研讨会、讨论会等，让学生在实践中理解和体验文化，感受不同文化背景下思想政治理论的应用，这样，学生可以在实践活动中获得新的知识、发展新的技能、塑造新的态度，从而达到理论学习和实践活动的结合。高校可以鼓励学生参与思想政治教育相关的实践研究项目，不仅能够深入学习和理解相关理论知识，同时也能够加强对知识实用性和实效性的理解。这种实践研究项目可以是小组合作形式，通过共同合作解决实际问题，提高学生的团队协作能力。

2. 采取以问题为导向的教学方式

问题导向学习是一种有效的教学策略，它可以把理论学习和实践活动紧密地结合在一起。通过问题导向学习，学生可以在解决实际问题的过程中，自主探索、合作学习，以此培养他们的批判性思维和解决问题的能力。问题导向学习方法不仅有助于学生深化理论知识的理解，而且能提高他们解决实际问题的能力。通过这种方法，学生可以将课堂上的理论知识应用于实际问题的解决，在实践中加深他们对知识的理解，提升问题解决的技巧。在以问题为导向的教学中，当面临一个具有挑战性的问题时，学生需要进行独立思考，通过调查研究、资料收集等方式，对问题进行深入的理解和分析。同时，他们需要学会与他人合作，共同讨论和解决问题，这是培养团队协作能力的一个重要途径。

此外，问题导向学习有助于培养学生的创新能力。在解决问题的过程中，学生需要寻找和创造新的解决方案，这样能激发他们的创新思维，培养他们的创新能力。在这个过程中，学生不仅能学到知识，而且能提升技能，这是实现知识和技能整合的一种有效途径。

3. 积极进行反思与评估

在教学活动结束后，应对教学的整个过程进行反思和评估，在老师的引导下，让学生回顾自己的实践过程，评估自己的实践成果，深化对理论知识的理解，完善自己的实践策略。

反思和评估环节是在文化与新时代高校思想政治教育融合中贯彻理论与实践相结合原则的重要一环。实践活动的结果并不总是顺利和完美，存在问题和挫折是常态。对实践活动的反思和评估，是对学生实践经验的一种提炼和深化，有助于他们从中吸取教训，优化实践策略，提升实践能力。在这个过程中，反思是自我评价和自我理解的过程，它让学生回顾自己的实践过程，反思自己的行动和决策，审视自己的态度和行为，重新思考和理解实践中所遇到的问题和困扰。反思让学生深入到自我内部，从自我中找出问题，从而能够更深刻地理解和把握实践的内涵，更准确地理解和把握自己。

评估是一种外部监督和反馈的过程，它让学生了解自己的实践成果，知道自己在实践中做得好的地方和需要改进的地方，接受他人的反馈和建议，从而能够更准确地了解和评价自己，更客观地看待和处理实践中的问题，更好地优化和完善实践策略。在教学过程中，鼓励学生反思和评估能够使学生有机会重新组织和构建知识，将自身实践经验与已有知识相连接，从而形成更深、更丰富的理解。在这个过程中，理论知识与实践活动相互融合、相互促进，共同推动学生的学习和发展。

二、普遍性与特殊性相结合

（一）普遍性与特殊性的辩证关系

普遍性和特殊性是两个完全不同的概念，普遍性表示某一事物在一定范围内是普遍存在的，特殊性指某一事物在一定范围内有所不同。在一定的范围内，普遍性和特殊性存在着相互联系的辩证关系原理。普遍性与特殊性的关系主要体现在以下三个方面：

第一，普遍性和特殊性是相互依存的关系。没有普遍性，就不可能有特殊性；没有特殊性，也不可能有普遍性。一个事物在一定范围内存在着普遍性，而在一定范围外，存在着特殊性，因此可以说，普遍性和特殊性是一个事物存在的双重性，它们相互依存。

第二，普遍性和特殊性是相互转化的关系。特殊性可以转化为普遍性，而普遍性也可以转化为特殊性，这是普遍性和特殊性的辩证关系原理。一个事物在一定范围内，以普遍性的形式存在，而在另一定范围内，以特殊性的形式存在，这就是普遍性和特殊性之间相互转化的关系。

第三，普遍性和特殊性是相互补充的关系。普遍性可以补充特殊性，特殊性可以补充普遍性。也就是说，普遍性和特殊性是相互补充的。一个事物在一定范围内以普遍性的形式存在，在另一定范围内，以特殊性的形式存在，它们的补充性使得事物的存在变得更加完善。

（二）普遍性与特殊性相结合的重要性

在新时代高校思想政治教育中融入文化元素，旨在更好地培养具备全球视野和时代精神的学生，这需要我们坚持普遍性与特殊性相结合的原则。

普遍性指世界各地的文化在某些方面具有的共性，体现了人类共有的价值观和生活方式。当我们在教育中融入普遍性，可以帮助学生在深入了解本民族文化、坚定文化自信的同时，理解和接受其他文化，从而培养他们的全球视野和包容精神。此外，对于普遍性的理解和认识，也可以使学生更好地理解自身所在文化的价值和意义，增强他们的文化自觉和自信。然而，任何文化都有其特殊性，即与其他文化不同的、独特的文化特征和价值观。这种特殊性既是文化多样性的体现，也是文化创新和发展的源泉。在教育中融入这种特殊性，可以使学生更深入地了解和体验不同的文化，更全面地了解世界，更好地发现和解决问题。同时，对于特殊性的尊重和理解，可以鼓励学生积极面对和接受文化差异，发展他们的批判性思维和创新能力。

由此可见，普遍性与特殊性相结合的原则对于文化与新时代高校思想政治教育的融合具有重要的指导意义。只有在尊重和理解文化的普遍性与特殊性的基础上，才能真正实现教育的目标，培养出既具有全球视野，又深深扎根于本土文化的优秀人才。

三、以学生为中心

"以学生为中心"这一原则是新时代教育的核心，它要求教育活动始终围绕学生的需求和发展来设计和执行。在文化与新时代高校思想政治教育融合的过程中，这一原则具有重要的指导意义。

首先，以学生为中心意味着要尊重学生的个性差异，关注每位学生的学习需求和发展情况。每位学生都是独特的，他们的学习兴趣、学习方式、学习速度等可能不同。因此，在教育过程中，教师应该以包容和开放的态度，尊重并接纳这些差异，针对每位学生的特点进行个性化的教学。在融入文化的教育中，这意味着我们需要尽量涵盖多元的文化内容，让每位学生都能在其中找到自己感兴趣的部分，从而提高学习的兴趣和效果。

其次，以学生为中心意味着要注重培养学生的主动性和自主性。在教育过程中，教师不仅要传授知识，更要引导学生主动思考、主动探索，鼓励他们自我学习、自我发展。这要求教育不再只是教师单方面的传授，而应该尽可能地让学生参与到教学活动中，如让他们参与到课堂讨论、小组合作、项目研究等。在融入文化的高校思想政治教育中，这意味着我们需要提供多种多样的学习资源和学习场景，让学生在真实的、多元的文化环境中，主动探索和体验，从而深化对知识的理解，提高自我学习和自我发展的能力。

最后，以学生为中心意味着要注重培养学生的全面素质。我们知道，教育的目标不仅是知识的传授，更重要的是人的全面发展，包括道德素质、社会技能、创新思维、文化素养等。因此，在教育过程中，我们应该注重培养学生的这些素质，而不仅仅是知识的掌握。在融入文化的教育中，这意味着我们需要设计多元化的教学活动，如研讨会、实地考察、文化交流活动等，让学生在实践中提升自己的文化素养，提高自己的社会技能，培养自己的创新思维。

总的来说，以学生为中心的原则要求在文化与思想政治教育融合的过程中，始终以学生的需求和发展为出发点，注重提升学生的文化素养和创新能力。在新时代高校思想政治教育与文化的融合过程中，这一原则有助于提高思想政治教育的有效性，实现教育的目标，培养出符合新时代社会发展需求的人才。

四、传承与创新相结合

（一）传承与创新相结合的重要性

1. 在维持文化连续性的同时推动文化进步

文化传承是保持一个社会或国家文化连续性的必要手段，而创新是推动文化前行的重要力量。在教育过程中，通过对传统文化的传承，学生可以更好地理解社会的历史脉络，明白自己的文化根源。同时，通过鼓励创新思维，可以激发学生的创造力，促进文化在新的时代背景下的发展和繁荣。

2. 增强学生的认同感和归属感

传承可以让学生更好地理解和认同自己的文化，增强他们的文化认同感和归属感。而创新能够让学生积极参与到文化的创造和传播中，更深入地体验和理解文化，从而增强他们的文化自信和自尊。

3. 促进学生的全面发展

传承和创新在教育中的结合，有助于培养学生的多元能力。一方面，通过对传统文化的学习，可以培养学生的历史意识、文化素养、批判思维等能力。另一方面，通过鼓励创新思维，可以培养学生的创新能力、解决问题的能力、独立思考的能力等。

4. 为社会提供更多元的人才

在全球化和知识经济的大背景下，社会对人才的需求越来越多元化。在教育过程中，既重视传统文化的传承，又强调创新能力的培养，可以培养出既具有深厚的文化底蕴，又具有前瞻性思维的人才，为社会的发展提供强有力的人才支持。

5. 满足新时代的教育需求

新时代的教育越来越注重培养学生的创新精神和实践能力，而这需要在教育中实现传承与创新的结合。在传承中，学生可以学习到丰富的历史知识和文化素养，而在创新中，学生可以锻炼自己的创新精神和实践能力，从而更好地适应新时代的教育需求。

（二）贯彻传承与创新相结合原则

1. 注重历史和文化教育

注重历史和文化教育是文化与新时代高校思想政治教育融合中贯彻传承与创新相结合原则的重要方面。通过课堂教学、实地考察、研究项目等方式，学校可以让学生深入了解本国及世界各地的历史文化，以更好地传承优秀传统文化中蕴含的宝贵财富。

首先，历史和文化教育是培养学生文化自信和民族自豪感的重要途径。通过深入了解本国的历史文化，学生可以从中感受到自己身为中华儿女的骄傲和自豪。通过了解祖先留下的辉煌文化成就，学生能够树立起对中华民族传统文化的自信，对国家的未来充满希望与责任感，在这个过程中，学生能够从历史中汲取智慧，从传统文化中汲取力量，以更好地面对现实的挑战和机遇。

其次，历史和文化教育有助于培养学生的多元思维和跨文化交流能力。通过学习不同地域和民族的历史文化，学生能够了解到不同文化之间的异同之处，培养对多元文化的理解和尊重。在当今世界日益全球化的背景下，跨文化交流能力变得越发重要，历史和文化教育为学生提供了深入了解不同文化的机会，通过培养他们的跨文化交流能力和包容性思维，使他们能够在国际舞台上更好地展示自己的才华和素养。

最后，历史和文化教育还可以培养学生的批判思维和创新精神。历史和文化是人类智慧的结晶，其中蕴含着许多思想和理念。通过学习历史，学生可以了解到不同时代和文化的思想观念，培养他们对传统观念的批判能力和创新思维。在传承中创新，学生可以从传统文化中汲取灵感，发掘文化的新价值，将其与现代社会需求相结合，创造出符合时代发展的新文化形态和精神产品。

为了贯彻传承与创新相结合原则，学校应通过多种方式开展历史和文化教育。首先，课堂教学是基础，教师应注重教学内容的更新和教学方法的创新，引导学生主动参与讨论和思考，激发他们的兴趣和学习热情。其次，需要通过实践教学加深学生对历史和文化的理解。学校可以组织学生参观博物馆、古迹遗址等，让他们亲身感受历史文化的魅力。同时，鼓励学生开展研究项目，深入探索历史文化的内涵和意义。这种深度参与能够激发学生的创新思维和批判精神，推动历史和文化的传承与创新。

2. 开展创新教育

创新教育是文化与思想政治教育融合中贯彻传承与创新相结合原则的重要内容。在这一过程中，学校应鼓励学生从多角度和深度理解文化，激发他们的创新思维，鼓励他们在继承传统的基础上进行创新实践，从而推动文化的传承与创新。

学校可以设计创新课程，为学生提供更加开放和灵活的学习环境，课程内容可以涵盖文化、艺术、科技、社会等领域，旨在培养学生的创新思维和跨学科能力。通过引入创新教育理念，学校可以激发学生的探索精神和自主学习能力，培养他们解决问题的能力和创新意识。学校也可以开展创新实验和创新项目，为学生提供实践创新的机会。通过实验和项目的实施，学生可以运用所学知识，解决实际问题，培养创新能力和实践技能。学校可以鼓励学生选择感兴趣的领域，开展研究和创新实践，为他们提供资源和支持，帮助他们在实践中获得成功和成长。学校可以促进学生间的创新合作和交流。通过组织创新团队、创业比赛、学术研讨等活动，学校可以激发学生间的合作意识和创新动力。学生可以在团队中共同探索和解决问题，通过合作交流互相启发，培养团队合作精神和创新能力。

为了贯彻传承与创新相结合原则，在开展创新教育的过程中，学校应注重培养学生的创新意识和创新品质。这包括培养学生的好奇心、探索精神、问题解决能力、批判思维等。学校可以通过培训和指导，引导学生了解创新的过程和方法，鼓励他们勇于尝试，敢于创新，培养他们面对挑战和困难时的坚持及创新精神。

3. 构建开放的学习环境

构建开放的学习环境是在文化与思想政治教育融合中贯彻传承与创新相结合原则的重要举措。学校应提供一个开放、包容、多元的学习环境，以满足学生对不同文化的接触和了解的需求，培养他们的开放心态和包容性，同时是对传统教育模式的一种创新。

学校可以创建多样化的学习空间，如学习中心、创新实验室、社交区域等，为学生提供各种学习与交流的场所。这些空间应该具备灵活的布局和设施，能够适应不同学科和活动的需求。学生可以在这些空间中展开自己的学习与思考，与他人进行交流与合作，从而培养开放的学习态度和包容的学术氛围。

学校应鼓励学生参与各类学术和文化交流活动，如学术讲座、文化展览、社团活动等。这些活动应以多样性和包容性为特点，涵盖不同学科、文化和观念的交流。通过参与这些活动，学生可以接触到各种不同的思想和观点，增强对多元文化的理解和尊重，培养开放的思维方式和包容的心态。

学校可以推行开放式的教学模式，如小组讨论、探究式学习、项目合作学习等，更具开放性的教学模式可以激发学生的积极性和创造力，让学生在学习中充分表达自己的观点和想法，与他人进行深入的交流和合作。学校应鼓励学生从不同的角度思考问题，尊重多样的解决途径，培养学生的批判性思维和创新能力。

在构建开放的学习环境的过程中，学校应注重师生互动与交流。教师应成为学生的引导者和伙伴，与学生进行开放的沟通和互动，鼓励学生表达自己的观点和疑问。同时，学校应为教师提供相应的培训和支持，使其能够更好地适应开放式教学环境的需求，并提供有效的指导和反馈。在这样的开放学习环境中，学生将有机会接触和了解不同的文化，培养开放的心态和包容的态度。他们将从多元文化中汲取营养，增强对不同文化的理解和尊重，提升跨文化沟通和合作的能力。这种开放学习环境的构建既体现了对传统教育模式的创新，也有助于推动文化与思想政治教育融合的深入发展，从而更好地贯彻传承与创新相结合的原则。

4. 实施个性化教学

个性化教学是根据每个学生的特点和需求，提供个性化的学习支持和教学方案，鼓励学生在学习过程中发挥自己的优势和特长，充分展现个体的潜力和才能。这是对传统教育"一刀切"教学方式的一种创新。

个性化教学要关注学生的个体差异。每个学生都有自己独特的兴趣、学习风格和学习能力，教育者应该根据这些差异进行个性化的教学设计，学校可以通过学生兴趣调查、学习风格评估、能力评价等方式，了解学生的个体差异，并根据调查结果制订相应的教学计划和学习方案。个性化教学要重视学生的学习需求。不同学生在学习上有不同的需求和目标，教育者应该根据学生的学习需求进行个性化的教学安排。学校可以通过与学生的定期交流、学习目标制定、学习反馈等方式，了解学生的学习需求，并根据学生的需求调整教学内容和方法。个性化教学要注重学生的自主学习。学校应鼓励学生主动参与学习过程，发挥学习主体性，通过自主学习来实现个性化发展。学校可以提供学习资源和支持，鼓励学生自主选择学习内容、制订学习计划、评估学习成果，并提供相应的指导和反馈。

此外，个性化教学应注重教师的专业发展和支持。教师在实施个性化教学过程中扮演着重要角色，他们需要具备灵活的教学策略和方法，以适应不同学生的需求和特点。因此，学校应提供相应的培训和支持，帮助教师不断提升个性化教学的能力，为学生提供优质的个性化学习环境。

通过实施个性化教学，学校可以更好地满足学生的学习需求和个体差异，促进每个学生的全面发展和潜力发掘。这既是对传统教育模式的创新，也是在文化与思想政治教育融合中贯彻传承与创新相结合原则的具体实践。个性化教学可为学生提供更有针对性和个性化的学习体验，培养他们的创新思维和能力，进一步推动文化与思想政治教育融合的深入发展。

第五节　文化与新时代高校思想政治教育融合的意义

一、培养全面发展的人才

文化与思想政治教育融合在培养全面发展的人才方面具有非常重要的意义，传统的思想政治教育注重培养学生的道德修养和思想教育，而文化教育注重学生的文化素养和艺术修养。将两者融合起来，可以使学生在思想、道德、文化等方面得到全面发展，提高了他们的综合素质和能力。文化与思想政治教育融合可以丰富学生的思想内涵和文化修养。思想政治教育注重培养学生正确的世界观、人生观、价值观，使他们具备正确的道德观念和积极向上的思维方式。而文化教育通过学习和了解各种不同的文化形式，如文学、艺术、音乐、戏剧等，培养学生的审美情趣和文化素养。将两者融合在一起，可以使学生在道德品质和文化修养方面得到全面提升，形成丰富的思想内涵。

文化与思想政治教育融合可以促进学生综合能力的发展。传统的思想政治教育注重培养学生的思维能力和批判思维，使他们具备分析问题和解决问题的能力。而文化教育注重培养学生的创造力和创新思维，使他们能够在文化领域中表达自己的想法和创意。将两者融合在一起，可以使学生在批判性思维和创造性思维方面得到全面发展，培养他们的综合能力和创新能力。

文化与思想政治教育融合可以培养学生的跨学科能力和综合素质。传统的思想政治教育注重培养学生的人文社会科学知识和理论，使他们具备基本的社会科学素养。而文化教育涉及艺术、文学、历史等多个领域，可以使学生在不同学科和领域中获得知识和经验。将两者融合在一起，可以培养学生的跨学科能力，使他们能够在不同领域中进行综合性思考和创新性实践，提高他们的综合素质和竞争力。

文化与思想政治教育融合可以促进学生的社会责任感和公民意识的形成。传统的思想政治教育注重培养学生的社会责任感和公民意识，使他们具备为社会做出贡献的意识和行动能力。而文化教育通过了解和尊重不同的文化，培养学生的包容性和社会关怀。将两者融合在一起，可以培养学生的社会责任感，使他们能够关注社会问题，积极参与社会事务，成为具有公民意识的有责任感的社会人士。

二、增强文化自信与国家认同

文化与思想政治教育融合对于增强学生的文化自信和国家认同具有重要的促进作用。通过深入了解本国及世界各地的历史文化，学生可以更好地理解和传承本国文化，同时能够更好地认识和尊重其他国家和地区的文化。这有助于学生形成积极向上的国家认同和文化自信，为国家的繁荣和发展贡献力量。

首先，文化与思想政治教育融合可以提升学生对本国文化的认同感和自豪感。通过学习和研究本国的历史文化，学生可以更深入地了解自己所处的文化背景和文化传统。他们能够更好地理解本国文化的独特性和价值，培养对本国文化的认同感和自豪感。这种文化自信有助于学生树立正确的价值观，培养自信心和自尊心，激发他们为国家的发展和繁荣贡献力量的意愿。

其次，文化与思想政治教育融合可以培养学生的跨文化意识和国际视野。通过了解和尊重其他国家和地区的文化，学生能够拓宽自己的视野，增强跨文化交流和理解的能力。他们能够更好地认识到不同文化间的差异和共通之处，培养包容性和开放性的思维方式。这有助于学生形成开放的国际视野，增强对多元文化的认同和尊重，提高国际交往和合作的能力。

最后，文化与思想政治教育融合可以促进学生对国家的全面认知和理解。通过深入学习国家的历史、政治、经济和社会等方面的知识，学生能够更全面地认知和理解国家的现状及未来发展方向。他们能够深入了解国家发展所面临的机遇与挑战，明确自身的优势与不足，增强对国家发展的责任感和使命感，有助于学生形成积极的国家认同，意识到自己作为国家的一员所肩负的责任和使命，并为国家的繁荣和发展贡献自己的力量。

三、培养创新能力与实践意识

文化与思想政治教育融合在培养学生的创新能力和实践意识方面具有重要的意义。通过对文化的研究和理解，学生可以掌握创新思维和方法，培养解决问题的能力。同时，通过实践活动和项目的参与，学生能够将所学的思想和文化知识应用于实际，增强他们的实践能力和创新意识。

文化与思想政治教育融合可以激发学生的创新思维和创造力。通过学习和研究文化的发展历程、思想观念和艺术表现等方面的知识，学生可以拓宽视野，开阔思维，培养创新意识。他们能够从不同的文化角度思考问题，发现问题的本质和症结，提出创新的解决方案。这种创新思维和创造力是在思想与文化交融中培养出来的，对于培养创新型人才具有重要的意义。

文化与思想政治教育融合可以促进学生的实践能力和实践意识的培养。通过参与实践活动和项目，学生能够将所学的思想和文化知识应用于实际，提高解决实际问题的能力。他们能够通过实践探索和实践创新，将抽象的思想与具体的实践相结合，形成理论联系实际的能力。这种实践能力和实践意识是在实际操作中培养出来的，对于培养创新型人才和实践能力强的人才具有重要意义。

文化与思想政治教育融合还可以培养学生的团队合作和沟通能力。在参与实践活动和项目的过程中，学生需要与团队成员进行合作和协调，共同完成任务和实现目标。他们需要学会与他人进行有效的沟通和合作，倾听他人的意见和建议，解决团队中出现的问题。通过团队合作，学生能够培养合作意识和团队精神，提高团队协作能力，这对于他们未来的工作和社会交往具有重要的意义。

四、培养社会责任与公民意识

文化与思想政治教育融合是培养学生的社会责任感和公民意识的重要途径之一。通过学习和了解不同的思想和文化，学生能够更好地理解社会问题和挑战，认识到自己作为公民的责任和义务。这有助于培养学生的社会责任感，激发他们参与社会事务、关心社会问题的意识。

首先，文化与思想政治教育融合可以帮助学生认识到自己作为公民所承担的社会责任。通过学习和讨论社会问题，学生能够更加深入地了解社会的现状和发展中所存在的问题，认识到自己对社会发展所应承担的责任以及自身的发展方向，他们能够思考如何通过自己的行动和参与来改变和解决社会问题，从而培养出积极的社会责任感。

其次，文化与思想政治教育融合在培养学生的公民意识和参与意识方面具有深远的影响和重要的意义。通过学习和了解不同的思想和文化，学生能够认识到自己是一个社会的成员，具有参与社会事务和公共事务的权利和义务。他们能够了解到公民的权利和责任，懂得通过参与公共事务来实现个人和社会的共同利益。这种公民意识和参与意识的培养，有助于学生主动参与社会活动，发挥自己的作用，为社会发展和改善做出贡献。文化与思想政治教育融合可以帮助学生树立公民意识。通过学习和了解不同思想流派、伦理道德观念和社会价值观，学生能够更全面地认识到公民的权利和责任。他们会意识到自己作为社会成员所享有的权利，如言论自由、参与政治决策、平等和公正待遇等。同时，他们会认识到作为公民所应承担的责任，包括遵守法律法规、关心社会问题、维护社会秩序等。这种公民意识的培养有助于学生树立正确的人生观、价值观和社会责任感。

文化与思想政治教育融合还可以培养学生的社会关怀和同理心，通过学习和了解不同文化的思想观念和价值观，学生能够培养出关心他人、关心社会的品质，使得学生能够更好地理解和尊重他人的观点和立场，培养出同理心和包容性，建立良好的人际关系和社会关系。这种社会关怀和同理心的培养有助于学生更加关注弱势群体、关心社会公益事业，以实际行动支持和帮助他人。

第三章

优秀传统文化与新时代高校思想政治教育的融合

中国优秀的传统文化是国家的精神支柱和民族的精神家园，其中蕴含着强烈的民族认同和民族精神，中国优秀的传统文化以其深厚的道德积淀和高尚的道德理念，为大学生的思想政治教育提供了丰富的教育资源。与此同时，中国优秀的传统文化在帮助学生理解中国特色社会主义、树立社会主义核心价值观方面具有重要作用。中华优秀传统文化全方位融入思想政治教育，既是传承创新中华优秀传统文化以凸显其时代价值的迫切要求，也是以文化之力增强思想政治教育实效性的应然之选①。大学生在思想政治教育中通过了解和学习传统文化，可以更好地理解中华民族的历史，更深刻地理解中华民族的过去、现在和未来，进一步增强文化自信与民族认同感。

第一节　优秀传统文化的内涵与特点

一、优秀传统文化的内涵

中国优秀传统文化历经千年而不衰，源远流长，历久弥新，且蕴含着丰富的思想政治教育资源。优秀传统文化的内涵如图 3-1 所示。

（一）哲学思想与人文关怀

优秀传统文化反映了中国古代哲学思想的独特理念，如儒家的仁爱、道家的无为而治、佛家的舍己为人等。这些思想观念体现了人与人之间的和谐共处、道德修养和人生价值追求。中华优秀传统文化中的思想观念集中体现为哲学思想与人文关怀两个方面。哲学思想与人文关怀是优秀传统文化的重要内涵，它们深刻影响着人们的思想、价值观和行为准则。优秀传统文化以哲学思

---

① 王增福.中华优秀传统文化融入思想政治教育的实践路径［J］.教学与研究，2024（6）：36-45.

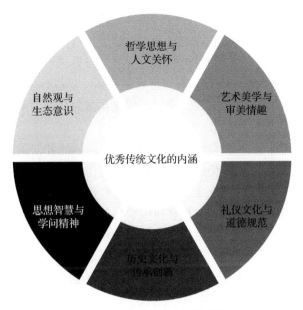

哲学思想与
人文关怀

艺术美学与
审美情趣

自然观与
生态意识

优秀传统文化的内涵

礼仪文化与
道德规范

思想智慧与
学问精神

历史文化与
传承创新

图 3-1　优秀传统文化的内涵

想为基础，探讨人生、道德、伦理等重大问题，旨在引导人们寻求真理、追求
幸福、实现美好的生活。与此同时，它强调人与自然的和谐、人与人的和睦，
注重人文关怀和道德伦理的培育，提倡尊重、仁爱、和谐等价值观。

具体来看，首先，在优秀传统文化中，哲学思想被广泛应用于人类生活的
各个方面。它包括了众多学派和思想体系，如儒家思想、道家思想、墨家思
想、佛家思想等，这些思想构建了深邃的哲学体系，为人们提供了思考人生意
义和追求道德行为的指引。儒家思想强调仁爱和道德行为，提倡孝悌、忠诚、
正直等美德；道家思想注重自然和谐，追求无为而治的境界；佛家思想强调慈
悲和解脱，鼓励人们超越痛苦和欲望，追求内心的平静与智慧。

同时，人文关怀也是优秀传统文化的重要价值取向，它强调人与人之间的
关系和情感联结。在传统文化中，人文关怀体现为尊重他人、关怀弱者、追求
和谐共处等方面的价值观。这种关怀体现在家庭、社区、社会等各层面。在家
庭中，传统文化强调家庭和睦、孝顺父母，注重亲情、亲密关系和家庭责任。
在社区和社会中，人文关怀体现为邻里互助、合作共赢、社会公德等方面的行
为准则。这种关怀的理念促进了社会的和谐稳定，营造了人与人之间相互尊
重、理解、帮助的良好氛围。

优秀传统文化中的哲学思想与人文关怀为人们提供了道德伦理的准则和行
为规范。它们教导人们要尊重他人的尊严和权利，弘扬仁爱和公正，注重家庭
和社会的和谐，促进人与自然的和谐共生。这种价值观的积淀影响着人们的日

常生活和社会交往，塑造着一个民族的精神风貌和社会风尚。优秀传统文化中的哲学思想与人文关怀的核心在于培养人们的道德情操和人文素养，引导人们树立正确的人生观、价值观和行为准则。通过学习和传承优秀传统文化，人们能够更好地认识到个体与社会、人与自然的关系，形成尊重他人、关爱他人、关注社会的良好习惯和行为方式。这对于构建和谐的社会关系、促进社会进步和个人成长具有重要的意义。

在当代社会中，虽然社会文化发展面临着新的挑战和变革，但优秀传统文化中的哲学思想与人文关怀仍然具有重要的启示作用。通过与现代价值观的对接和对话，我们可以发现传统文化中的智慧和价值，借鉴其对于人类生活和社会发展的深刻思考和宝贵经验。只有在传承与创新的过程中，我们才能更好地发挥优秀传统文化的作用，构建更加和谐、包容、进步的社会。因此，加强对优秀传统文化的学习和传承，深入探索其中的哲学思想与人文关怀，对于塑造人们的思想境界、培养社会公民的道德情操具有重要的意义和价值。

（二）艺术美学与审美情趣

中华优秀传统文化以丰富多彩的文学和艺术形式展现，包括诗词、曲艺、戏曲、绘画、音乐等。这些艺术形式以其独特的表现力和审美价值，传承了中华民族的审美情趣和情感表达方式。优秀传统文化中的艺术形式包括文学、音乐、绘画、舞蹈、戏曲等，这些艺术形式通过表达情感、传递思想和展示美感，培养人们的审美情趣和艺术鉴赏能力。

在传统文化的艺术美学中，美是秩序及和谐的表现。艺术作品以其独特的形式、色彩、节奏等元素，表达了创作者的情感、思想和意境。通过欣赏和鉴赏这些艺术作品，人们可以感受到美的力量，从而提升自身的审美情趣和艺术鉴赏能力。在艺术美学中，人们通过感知、理解和欣赏艺术作品，获得审美享受和心灵的满足，这对于培养人们的情感和品位具有重要意义。

优秀传统文化中的艺术形式展示了丰富多样的审美价值观和审美情趣。比如，文学作品以其独特的语言和情节，通过描绘人物的内心世界和生活境遇，引发读者的共鸣和思考。音乐作品通过声音的表达和组织，传递出丰富的情感和情绪，使人们沉浸其中，感受到音乐的美妙与魅力。绘画作品通过色彩、线条和构图的组织，表现出画家对于自然、人物和社会的独特见解，引发人们对美的追求和思考。舞蹈作品通过身体的动态和舞姿的表达，展示出优美的形态和流畅的动作，传递出舞者的情感和意境。戏曲作品以其独特的表演形式和艺术语言，通过剧情的展开和角色的演绎，表达出丰富的情感和思想。

优秀传统文化中的艺术美学与审美情趣的培养，对于个人和社会具有重要意义。首先，它丰富了人们的精神生活，提供了一种艺术的享受和心灵的满足。艺术作品的欣赏和鉴赏可以激发人们的情感共鸣，引发思考和启示，提升人们的审美情趣和品位。其次，艺术美学的培养有助于激发人们的创造力和想象力。通过欣赏和理解艺术作品，人们可以开拓思维，激发创新的灵感，提高自身的艺术创作能力。此外，艺术美学的培养有助于促进社会文明的发展和进步。艺术作品的创作和传播可以促进文化交流和文化融合，增进不同民族和国家之间的相互理解和友好合作。

（三）礼仪文化与道德规范

优秀传统文化强调道德伦理观念，包括仁、义、礼、智、信等。这些道德伦理观念在社会生活中起着重要的指导作用，可帮助人们塑造正确的价值观和行为准则。道德伦理具体表现为礼仪文化与道德规范两大类。礼仪文化与道德规范是优秀传统文化的重要组成部分，它们体现了人与人之间的尊重和社会秩序的维护。在优秀传统文化中，礼仪文化扮演着重要的角色，它是人们行为规范和行为准则的体现。礼仪文化注重人际关系的和谐、家庭关系的尊重，强调人们在日常生活中的互动和交往所应遵守的行为规范。

在优秀传统文化中，礼仪文化与道德规范密切相关。道德规范是人们在社会生活中所应遵循的道德准则和行为规范，它体现了人们对于善恶、美丑、正误等价值的判断和选择。道德规范的传承和遵循是优秀传统文化中的重要内容之一。通过学习和传承优秀传统文化中的道德规范，人们能够培养出公德、私德和社会责任感，进而形成积极向上的价值观和行为准则。

礼仪文化与道德规范的培养对于个人和社会具有重要意义。首先，它们有助于维护社会秩序和促进社会和谐。通过学习和遵守礼仪文化和道德规范，人们能够形成良好的行为习惯和道德意识，提升自己的社会责任感和公民意识，从而促进社会的稳定与发展。其次，礼仪文化与道德规范的培养对于个人的成长和全面发展具有重要意义。遵守礼仪和道德规范可以培养个人的自律能力、责任感和良好的人际关系，为个人的成长和成功奠定坚实的基础。

此外，礼仪文化与道德规范的传承和弘扬也是保持社会稳定和促进社会发展的重要因素。在当代社会，尊重他人、遵循道德规范、维护社会秩序等价值观和行为准则对于建设和谐社会具有重要意义。因此，我们应重视优秀传统文化中的礼仪文化和道德规范，通过教育和实践的方式，培养和传承这些价值观及行为准则，为社会的和谐与进步做出贡献。

（四）历史文化与传承创新

中国的优秀传统文化承载着丰富的历史文化内涵，涵盖历代王朝的政治制度、社会风貌、宗教信仰、科技发展等方面。通过研究和传承这些历史文化，可以更好地理解中国的历史演进和文化传承。优秀传统文化是一个民族的宝贵财富，它承载着丰富的历史记忆和文化传统。通过历史故事、传说、传统节日等形式，优秀传统文化传递着民族的文化认同和自豪感，帮助人们深入了解自己的历史和文化根源。

通过学习历史文化知识，人们可以更好地了解自己的文化根源，增强对民族的认同感和自豪感。优秀传统文化鼓励传统与创新的结合，促进了传统文化的发展和传承。传统文化的发展需要与时俱进，与现代社会的需求相结合，这要求我们在传承传统的同时，要注重创新和发展。传统文化的创新可以通过现代技术和表达方式的运用，注入新的元素和内涵，从而得以焕发新的活力。

优秀传统文化的传承与创新也需要注重传统与现代的融合及共生。传统文化的传承是持续发展的过程，需要适应现代社会的需求和发展，与现代价值观相结合，从而在现代社会中绽放出新的光彩。在这个过程中，我们要注重传统文化的核心精神和价值观念的传承，同时要理解和尊重现代社会的多元性和变化，找到传统与现代的平衡点，实现传统文化的创新与发展。

优秀传统文化的传承与创新对于民族的文化自信和社会进步具有重要意义。通过传承优秀传统文化，人们能够更好地认识自己的历史和文化，增强文化自信，树立正确的文化价值观。同时，传统文化的创新与发展也为社会进步提供了源源不断的动力和智慧。在这个过程中，我们需要注重对优秀传统文化的研究和理解，加强文化教育，为人们提供更多了解和传承优秀传统文化的机会及平台。

（五）思想智慧与学问精神

优秀传统文化作为一个民族的宝贵财富，积淀着丰富的思想智慧和学问精神。它蕴含了许多经典著作、哲学思想和科学理论，这些文化遗产不仅是前人智慧的结晶，也是人类文明发展的重要组成部分。这些经典著作和思想体系凝聚着智者们对人生、世界、道德、价值等问题的思考和探索，是人类智慧的精华。

首先，优秀传统文化的思想智慧激发了人们的思辨能力和学术追求。通过学习和研究优秀传统文化中的经典著作及哲学思想，人们可以获得丰富的思想资源，培养自己的思辨能力和批判思维。这些思想智慧不仅能够帮助人们更好地理解世界和人生的意义，也能够引领人们在面对问题和困惑时进行深入思考和探索。同时，优秀传统文化的学问精神鼓励人们追求知识的积累和智慧的传承，强调学习的重要性和持续的学术追求。

其次，优秀传统文化注重学问的传承和发展，推动了人类文明的进步。经典著作和学问体系作为文化的重要组成部分，承载着丰富的知识和智慧。通过学习和传承这些经典著作及学问体系，我们可以了解前人的学术成果和思想观点，从而在现代社会中不断创新和发展。这种学问精神激励着人们进行深入的研究和探索，促进了学术界的繁荣和进步。同时，学问精神也强调对知识的持续追求和不断更新，通过开展学术研究和创新活动，推动社会的进步和发展。

优秀传统文化的思想智慧和学问精神对于现代社会的发展具有重要意义。它们不仅为人们提供了丰富的思想资源和学术遗产，也培养了人们的思辨能力、学术追求和创新意识。通过学习和传承优秀传统文化，我们能够更好地理解人类文明的演进和发展，深化对世界和人生的认知，能够在面对现实问题和挑战时寻找到更加深入和细致的思考方式。在当代社会中，我们应继续弘扬和传承优秀传统文化的思想智慧及学问精神，以促进学术研究的发展，推动社会的进步和人类的福祉。

（六）自然观与生态意识

优秀传统文化的自然观和生态意识体现了人类与自然界的和谐关系和生态共生的理念。在优秀传统文化中，人们对自然界的观察、理解和尊重贯穿始终，通过对自然界的深入观察和感悟，人们逐渐认识到自然界的伟大和神奇之处，并从中汲取智慧。

优秀传统文化强调人与自然的和谐共生。在古代文化中，人们视自然为生命的源泉和命运的依托，尊重自然的力量和规律。他们崇尚与自然界和谐相处，注重与自然界的平衡相协调，倡导人类与自然界相互依存、相互关照的生态共生观。这种自然观和生态意识的核心理念是"天人合一"，即人与自然是一个有机整体，人类应尊重自然界的生态系统，与自然界和谐相处，共同维护生态平衡和生命的持续发展。

优秀传统文化强调尊重自然规律和保护生态环境。在优秀传统文化中，人们通过对自然界的观察和研究，总结出了丰富的自然规律和生态智慧，他们认识到自然界的生态系统是一个复杂而微妙的整体，任何生物和环境的改变都会对整个生态系统产生影响。因此，人们应尊重自然规律，遵循自然界的节奏和律动，不过度干预和破坏生态环境。优秀传统文化中的生态意识还强调人类对自然的保护和爱护，倡导节约资源、环保意识和可持续发展的观念，以保护地球的生态环境和人类的生存条件。优秀传统文化还强调人类与自然界的情感联系和情感共鸣。人们通过观察自然界的美丽景色、感受大自然的力量和神秘之处，从中汲取美的享受和灵感，进而用艺术的方式表达对自然的赞美和敬畏之情。这种情感联系和情感共鸣使人们更加关注自然界的保护和可持续发展，激发了人们对自然的深入思考和创造力的释放。

二、优秀传统文化的特点

（一）厚重的历史底蕴

中华优秀传统文化具有悠久的历史，经历了长期的发展和演变。它源远流长，承载着中华民族的文化基因和精神价值观。中华优秀文化底蕴深厚，是中华民族走向世界的重要支撑。中华优秀传统文化厚重的历史底蕴深深根植于中华民族的发展和演进过程中。自古以来，中华民族就拥有灿烂的文化传统和丰富的历史积淀，这些积淀为中华文化的繁荣与传承提供了坚实的基础。中华优秀传统文化的历史底蕴可以追溯到远古时期。中国是世界上最早形成文明的国家之一，拥有悠久的历史。从先秦时期的儒家思想、道家思想，到秦汉时期的兵法、法家思想，再到唐宋元明清等时期的文学、艺术、哲学等，中华优秀传统文化经历了千百年的沉淀与发展，形成了独特而丰富的文化瑰宝。

中华优秀传统文化的历史底蕴体现在其深入人心的影响力。中华文化以其博大精深的思想和智慧，深深渗透于中华民族的血脉中，成为凝聚民族认同和集体记忆的重要元素。从经典文化如《论语》《大学》《中庸》等，到古代诗词、戏曲、绘画等艺术形式，中华优秀传统文化的精髓与魅力一直激励着中华民族的心灵，传承至今。中华优秀传统文化的历史底蕴还体现在其对现代社会的深刻影响。尽管现代社会发生了巨大的变革和冲击，但中华优秀传统文化仍然扮演着重要的角色。它蕴含的智慧和价值观念在现代社会仍然具有指导意义，为人们解决现实问题和应对挑战提供了借鉴及启示。无论是家庭伦理、社会道德，还是文化传承，中华优秀传统文化的历史底蕴都不断地为现代社会的发展和进步贡献力量。

（二）丰富的文化内涵

中华优秀传统文化包含了丰富的文化内涵，如儒家文化、道家文化、佛教文化、诗词歌赋、书画艺术、戏曲等。这些文化元素形成了独特的中华文化体系，反映了中华民族的智慧和文化自信。中华优秀传统文化，凝聚了中华民族几千年的历史智慧和精神追求，具有极为丰富的文化内涵。这其中，儒家文化、道家文化和佛教文化等，构成了中华文化的哲学体系，提供了对世界和生命深刻的理解与解读。

在伦理道德方面，中国传统文化中的伦理道德观念深深地根植在人们的日常生活中。儒家思想中的仁爱之道，倡导人与人之间的友爱和互助，强调尊老爱幼、和谐相处的价值观；道家的自然之道，提倡人与自然和谐相处，倡导顺应自然、无为而治的生活态度；法家的法制之道，强调以法治国，规范社会秩序，强调公正、公平。这些伦理道德观念，构成了中国社会的道德基础，对于构建和谐社会具有深远影响。在哲学思想方面，中华优秀传统文化中的哲学思想体系多元而丰富。儒家的仁爱之道，道家的自然之道，法家的法制之道，以及墨家的兼爱非攻，农家的勤劳节俭，这些思想体系各有特色，各有侧重，它们互相影响、互相渗透，共同形成了中国传统的哲学思想体系。在文学艺术方面，中国的诗词、书法、绘画、音乐、戏剧、雕塑等，都是中华优秀传统文化的重要组成部分。这些文学艺术形式，具有鲜明的民族特色和深厚的文化底蕴，它们是中国文化的重要载体，也是中国文化的窗口，通过它们，人们可以领略到中国文化的独特魅力和丰富内涵。在科学技术方面，中国的传统科学技术是世界科学技术的重要组成部分。中国古代的四大发明（造纸术、火药、指南针、印刷术），以及农业、医药、天文、地理、建筑、艺术等领域的众多发明创新，都充分体现了中国传统文化的博大精深和无穷创新。

中华优秀传统文化内涵丰富、多样性强，既有深厚的历史文化底蕴，又有鲜明的时代特色，这种丰富多样的文化特色，对于认识自我、丰富生活、推动社会进步，都具有重要的价值和意义。

（三）强烈的人文精神

中华优秀传统文化以其强烈的人文精神闻名于世。这种人文精神贯穿于中华民族的生活方式、价值观念和社会行为中，对中华民族的思想、道德、伦理和人际关系产生了深远影响。

首先，中华优秀传统文化强调人与自然的和谐共生。在中华文化中，人被视为自然界的一部分，注重与自然的和谐相处。中华民族的祭祀文化、农耕文化以及关于天人合一的哲学思想，都表达了人与自然的紧密联系和对自然界的尊重。这种人文精神让人们保持谦虚、敬畏之心，更好地认识和利用自然，推崇自然规律，追求人与自然的和谐共生。

其次，中华优秀传统文化注重人与社会的和谐关系。它强调家庭伦理、社会责任和社会公德。在中华文化中，孝道被视为最重要的美德之一，强调子女对父母的孝顺和对家庭的尊重。同时，中华传统文化注重社会关系的和谐，鼓励人们遵守社会规范、尊重他人、建立良好的人际关系。这种人文精神塑造了中华民族团结、友善、互助的社会风貌，对社会稳定和谐发挥了重要作用。

此外，中华优秀传统文化强调人与人之间的和睦相处。尊重、礼仪、忠诚、正义等传统美德被视为中华文化的重要组成部分。中华文化强调礼仪，通过规范的行为方式和表达方式，维系人际关系的和谐。忠诚和正义是中华文化中的核心价值观，鼓励人们对国家、社会和家庭保持忠诚，并倡导公平正义的行为准则。这种人文精神促进了人际关系的和谐发展，营造了亲密、友善、互助的社交环境。

第二节 优秀传统文化与新时代高校思想政治教育融合育人的可行性

一、内容的契合

传统文化与大学生思想政治教育的内容具有很好的契合度，可为思想政治教育提供丰富的内容和案例。

传统文化注重人文关怀、情感体验和社会责任。思想政治教育的目标之一是培养学生的社会责任感和公民意识。通过引入传统文化中强调人与人之间的关系、亲情、友情、师生情等内容，可以培养大学生的人文情怀和社会责任感，让他们认识到自己的社会角色和责任。传统文化中的伦理道德观念和行为准则与思想政治教育中培养学生的道德素养及社会价值观相契合。通过引导学生研读经典著作，了解传统文化中的道德观念和价值导向，可以启发学生对道德选择和行为规范的思考，引导他们树立正确的道德观念和价值取向。传统文化作为国家文化的重要组成部分，蕴含着历史、文化和民族精神。大学生思想政治教育的一个重要目标是培养学生的国家意识和民族认同。通过传统文化的学习和体验，可以帮助学生更加深入地了解和认同自己所属的国家文化，增强对国家的归属感和责任感。传统文化中蕴含着丰富的智慧和创造力，通过引入传统文化的思维方式和艺术表达方式，可以培养大学生的人文素养和创新创造力。例如，通过研读古代文学作品、欣赏传统音乐和舞蹈等，可以激发学生的艺术创造力和审美情趣，培养他们的文化修养和审美能力。

大学生思想政治教育之所以能够与传统文化充分融合，是因为其自身具有深厚的文化属性。文化伴随着人类历史的演进而发展，文化规范、指导着个人人生，而有其超越个体人生之外之上的客观存在。可以说，人类社会的每一项活动都积淀了文化的意蕴。教育尤为具有与文化同质伴生的特点：文化对人思想、精神、心理的影响和塑造就是一种教育，而教育实践是对文化的传递和再造。

作为一种指向人的内在世界的教育活动，思想政治教育是社会或社会群体用一定的思想观念、政治观点、道德规范对其成员施加有目的、有计划、有组织的影响，并促使其自主地接受这种影响，从而形成符合一定社会、一定阶级所需要的思想品德的社会实践活动。这深刻揭示出思想政治教育的文化本质与内涵，文化既是思想政治教育产生发展的重要的前提，也是其基础与内容。可见，思想政治教育具有鲜明的文化属性。高校思想政治教育在传授理论知识的同时，蕴藏了丰富的文化元素，包括价值观、伦理道德、历史传统等。在这个过程中，一种深厚的文化精神和文化价值得以流传和发扬。这些文化元素为学生建立自身的世界观、人生观和价值观提供了坚实的基石。根本上说，高校思想政治教育本身是文化的传递和再造，其文化内涵既是其生命力所在，也是其发展动力之源。

高校思想政治教育作为教育的重要组成部分，其核心任务是传递和再造文化。在这个过程中，优秀的传统文化起着至关重要的作用。中国五千年的文明历史孕育了丰富的文化遗产，其中包含了深邃的哲学思想、崇高的道德规范、丰富的历史故事、独特的艺术形式等，这些都是高校思想政治教育不能忽视的宝贵资源。高校思想政治教育不仅要传授知识，更要传递一种价值观。价值观是文化的重要组成部分，也是人的行为的指南。通过对优秀的传统文化的学习和研究，学生可以理解和认同这些文化中所蕴含的价值观，从而形成自己的价值观。这一过程实际上是文化的传递和再造。

高校思想政治教育要对学生进行全面的人格培养。人格的形成和发展是一个复杂的社会化过程，它需要在社会文化的影响下逐步形成。在这个过程中，学生需要通过学习和实践来感知和认知社会，理解和接受文化，从而逐步形成自己的世界观、人生观和价值观。这一过程实质上是对文化的再造。此外，高校思想政治教育还需要发挥其在社会文化中的积极作用。在全球化和信息化的背景下，人们需要更加深入地理解自己的文化，增强文化自信。

新时代的高校思想政治教育，既是传统文化的接受者，也是其传播者和创新者，肩负着传承优秀传统文化的重任。高校思想政治教育是传统文化传承的重要平台。在这里，优秀的传统文化可以得到全面、深入的传播和学习，学生通过对传统文化的学习，理解和认同这些文化中所蕴含的价值观，形成自己的价值观，从而形成稳定的世界观和人生观。同时，高校思想政治教育也是传统文化创新的重要场所。在这里，传统文化得到创新和发展，使传统文化在传承中不断发展，在创新中不断生长，使传统文化在新的时代背景下发挥出新的活力和作用。高校思想政治教育在传承优秀传统文化的过程中，不断推动社会文化的发展。在全球化和信息化的大背景下，人们需要更深入地理解和认同自己的文化，增强文化自信。高校思想政治教育通过对优秀的传统文化的传承和创新，不仅可以培养出拥有深厚文化底蕴的高素质人才，还可以在这一育人实践中实现文化的创新，推动文化的发展。

在新时代背景下，高校思想政治教育需要对优秀传统文化进行深入的研究和理解，使之与时俱进，以适应社会发展的需求。优秀的传统文化中的道德规范、人文精神、社会伦理等，都是我们可以借鉴和学习的。这些文化元素，是学生的精神食粮，帮助他们在思想上有所引领，行为上有所规范。通过对这些元素的学习，学生能够逐步形成符合社会主义核心价值观的思想品德，这就是文化塑造的实质。

另外，高校思想政治教育还需要在传承中不断创新，使传统文化与现代社会更好地结合，形成符合新时代要求的社会主导文化。高校思想政治教育是一个深度的思想熏陶过程，是一个系统的思想建设过程，需要注重对学生思想品德的塑造和培养。在这个过程中，我们不仅要将传统文化的优秀元素传承下来，还要在传承的基础上进行改革和创新，使之更符合社会发展的实际需要。

二、目标的一致

传统文化与思想政治教育的目标有着高度的一致性。具体而言，思想政治教育旨在培养具有正确世界观、人生观、价值观的公民，而传统文化的精髓往往蕴含着这些重要价值观，有助于大学生形成正确的道德观和社会责任感。

通过传统文化教育，学生可以深入理解和接纳社会公认的道德规范和行为准则。这些道德规范和行为准则，既体现在文化的硬性规定中，也体现在文化传承的智慧和经验中。借助传统文化的教育，学生能够深刻领悟什么是善，什么是恶；什么是正义，什么是非正义；什么是公平，什么是偏见。这种对道德价值的理解和接纳，有助于他们形成正义感和公平感，使他们成为社会公正和社会公平的维护者。

传统文化可以帮助学生建立起他们的社会责任感。传统文化中的许多故事和传说都揭示了个人应对社会和国家承担责任的重要性。通过了解这些故事和传说，学生可以明白个人的责任和社会的责任是如何联系在一起的，及如何以道德的行为和公正的态度来履行这些责任。这种责任感的形成，对于培养学生的社会公民意识和社会责任感具有重要作用。

传统文化可以帮助学生形成对社会的深层次理解和认知。传统文化中的哲学思想、道德观念、历史故事、艺术创作等，都反映了对社会生活的深入理解和认知。这些理解和认知可以帮助学生更好地理解社会现象，理解社会规则，理解人与人之间的关系。这种深层次的社会理解和认知，有助于他们形成正确的社会观和社会价值观。

以上这些因素使得传统文化与思想政治教育的目标有着高度的一致性。在具体实施过程中，只需要巧妙地利用传统文化的教育资源，将传统文化的内容和形式融入到思想政治教育中，就能够有效地实现思想政治教育的目标，使学生在学习过程中，深刻地理解并接纳社会公认的道德规范和行为准则，深刻地领悟个人的社会责任，深刻地理解社会的深层次规则和关系，从而成为具有正确世界观、人生观、价值观的优秀公民。

三、特性的符合

中国传统文化与高校思想政治教学内容兼具开放性与包容性。高校思想政治教育与中国传统文化的融合，是教育现代化、国际化进程中的重要课题。其中，中国传统文化的开放性与包容性与高校思想政治教育的特性契合，为新时代高校思想政治教育提供了深厚的文化土壤和无尽的思想资源。

中国传统文化，源远流长，博大精深，兼具开放性和包容性，有着广泛的吸纳和借鉴他族文化，以及丰富自身内涵的能力。从孔子的"有教无类"[1]，到孟子的"人之初性本善"，再到《大学》中的"修身、齐家、治国、平天下"[2]的教诲，都体现了中国传统文化在人性光辉、社会公义和国家治理等方面的深远影响。同时，中国传统文化以其包容性，尊重各种差异，开放吸纳，推崇和谐，弘扬人文精神，向世界多元文化展示了高度的包容和理解。

新时代高校思想政治教育，正面临着如何处理传统与现代、国内与国际、保持与改变等诸多关系的挑战，需要在坚持中创新，需要在创新中坚持，对内外、传统和现代的元素进行充分整合，形成兼具开放性和包容性的新型思想政治教育。这需要高校思想政治教育积极借鉴和运用中国传统文化的开放性和包容性，实现理论与实践、历史与现实、民族与世界的有机结合。

中国传统文化的开放性和包容性为新时代高校思想政治教育提供了一种方法论，即如何处理好传统与现代、本民族与他民族之间的关系，如何处理好文化自尊与文化自觉、文化继承与文化创新、文化精神与文化形式间的关系。这要求新时代高校思想政治教育在传承中国传统文化的同时，也要以开放的眼光看待世界，以包容的态度对待差异，引导学生以更为宽广的视野和更为开放的心态面对世界，发现和解决问题，推动自我与社会的和谐发展。

当然，在文化与高校思想政治教育融合的实践中，中国传统文化具有得天独厚的优势，中国传统文化在华夏土地上传承五千多年，经过特定的自然、社会环境形成的特定文化积累，是民族精神的可靠载体。作为炎黄子孙，对本土的中国传统文化具有天生的好感和倾向性。中国传统文化所宣扬的中庸、和谐的修身之道，符合中国人的性格，容易被吸收、贯彻。特别是近年来，出现传统文化复兴的浪潮，许多年轻人对学习传统文化热情饱满，全国各高校中也纷纷成立了以传承和发扬传统文化为主题的学生社团。在未来很长一段时间内，

---

① （春秋）孔子.论语［M］.杨伯峻，杨逢彬注译；杨柳岸导读.长沙：岳麓书社，2018.
② （西汉）戴圣.礼记［M］.张博编译.沈阳：万卷出版有限责任公司，2019.

传统文化将影响高校思想政治工作的开展。

四、时代的需求

时代之所需即人才培养的目标之所在，时代的需求与社会发展的需要深深影响着高校思想政治教育的目标与内容。在全球化和信息化的背景下，我们处于一个飞速发展、变化万千的时代。对于高校思想政治教育而言，这不仅带来了挑战，也带来了机遇。现代社会对人才的需求日益多元化，不仅需要他们具备专业知识和技能，还需要他们有宽广的国际视野、强烈的民族自信，以及深厚的文化素养。这就要求我们在教育中，尤其是思想政治教育中，既要有前瞻性的视角，看到未来的可能性和趋势，也要有深深的根，坚守文化的传统和基础。高校思想政治教育的任务和角色正在经历深刻的变革。培养具有国际视野和民族自信的人才，不仅是时代的需求，更是我们在新的历史条件下对高校教育的新期待。传统文化，作为一个民族的灵魂和精神支柱，不仅是我们对自己的理解，更是我们理解世界的一个重要维度。将优秀的传统文化融入高校思想政治教育中，有助于培养学生的文化素养和国家认同感。

优秀的传统文化是民族精神和文化自信的重要源泉。每一种文化都是一个民族在特定历史条件下创造出来的，它既反映了一个民族的生存状态和精神面貌，也包含了对世界和生命的独特理解和解读。融入高校思想政治教育的优秀传统文化，如中华文化的人文精神、道德伦理、历史传统等，都是我们民族在历史长河中积累的智慧和精神财富。这些文化元素不仅能够帮助学生更好地理解自我和社会，也有助于他们在全球化的大背景下保持文化自觉和文化自信。

将优秀的传统文化融入高校思想政治教育，可以帮助学生建立正确的世界观、人生观和价值观。优秀的传统文化蕴含着丰富的道德理念和价值观念，这些价值观念对于塑造学生的道德情操，引导他们在面对复杂的社会问题时做出正确的道德判断，具有重要的教育意义。同时，通过对优秀的传统文化的学习，学生能够更好地理解社会规范和法律法规，培养良好的公民素质和社会责任感。

优秀的传统文化对于培养学生的国家认同感也有着重要的作用。在全球化的背景下，学生需要有更加开阔的国际视野，但这并不意味着他们可以忽视自己的民族文化和国家认同。相反，了解和尊重自己的传统文化是培养学生身份认同和归属感的重要途径。通过深入了解和传承优秀的传统文化，学生可以更好地认识自己所属的民族，了解自己的历史和文化根源，形成对自己国家和民族的认同感和自豪感。这种国家认同感可以激发学生为国家的繁荣和进步贡献力量的意愿，并培养他们作为有担当的国家公民的责任感。

第三节　传统文化与新时代高校思想政治教育融合育人的路径

一、完善保障机制

（一）完善政策制度保障

任何实践的开展都离不开环境的支持，人才培养作为关系到国家未来发展的重要的实践活动更是如此。环境包括政策环境、文化环境、教育环境、社会环境、家庭环境，等等。不同类型的环境在内涵中有相互重合的部分，同时具有自身所特有的内容。在诸多环境因素中，政策环境对于传统文化与新时代高校思想政治教育融合育人的影响最为重要，这也是完善政策制度保障体系的重要意义之一。

政策环境有两层含义：一是政策制定者进行决策时所依据的各种外部的情况、条件以及影响整个社会发展及其内部子系统发展的各种因素的聚合，也即政策制定所处的环境；二是政策带来的环境，也即政策的制定与实施对于不同类型实践活动的影响。我们所讨论的健全政策制度保障是指第二种解释，即政策环境指国家相关政策对于传统文化与新时代高校思想政治教育融合育人的推动作用。政策制度保障体系是从上层制度建设的各个层面着手，全面优化传统文化与新时代高校思想政治教育融合育人的政策环境，保证政策的有效执行与制度的科学设计。

政策层面的保障是基础。高校需要确立以传统文化融入思想政治教育为目标的明确政策，将其纳入校务发展的重要议程，成为推动高校发展的重要动力。同时，需要在高校内部形成广泛共识，形成对此项工作的持续关注和支持。具体可以通过修订和完善相关的教育教学计划，强化对中华优秀传统文化在思想政治教育中的地位，丰富和扩展课程内容，以确保其在教育教学活动中的落地实施。

高校以及相关教育管理主体需要明确中华优秀传统文化在思想政治教育中的地位和作用。通过包括教育目标、教学要求、评估标准等，为教师和学生提供明确的指导等手段与途径，确保传统文化融入思想政治教育政策的落实。政府、高校等主体也可以通过举办培训班、研讨会等形式，向教师和学生宣传相关政策，提高他们对中华优秀传统文化融入思想政治教育的认识和理解。同时，可以组织专家学者举办讲座和授课，提升教师和学生对传统文化的专业素养。高校可以设立奖励机制，鼓励教师和学生在传统文化融入思想政治教育的创新实践和研究成果。如可以设立教师教学奖、学生科研奖等奖项，以激励他们深入探索传统文化与思想政治教育的融合路径，并推动其在高校中得到广泛应用。同时，政策制度不仅需要完善，还需要保障落实。高校可以将中华优秀传统文化融入思想政治教育的实施情况纳入考核评估体系中，设立相关指标和评估标准，定期对高校的思想政治教育工作进行评估，以便更好地推动传统文化在教育教学中的落地实施。

（二）资金保障

资金保障是重要环节。高校需要安排专项经费，支持中华优秀传统文化融入高校思想政治教育项目的开展。具体包括教材编写、课程开发、教学活动、科研项目等各项开支。同时，需要科学规划、合理安排，避免资金的浪费和滥用，以提高资金使用的效率和效益。

首先，高校可以通过设立专项经费，将一定的经费专门用于支持中华优秀传统文化融入思想政治教育项目的开展。这些经费可以用于教材编写、教学设备采购、师资培训、学生活动组织等方面，以确保传统文化教育在高校中得到充分实施。高校需要制定详细的资金使用规范，明确资金使用的范围、流程和管理要求。要确保资金使用的透明度和公正性，防止资金的浪费和滥用，提高资金使用效益。同时，要加强对资金使用情况的监督和审计，确保经费使用符合规定并达到预期效果。

其次，高校可以积极寻求外部资源的支持，包括政府拨款、企业赞助、社会捐赠等。通过与政府、企业、社会组织等建立合作关系，争取更多的资金支持，为传统文化融入思想政治教育提供更为充足的资金保障。高校在使用经费支持传统文化融入思想政治教育项目时，要建立完善的评估机制，必须及时对项目进行评估和汇报，向资金提供方展示项目的进展和成果，增加资金提供方对项目的信任和支持。同时，高校应采取效益导向的资金管理模式，注重对资金使用效果的评估。通过对项目的效果评估，了解资金使用的效益，及时调整和优化资金的使用方向和方式，确保资金的最大化利用和效益。

二、强化师资队伍建设

在推进中华优秀传统文化与新时代高校思想政治教育的融合中，师资队伍的建设无疑是重中之重。教师在这一过程中扮演着桥梁和纽带的角色，他们的知识水平、教学水平和人文素养对于学生的思想政治教育有着至关重要的影响。

首先，高校需要对教师进行全面的、深入的传统文化教育，旨在提升教师对中华优秀传统文化的认识，以及他们的人文素养。通过系统的学习和研究，使教师能够深入理解中华优秀传统文化的深层内涵和独特价值，将中华优秀传统文化的精髓融入到思想政治教育的课堂教学中。为此，高校需要安排专门的学习研修活动，如组织学习研讨会、举办讲座、进行教师培训等。高校应该为教师提供广泛的学术资源和研究支持。高校可以建立传统文化研究中心或学术机构，为教师提供研究项目、科研资金、图书馆资源等支持。同时，学校应鼓励教师积极参与传统文化研究和学术交流活动，如参加学术会议、发表学术论文等，以提高教师的学术水平和研究能力。高校还可以邀请国内外优秀传统文化教育专家进行指导和讲座，为教师提供学术指导和教学经验分享。这种国际交流和合作不仅可以帮助教师拓宽视野，了解其他国家和地区的传统文化教育经验，也有助于提高教师的教学能力和创新意识。高校也可以建立教师互助平台，鼓励教师之间的经验分享和教学互助。教师可以通过互相交流教学心得、分享教材和课件、合作研究项目等方式，相互促进，共同提高传统文化教育的教学质量。

其次，高校需要创新思想政治教育的教学模式，推动中华优秀传统文化的实践应用。教师的职责不仅包括传授知识，还需要引导学生将理论与实践相结合，引导学生通过实践来认识和理解中华优秀传统文化。为此，高校需要制订相应的教学计划和方案，如采取开设相关课程、组织实践活动、设立奖励机制等手段，在优化教学模式的同时，提升教师对于新教育理念与新教学方法的运用能力。比如，高校可以开设实践性课程，将中华优秀传统文化的学习与实践相结合，在学习传统文化相关知识时，组织学生参观传统文化遗址、参与传统文化表演或手工艺制作、实地考察等活动，通过亲身体验和参与，学生能够更深入地理解传统文化的内涵和价值，将理论知识与实践经验相结合，形成对传统文化的全面认知。在传统文化教育中，教师可以采用案例教学和问题导向教学的方法，引导学生主动思考和探索。通过提供真实案例和实际问题，激发学生的学习兴趣和思辨能力，培养他们运用传统文化知识解决实际问题的能力。同时，高校可以与社会各界建立合作关系，以提供学生实践机会和资源支持，促进传统文化实践与社会需求的对接。对于一些办学条件较为优越的学校来说，可以建立传统文化实践基地和实验室，提供学生进行实践探究的场所和设备。这些实践基地可以是传统文化研究中心、文化艺术中心、博物馆等，可为学生提供实践学习的机会和资源，培养他们的实践能力和创新精神。

再次，高校需要注重培养教师的研究能力，这是教师深入研究中华优秀传统文化，不断提升自身素养的重要保障。特别是对于高校老师来说，研究能力更是其关键的素质之一。为此，高校需要为教师提供足够的支持，比如，高校可以为教师提供专项研究经费，用于支持他们深入研究中华优秀传统文化的相关项目。这些经费可以用于图书购买、实地考察、学术会议参会费用等。通过提供研究经费，可以激励教师积极开展研究活动，提高他们的研究能力和水平。高校可以建设专门的研究资源平台，为教师提供丰富的图书馆资源、数据库访问权限、研究设备等支持。同时，加强与其他研究机构和文化机构的合作，共享研究资源，拓宽教师的研究渠道和机会。

最后，高校需要激励和鼓励教师在思想政治教育中积极创新，打破旧有的教学模式，尝试新的教学方式。通过这种方式，教师能够更好地将中华优秀传统文化融入到思想政治教育中，实现教育的目标。高校可以设立创新教学奖励制度，鼓励教师在思想政治教育中尝试新的教学方式和方法。如设立教学创新奖、优秀案例奖等奖项，以表彰在思想政治教育中具有创新精神和实践成果的教师，激励他们在传统文化融入思想政治教育方面的积极探索和创新实践。创新教学方式离不开硬件的支持，高校可以提供教学资源支持，如技术设备、教学平台、教学软件等，帮助教师开展创新教学实践。为教师提供充足的教学资源，鼓励他们尝试新的教学方式，更好地融入中华优秀传统文化的元素，提升思想政治教育的质量和效果。同时，可以建立创新教学平台，为教师提供展示和交流创新教学成果的机会。这可以是教学展示会、教学论坛、教学研讨会等形式，通过教师之间的互动和经验分享，促进创新教学的推广和应用。

三、创新教学模式

教学模式的创新是推动中华优秀传统文化与新时代高校思想政治教育融合的关键环节。教学模式决定了教学过程中知识、技能、价值观的传递方式和效果，它能够引导学生的学习行为，提升学生的学习积极性和学习效果。

（一）教学内容创新

在中华优秀传统文化与新时代高校思想政治教育融合的过程中，需要在教学内容上进行创新。在思想政治教育课程中，应将中华优秀传统文化的元素融入其中，通过历史事件、人物传记、文化经典等形式，帮助学生理解中华优秀传统文化中的核心价值观和道德规范。教学内容的创新不仅能够使学生对中华优秀传统文化有更深刻的理解，还能提升他们的文化自信和民族自豪感。从教学内容的角度看，高校可以采取多种策略将中华优秀传统文化引入思想政治教育中。

1. 课程设置

课程设置是传统文化与高校思想政治融合育人课程体系建设最核心的内容，是课程建设理念、原则的具体体现，是培养规格在教学实践中的现实载体。课程设置的目标即构建科学、系统、合理的课程体系，高校思想政治课程设置需要注意以下几点：首先，课程的设置必须要保证对于知识的覆盖要全面，不能遗漏知识，这是课程设置的先决条件。高校思想政治课程的各大模块对于学生的成长、发展与社会化来说十分重要，作为立德树人的重要载体，高校思想政治课程必须保证各模块、各单元教学内容的完整性，只有这样，才能保证学生知识体系与素质结构构建的科学性与完整性。

其次，课程设置要循序渐进，既符合一般的教育规律，同时符合学生学习与发展的规律，要在夯实学生基础知识的前提下，按部就班地培养和提升学生的各项能力与素质。教育工作者要根据不同模块知识的难易、教育的一般规律，以及学生具体的认知水平而科学设置思想政治课程。

最后，课程的设置需要有清晰的内在规律可循，这是课程设置最基本的要求之一，因为基于立德树人的高校思想政治课程教学涉及的内容较多，倘若课程的设置缺乏内在规律性，会使课程体系杂乱无章，不利于人才的培养。在设置教学内容时，应该使其具有系统性、完整性、时代性和启发性，注重理论与实践的结合。可以采用模块化设计的方式，将思想政治课程内容按照主题、问题、任务等要素进行划分，以促进教学内容的有机衔接和学生知识的系统化构建。

具体到实践教学中，还需要注意两方面的内容：一方面，可以设立专门针对中华优秀传统文化的课程，如"中华文化史""中华思想史""中国传统哲学"等；另一方面，对于已有的思想政治教育课程，如"马克思主义基本原理""思想道德修养与法律基础""中国近现代史纲要"等，可以加入中华优秀传统文化的内容，让学生从中了解传统文化与现代社会主义核心价值观的关系。

2. 教学材料

可以选择具有代表性的历史事件、人物传记和文化经典作为教学内容，以便学生直观了解和学习中华优秀传统文化。例如，可以引用《孝经》讲解孝道的重要性，引用《论语》讲解人格的完善，引用《墨子》讲解兼爱的思想。

3. 实际案例

将理论与实际结合，可以引入一些中华优秀传统文化在现实生活中的应用案例，让学生看到传统文化在现代社会中的价值和意义。例如，介绍如何将中华优秀传统文化的"和为贵"理念运用到解决社区纠纷中，如何将"忠诚"和"诚实"原则运用到职业生涯中。

4. 跨学科学习

在讲授各个学科的知识时，可以将中华优秀传统文化的相关知识融入其中。例如，在教授生物学时，可以介绍中医药的发展和中草药的作用；在教授地理学时，可以讲解各地的传统习俗和地方文化。

（二）教学方法创新

当今时代，教学方法的创新离不开现代教学技术，在大学生思想政治教育与传统文化融合中采用现代教育技术，可为教学实践带来许多积极的变化。

我们需要理解的是，当今的学生已经生活在一个高度数字化、信息化的社会中，他们习惯于使用各种现代技术手段获取信息和学习知识。因此，将现代教育技术融入到传统文化与思想政治教育中，可极大地提升教学效率和效果，满足学生的学习需求。

在大学生思想政治教育与传统文化融合育人中，传统的教学方法可能无法激发学生的学习兴趣和积极性，因此，教师需要尝试使用新的教学方法，如情境教学、讨论式教学、翻转课堂等，将学生从被动接受知识的对象转变为主动寻求知识的主体。同时，利用现代信息技术，可以创建多媒体和互动式的教学环境，使教学更加生动和有趣。

1. 情境教学法

情境教学法是一种让学生通过参与特定情境或场景，以理解和掌握知识的教学方法。例如，教师可以设计一些涉及中华优秀传统文化的角色扮演或模拟情境，让学生从实际的参与中理解传统文化中的道德规范和价值取向。这种方法可以提高学生的参与度，使他们在实践中学习和体验传统文化。

2. 讨论式教学法

讨论式教学法强调教师和学生之间的互动，以及学生之间的讨论与交流。在讲解中华优秀传统文化的过程中，教师可以组织学生进行主题讨论，鼓励他们自由发表对相关文化现象、文化价值的理解和见解，然后通过指导和引导，使学生深化对中华优秀传统文化的认识。

3. 翻转课堂

翻转课堂是一种新型的教学模式，它将课堂的教学内容放在课前让学生自学，然后在课堂上进行讨论和实践。在融合中华优秀传统文化的教学过程中，教师可以设计相关的课前学习材料，让学生自学，然后在课堂上指导学生讨论和解答疑问，通过翻转课堂的方式，使学生更深入地理解和吸收传统文化。

4. 利用现代信息技术

利用现代信息技术，如多媒体、网络等，可以为教学提供强大的支持。教师可以通过网络课程、微课、视频等形式，展示中华优秀传统文化的丰富内容，让学生在更为生动、有趣的环境中学习传统文化。

（三）课程设置创新

在大学生思想政治教育与传统文化融合育人中，高校需要创新教学手段。除课堂教学，还可以通过实践活动、课外活动、学生社团等"第二课堂"，让学生亲身参与，深入了解和体验中华优秀传统文化。例如，可以组织学生参观历史文化遗址、博物馆等，亲身感受中华优秀传统文化的魅力；可以开展关于中华优秀传统文化的演讲比赛、写作比赛、知识竞赛等，激发学生学习中华优秀传统文化的热情。

高校应明确思想政治教育显性课程与隐性课程之间的关系。显性课程也称正规课程、显在课程，指教师和学生在规定的时间、规定的地点，依据教材和教学大纲，完成规定教学内容的有目的、有计划的教学实践活动。隐性课程是除显性课程外的，能对学生知识、技能和综合素质的提升产生促进作用的教育过程，是一种隐含的、非计划的、不明确或未被认识到的课程，隐性课程包括学校文化方面的教育、学习与生活环境方面的建设以及人际关系的建立，等等。与显性课程有组织地开展教学活动不同，隐性课程对于学生的成长和发展的影响是潜移默化的，更多表现为一种润物细无声的教育形式。

第二课堂是高校培养学生综合素养、促进学生全面发展的重要平台，大学生在第二课堂中的表现是综合素质评价的重要依据[1]。第二课堂是隐性课程的重要载体，指在学校课程培养计划之外开展的开放式教育活动和实践活动的综合，包括参加社会实践、志愿服务、学术活动、创新创业、素质拓展、文体竞赛、参与学生社团等方面，是对课程教学第一课堂的延伸和拓展。第二课堂的任务并非直接传授给学生特定的知识与技能，而是关注学生人格的发展与综合素养的提升。隐性课程是美育与德育的重要方式，通过丰富多彩的实践活动与文化氛围营造，有助于帮助学生形成正确的世界观、人生观、价值观，不断完善学生的人格，促进学生的全面发展。

显性课程与隐性课程的科学搭配对于传统文化与新时代高校思想政治教育融合育人来说非常重要。思想政治教育有着显著的美育与德育性质，因此，在通过显性课程系统讲授思想政治理论的同时，要充分发挥隐性课程的育人作用。所以，在课程建设时，要合理规划二者的课程结构，既要科学配置两种课程的课时量，又要使二者有机结合在一起。

在隐性课程中，实践活动是有效的教学手段，意为对于思想政治教育来说，理论与实践相结合，能使学生更好地理解和领悟传统文化的深刻内涵。高校可以组织一些与传统文化有关的实践活动，如参观历史文化遗址、博物馆，

---

① 刘骏，高向东.基于高校第二课堂学分系统的学生综合素质评价研究［J］.思想理论教育，2022（9）：106–111.

甚至进行文化遗址的保护和修复项目。这样的实践活动能让学生亲身参与，直接感受到中华优秀传统文化的独特魅力和深远影响。在高校思想政治教学中，课外活动作为重要的隐性课程，也是传统文化与思想政治融合育人的一个重要的教学手段，高校可以举办关于中华优秀传统文化的演讲比赛、写作比赛、知识竞赛等，激发学生的学习兴趣和热情，增强他们对传统文化的认识和理解。同时，这些活动也有助于培养学生的创新思维和实践能力。此外，高校还可以通过开展特色课程、研学旅行、社区服务等方式，让学生在多元化的环境中学习和体验传统文化，提高他们的实践能力和社会责任感。

四、构建中华优秀传统文化的融入体系

新时代高校思想政治教育中，构建中华优秀传统文化的融入体系是至关重要的任务。因为中华优秀传统文化不仅承载了丰富的历史智慧，而且具有深远的教育价值。将传统文化有机地融入到校园文化之中，可以让学生在日常生活和学习中感受到传统文化的魅力，培养他们对民族文化的认同感和自豪感，增强他们的文化自信。

首先，在思想政治教育中构建中华优秀传统文化融入体系需要校园文化建设的支持。这包括在校园环境布置、活动组织、教育理念等方面注入传统文化元素。学校可以在校园中设置一些传统文化展示区，展示各种传统艺术作品，如书法、绘画、剪纸等。同时，可以组织一些传统文化主题的活动，如茶艺表演、传统音乐会、诗词大赛等。这样可以让学生在日常生活中接触和了解到传统文化，以提高他们的文化素养。

其次，高校需要提供丰富多样的传统文化学习机会。可以在课程设置中融入传统文化元素，如开设国学经典阅读、中华美德教育等课程。还可以利用"第二课堂"的机会，组织学生参与各种传统文化实践活动，如传统节日庆祝、非物质文化遗产体验等。这样可以让学生在实践中深入了解和体验传统文化，从而增强他们的文化认同感和自豪感。

最后，高校需要营造良好的校园氛围，让每个学生都能自觉地担当起传承和发扬中华优秀传统文化的责任。这需要全校师生共同努力，形成尊重和热爱传统文化的良好风尚。教师可以在教学中引导学生思考和讨论传统文化的意义，鼓励他们主动探索和实践，培养他们的独立思考能力和创新精神。

五、丰富教学载体

在新时代高校思想政治教育中，丰富的教学载体是实现中华优秀传统文化融入教学的重要手段。教学载体的丰富和多样可以使教育形式更加灵活，更好

地适应学生的学习需求，从而提高教育效果，我们以互联网技术与多媒体技术为例进行分析。

互联网技术的应用为优秀传统文化的传播提供了新的平台。网络凭借其高效的信息传播能力，可以打破时间和空间的限制，让学生在任何时间和地点都可以学习传统文化相关知识。学校应该构建网络学习平台，将庞大的教学资源进行整合，教师也可以在网上发布关于传统文化的文章、视频等教学资源，供学生自主学习。此外，社交媒体、网络论坛等也可以成为传统文化学习的新载体，教师可以在这些平台上和学生进行互动交流，激发他们的学习兴趣和参与热情。

多媒体技术的使用可以丰富传统文化教学的形式。多媒体技术可以将文字、图片、音频、视频等多种信息载体有机结合，使得教学内容更加生动和直观。例如，教师可以使用PPT、动画、影片等多媒体教学手段，讲解传统文化的历史背景、艺术特点等内容，使学生在感官体验中对传统文化有更深的理解和感受。

此外，学校可以通过线上线下结合的方式，开展各种传统文化主题的教育活动。线上，可以利用先进教学技术为学生呈现相关历史文化场景，让学生在沉浸式体验中学习传统文化。线下，可以组织学生参与社会实践、志愿服务、实习实训等活动，让他们在实践中体验和理解传统文化。通过这样的方式，可以让学生从不同角度和层面了解并接触到传统文化，增强他们的文化认同感和自豪感。

六、构建长效机制

在新时代高校思想政治教育中，构建长效机制是将中华优秀传统文化持续、深入地融入教育过程的重要手段，只有这样才可以确保传统文化教育的连续性和稳定性，使传统文化教育更具系统性和全面性，从而达到预期的教育效果。

寻求传统文化与思想政治教学内容的契合点是建立长效机制的关键。这需要教育者在教学设计中融入中华优秀传统文化的元素，使之成为思想政治教育的有机组成部分。例如，可以在教学内容中融入中华优秀传统文化的知识和价值观，如孝道、忠诚、仁爱等，使学生在学习过程中感受到传统文化的魅力，从而接受其内涵的熏陶。同时，可以在教学方法上进行创新，利用故事、案例、角色扮演等形式，引导学生从中华优秀传统文化的角度思考和解决问题，提高其思维能力和道德素质。

完善评价体系也是建立长效机制的重要措施，可以对学生的学习效果进行客观、准确的评价，从而调整教学策略，提高教学效果。我们可以在评价体系中设置中华优秀传统文化的学习、理解、应用等方面的评价指标，如学生能否理解和接受传统文化的核心价值观，能否在实际生活中应用这些价值观等。此外，可以通过定期的评价和反馈，对学生的学习进度和效果进行跟踪，以便及时调整教学策略。

实现中华优秀传统文化融入高校思想政治教育的全过程，是构建长效机制的重要环节。这要求我们不仅在教学的某一环节或阶段进行传统文化教育，而且要将其贯穿于教学的全过程。例如，可以在教学的开始阶段，通过讲述历史故事、展示传统艺术等方式，引发学生对传统文化的兴趣；在教学的中期，可以深入讲解传统文化的知识和价值观，引导学生思考和理解；在教学的结束阶段，可以组织学生进行传统文化的实践活动，如书法、绘画、剧本创作等，使他们在实践中深化对传统文化的理解和认同。

第四章

社会主义核心价值观与新时代高校
思想政治教育的融合

社会主义核心价值观在客观上体现了中国特色社会主义事业的价值属性，因此，社会主义核心价值观教育在高校思想政治课建设中具有特殊的重要地位。社会主义核心价值观是科学的理论，也是高校开展思想政治教育的重要遵循。高校作为人才培养的主战场，必须大力培育和弘扬社会主义核心价值观，培养一批又一批有理想、敢担当、能吃苦、肯奋斗的新时代好青年，为以中国式现代化全面推进强国建设、民族复兴伟业提供有力的人才支撑[①]。在新时代，要通过高校思想政治课堂这个主渠道，推进社会主义核心价值观更好入脑入心。

第一节　社会主义核心价值观的历史考察与
时代发展

一、社会主义核心价值观的历史考察

（一）源于中华优秀传统文化

中华优秀的传统文化久远而深厚，为社会主义核心价值观的形成提供了深厚的历史底蕴和文化基础。这种传统文化不仅丰富多彩，内涵深厚，更具有深深的人文精神和价值取向。

儒家文化是中华传统文化的重要组成部分，强调"仁爱""公正""诚实守信"等观念，提倡仁、义、礼、智、信的个人道德修养，倡导以和为贵，强调家族和社会的和谐，主张君君、臣臣、父父、子子的社会伦理关系，强调社会秩序和稳定，这对于社会主义核心价值观的形成产生了深远影响。

---

① 杨贤金.用社会主义核心价值观培育时代新人［J］.红旗文稿，2024（9）：4-8+1.

道家文化主张"和谐"理念，崇尚道法自然，主张无为而治，强调人与自然的和谐共处，倡导内心的宁静与外在的和谐，注重个人的自我修养和精神追求，对于社会主义核心价值观的提出和实施具有重要的指导作用。

法家文化强调法治和秩序，主张"法而治"，以规范个人行为和社会秩序，保证社会的稳定与和谐，这为社会主义核心价值观中的"法治"观念提供了源源不断的滋养。

中华传统文化中的集体主义精神，强调集体利益高于个人利益，强调团结协作，注重和谐共处，对于构建和谐社会，推动社会主义核心价值观的深入人心有着积极的推动作用。此外，中华民族的"人民至上"观念，尊重人民主体地位，强调人民是历史的创造者，是社会主义核心价值观中的"以人为本"思想的源头活水。

以上只是中华优秀传统文化对社会主义核心价值观的部分影响，实际上，中华优秀传统文化的影响远不止于此。如佛教的慈悲为怀、军事文化的忠诚勇敢、农耕文化的辛勤耕耘等，都对社会主义核心价值观的形成起到了积极的推动作用。

（二）深受马克思主义影响

马克思主义是社会主义核心价值观的重要理论来源。社会主义核心价值观的"自由、平等、公正、法治"等原则，都是深受马克思主义影响的明确体现。马克思主义作为一种具有深远影响的哲学思想，其对人民解放、社会公平、民主和科学发展的主张，对社会主义核心价值观的形成具有深远影响。

马克思主义主张人的全面自由发展，这种自由不仅仅是政治的自由，也包括经济的自由、社会的自由以及个体的自由。这种自由观念为社会主义核心价值观中的"自由"原则提供了理论基础；马克思主义主张人人平等，无论是生产资料的共享，还是社会权利的享有，都应当坚持平等原则。马克思主义主张消除阶级差别，实现社会公平，这些理念为社会主义核心价值观中的"平等"原则提供了理论支持；马克思主义主张公正，主张社会资源的公正分配，主张人与人之间的公正交往，主张通过法律实现社会的公正。这些观念为社会主义核心价值观中的"公正"原则提供了理论依据；马克思主义主张科学发展，主张在科学的指导下进行社会的建设，主张用科学的方法来解决社会的问题。这种科学的观念，为社会主义核心价值观中的"科学"原则提供了理论指导。在民主方面，马克思主义主张人民民主，主张人民是历史的主体，是社会改革的力量源泉，主张通过人民民主实现人民的根本利益和基本权利。这种民主的观念，为社会主义核心价值观中的"民主"原则提供了理论依据；马克思主义主张通过法律维护社会秩序，保护人民的权益，实现社会公平。这种法治的观念，为社会主义核心价值观中的"法治"原则提供了理论支持。同时，社会主义核心价值观是马克思主义大众化的重要成果与途径。

在中国特色社会主义新时代，我们确立和坚持马克思主义在意识形态领域的指导地位。新时代党的创新理论深入人心，社会主义核心价值观广泛传播，这是新时代马克思主义大众化的重要成果，同时也是我们砥砺前行过程中的指路明灯。社会主义核心价值观是新时代中国精神的集中体现，凝结着全体人民共同的价值追求。社会主义核心价值观同时是当代马克思主义大众化的重要内容。因此，培育和践行社会主义核心价值观，不仅能帮助广大人民群众树立正确的价值取向，还能使人民群众在正确思想的指导下学习、掌握马克思主义，并将马克思主义科学运用到具体的实践中。

（三）中国特色社会主义道路的理论和实践发展的必然结果

中国特色社会主义道路的理论和实践发展，无疑是社会主义核心价值观形成的重要影响因素。长期以来，中国共产党领导人民走出了一条适应中国国情、独具特色的社会主义道路。这个过程中所积累的丰富经验、深刻教训和独特理念，已经形成了一系列具有中国特色的社会主义理论和价值观。

坚持以人民为中心的发展观，是中国特色社会主义道路的鲜明特色之一。这是一种关于社会发展的人本主义理念，它把人民的利益放在首位，以人民的需求和期待为发展的出发点和落脚点。这种以人民为中心的发展观，既是社会主义核心价值观的理论基础，也是社会主义核心价值观的实践引领。我们以改革的推进与法治化建设为例来说明。

全面深化改革是中国特色社会主义的重要任务。改革是推动中国社会持续前进的动力源泉，是保持中国特色社会主义的活力和生命力的关键。在改革的过程中，我们不断摸索、创新、适应，形成了一系列符合中国国情的改革理念和方法。这种深化改革的精神，深深地影响了社会主义核心价值观的形成。改革的深化发展丰富了社会主义核心价值观的内涵。在改革的进程中，我们逐渐形成了以爱国主义、集体主义、社会公正、法治精神、诚信友善为核心的社会主义核心价值观。这些价值观体现了改革开放以来中国社会的进步和发展，反映了中国特色社会主义的本质要求，具有鲜明的时代特征和中国特色。改革的推进，拓展了社会主义核心价值观的广度和深度。改革不仅在经济领域进行了深刻变革，也在政治、文化、社会等领域带来了深刻的变化。在政治领域，改革强调依法治国、民主决策，推动了法治观念和民主意识的形成。在文化领域，改革倡导创新、开放、多样性，促进了文化多元化和文化自信的发展。在社会领域，改革提倡公平正义、共享发展，推动了社会公平和社会福利的提升。全面深化改革还推动了社会主义核心价值观与时代发展的紧密结合。随着经济的快速发展和社会的进步，人们对于价值观念的需求也发生了变化。改革不断满足人民对美好生活的追求，同时引导人们树立正确的人生观、价值观。在改革的引领下，社会主义核心价值观不断与时代发展相融合，为人们提供了实现个人价值和社会进步的指引。

坚持中国特色社会主义法治道路，是中国特色社会主义建设的重要方面。法治是维护社会公平正义、保障人民权益、促进社会和谐稳定的重要手段。中国特色社会主义法治道路，既坚持了法治的基本原则，也充分考虑了中国的实际国情，形成了一套具有中国特色的法治理论和实践方式。这种法治精神，深刻地塑造了社会主义核心价值观。中国特色社会主义法治道路坚持法治的基本原则，包括法律面前人人平等、依法治国、公正司法等。法治道路强调依法行政、依法治国，要求政府和行政机关在行使权力时依法行事，保障公民的合法权益。同时，法治建设强调司法公正，保障每个人的司法权益和人权。中国特色社会主义法治道路充分考虑了中国的实际国情，注重把握法治与中国社会主义发展的内在关系。法治建设在尊重和保护个人权利的同时，强调社会公共利益和社会稳定，注重平衡各方利益，维护社会的和谐稳定。这种注重实际国情的法治道路，使法治制度更好地适应中国的国情和发展需求。此外，中国特色社会主义法治建设注重推动法治与德治相结合。法治不能仅仅依靠法律制度，还需要有良好的道德风尚作为支撑。法治与德治相辅相成、互为补充，才能使法律规范得到社会共识和遵守，从而更好地实现社会公平正义和人民幸福。中国特色社会主义法治道路的坚持，为社会主义核心价值观的形成和发展提供了重要保障。法治道路强调社会公正、公平，鼓励诚信友善、互助互爱的价值观念。通过法治的实践，人们逐渐形成了尊重法律、讲究道德、追求公正、争创和谐的社会主义核心价值观。

二、社会主义核心价值观的时代发展

（一）社会主义核心价值观的时代意义

社会主义核心价值观以培养担当民族复兴大任的时代新人为着眼点，强化教育引导、实践养成、制度保障，发挥社会主义核心价值观对国民教育、精神文明创建、精神文化产品创作生产传播的引领作用，把社会主义核心价值观融入社会发展各方面，并转化为人们的情感认同和行为习惯。

社会主义核心价值观的提出让广大的人民群众了解在中国特色社会主义新时代，中国共产党要如何带领人民在马克思主义的指导下推进中国特色社会主义的建设，以及在这一过程中营造什么样的社会氛围和思想文化环境。同时，社会主义核心价值观也对人民提出了更高的要求，让广大的人民群众进一步明确应该如何要求自我、规范自我、管理自我、发展自我，有利于帮助人们树立正确的世界观、人生观、价值观。

党的二十大再次强调了社会主义核心价值观的重要性，社会主义核心价值观是凝聚人心、汇聚民力的强大力量。弘扬以伟大建党精神为源头的中国共产党人精神谱系。强调要将社会主义核心价值观融入法治建设、融入社会发展、融入日常生活中。

社会主义核心价值观的广为弘扬，有助于人们更好地理解马克思主义、毛泽东思想、中国特色社会主义理论体系与习近平新时代中国特色社会主义思想，为中国一系列实践的发展指明了总体方向。

（二）社会主义核心价值观的不断发展

社会主义核心价值观是中国特色社会主义的基本价值体系，它包括爱国主义、集体主义、社会公正、法治精神、诚信友善等核心价值观。随着时代的发展和社会的变化，社会主义核心价值观不断丰富和发展。

首先，社会主义核心价值观在时代发展中不断丰富内涵。随着社会进步和人民生活水平提高，人们对于价值观念的需求发生了变化。社会主义核心价值观逐渐融入到人们的日常生活和社会实践中，不断丰富了内涵。例如，在经济发展方面，除追求物质富足，人们更加关注生态环境、可持续发展等价值取向；在社会关系方面，人们强调平等、公平、公正，追求社会公正和人权保障；在文化领域，人们注重文化多样性、民族精神和传统文化的传承等。

其次，社会主义核心价值观在时代发展中不断与时俱进。随着科技进步和社会变革，社会主义核心价值观也要与时俱进，与新时代的特点相契合。在数字化、网络化的时代，社会主义核心价值观需要更好地应对新兴的价值观念和挑战，要加强网络伦理建设，引导人们健康、积极地利用网络和新媒体，推动网络空间成为真正的文明空间。

再次，社会主义核心价值观在时代发展中需要与全球化的趋势相协调。在全球化的背景下，不同文化、不同国家的价值观念间存在着交流和融合。社会主义核心价值观需要保持开放、包容的态度，与世界各国的价值观进行对话和交流，推动不同文明之间的相互尊重、平等对待。

最后，社会主义核心价值观在时代发展中需要与国家治理体系和治理能力现代化相配套。社会主义核心价值观是国家治理体系和治理能力现代化的重要指导原则。在国家治理过程中，需要通过法治建设、文化建设、道德建设等方面的努力，促进社会主义核心价值观的实践和传播。

第二节　社会主义核心价值观与新时代高校思想政治教育融合育人的价值

一、帮助学生树立正确价值观

社会主义核心价值观是对社会主义最本质的价值追求的高度概括和深刻把握。社会主义核心价值观包括全体人民共同遵循的国家层面的价值观、社会层面的价值观和公民个人层面的价值观，它提出了国家、社会、公民个人应该追求和坚守的价值。这种价值观强调了人的全面发展，追求富强、民主、文明、和谐的社会环境，积极倡导自由、平等、公正、法治的社会秩序，尊崇爱国、敬业、诚信、友善的公民道德。

对于新时代的高校思想政治教育来说，引入社会主义核心价值观，是要引导学生树立正确的世界观、人生观、价值观，形成正确的社会主义道德观念。这是一个有深远影响的教育过程，因为价值观是人生活中最深层次的导向，是决定人的行为选择和生活方式的关键因素。

通过社会主义核心价值观的引入，学生可以明确人生的价值取向，理解社会主义的道德要求，从而在个人成长的过程中，有明确的道德标准和行为准则。这种明确的价值取向和行为准则，对于学生的全面发展具有重要指导意义。他们不仅能够形成正确的社会责任感和使命感，而且能够积极投身于社会实践，实现自我价值。社会主义核心价值观是一个完整的价值体系，涵盖国家、社会和个人三个层面，体现了人与社会、人与自然、人与人之间的和谐关系。学生通过理解和实践这一价值体系，可以全面提升个人素质，形成健全人格，更好地适应社会生活。

二、促进个人全面发展

社会主义核心价值观对于个人全面发展的启示，体现在其对人的全面发展的理解和重视。社会主义核心价值观坚持人的全面发展，这对于高校教育的人本主义理念，无疑是一种有力的支撑。教育者应该认识到，教育的首要任务是促进人的全面发展，而人的全面发展离不开价值观的引导和塑造。

社会主义核心价值观对个人全面发展的影响，体现在它关注和强调的各个方面。比如，富强强调国家的发展和个人的物质生活质量的提高；民主重视人民主体地位和参与决策的权利；文明倡导精神文明的建设，强调人的精神生活和文化修养的提升；和谐主张社会的和谐稳定，强调人与人、人与社会、人与自然的和谐相处。这些理念，不仅关注人的物质生活，也强调人的精神生活和社会生活，这是对人全面发展的全方位的关注和追求。

因此，在新时代的高校思想政治教育中，高校需要将社会主义核心价值观真正融入到教育的全过程中，引导学生理解并接受这些价值观，使他们在道德、智力、体质、美学等方面获得全面发展。具体来说，我们可以通过设置相关课程，组织丰富多样的活动，利用现代化的教育技术等方式，让社会主义核心价值观成为高校教育的重要内容，使之真正渗透到学生的学习、生活和实践中，从而实现学生的全面发展。

三、提升教育质量和效果

社会主义核心价值观对提升新时代高校思想政治教育的质量和效果具有重要意义。在全球化、信息化的新时代背景下，社会的发展呈现出一系列新的特征，为思想政治教育带来了新的问题与挑战。社会主义核心价值观的引入，可以帮助我们更好地应对这些挑战，提升教育的质量和效果。社会主义核心价值观对于思想政治教学效果的提升主要体现在以下几个方面：

首先，社会主义核心价值观以其鲜明的时代特征，能够使思想政治教育内容更加接近学生的生活实际。在当前的社会环境下，学生们的生活丰富多样，他们思想活跃，视野开阔。传统的思想政治教育内容，往往难以吸引他们的注意力，而社会主义核心价值观则提供了一个新的视角，使教育内容更具时代性和现实性，更能够吸引学生的注意力。

其次，社会主义核心价值观的实施可以提高思想政治教育的针对性和实效性。通过对社会主义核心价值观的理解和实践，可以帮助学生建立正确的世界观、人生观和价值观，使他们能够更好地适应社会的发展，更好地为社会服务。同时，通过不断地实践和反思，可以使学生对社会主义核心价值观有更深入的理解和认同，从而提高思想政治教育的实效性。

最后，社会主义核心价值观的实施，还可以促进思想政治教育的创新和发展。在教学方法上，可以采用情境教学、案例教学、互动教学等多种形式，使学生在实际的生活中体验和实践社会主义核心价值观。在教学内容上，可以结合社会主义核心价值观，对传统的思想政治教育内容进行改革和创新，使之更符合时代的要求。

四、塑造积极健康的校园文化

社会主义核心价值观对塑造积极健康的校园文化具有重要的推动作用。新时代的高校，作为培养新一代社会主义建设者和接班人的重要基地，其校园文化对于学生的成长和发展有深远影响。社会主义核心价值观弘扬的积极、健康、向上的精神风貌，如果能在校园中广泛传播和深入人心，必将对校园文化产生积极的引领作用，为塑造有利于学生全面发展的良好环境提供重要支撑。

社会主义核心价值观是校园文化建设的重要任务。高校的校园文化包括物质文化、制度文化、行为文化和精神文化等层面。文化育人的功能集中体现在通过正向文化输出，潜移默化地引导学生形成正确的世界观、人生观、价值观，是德育和美育的培养过程。[①] 社会主义核心价值观的精神内涵，既可以深化到校园物质文化的设计和布局中，如校园的标识、雕塑和建筑等；也可以融入到校园制度文化和行为文化中，如校规校纪、教育教学活动、社团活动等；更应成为校园精神文化的核心部分，引导学生树立正确的世界观、人生观和价值观。

社会主义核心价值观可以作为提升校园文化质量和魅力的重要手段。一个充满活力、富有创造力的校园文化，可以在学生中产生广泛的共鸣，使他们愿意接受并认同。社会主义核心价值观所蕴含的理念，如"富强、民主、文明、和谐"等，可以引导学生积极面对生活，热爱集体，树立远大志向，这对于激发学生的学习热情、提升校园文化的吸引力，都有着重要作用。社会主义核心价值观对于建设和谐稳定的校园环境同样具有重要作用。社会主义核心价值观倡导公平、公正、和谐的社会理念，如果得以在校园生活中落实，必能够营造一个和谐、稳定、有序的校园环境，使学生在积极健康的氛围中学习和生活，有利于他们的健康成长。

第三节　新时代社会主义核心价值观培育的新要求

一、坚定中国特色社会主义共同理想追求

新时代要求培育学生对中国特色社会主义共同理想的坚定信仰和追求。学生应深刻认识到中国特色社会主义的理论与实践成就，坚定对共产主义远大理想和中国特色社会主义事业的信心和热爱。坚定中国特色社会主义共同理想追求是新时代社会主义核心价值观培育的重要要求，在这个过程中，高校教育起

---

① 舒立春．推进校园文化提能增效着力培养时代新人［J］．中国高等教育，2023（Z3）：8-11.

着重要作用，高校除培养学生对于中国特色社会主义共同理想的坚定信仰和追求，还需要深入挖掘和阐释中国特色社会主义的理论与实践成就，激发学生对共产主义远大理想和中国特色社会主义事业的信心和热爱。

高校应该注重中国特色社会主义的理论教育，借助思想政治课这一主渠道，通过开设相关的理论课程，如中国特色社会主义理论体系概论、中国特色社会主义思想道德修养与法律基础、马克思主义基本原理等，帮助学生深入了解中国特色社会主义的基本原理和核心观点。通过学习这些理论知识，学生能够理解中国特色社会主义的价值追求、发展道路和制度优势，进而坚定对中国特色社会主义共同理想的信仰。

高校应该在育人过程中坚持理论与实践相结合，积极引导学生深入参与中国特色社会主义的实践活动。实践是培养学生对中国特色社会主义共同理想追求的重要途径。高校可以组织学生参与社会主义核心价值观的宣传活动、社区服务、志愿者活动等，让学生亲身感受到社会主义核心价值观在实践中的力量和影响。通过实践，学生能够深入了解社会的发展需求，体验社会主义核心价值观在实际生活中的价值，从而更加坚定对中国特色社会主义共同理想的追求。

思想政治教育能够引导学生树立正确的世界观、人生观、价值观。通过开展思想政治教育课程、组织主题讲座、举办社会实践活动等形式，高校可以加强对学生的思想引导和教育，帮助他们树立正确的价值取向和追求，增强对中国特色社会主义共同理想的认同和坚持。

二、培养社会责任感和公民意识

培养学生的社会责任感和公民意识是新时代社会主义核心价值观培育的重要任务。在当今复杂多变的社会环境中，学生需要具备关注社会问题、关心他人，积极参与社会公共事务的意识和能力。这要求学校在思想政治教育中加强对学生社会责任感和公民意识的培养，使其具备法治观念、诚信意识和环境保护意识，积极维护社会公正、公平和社会稳定。

培养学生的社会责任感和公民意识，首先，高校应注重学生的社会问题意识培养。学生需要了解社会现实，关注社会问题的发展趋势和影响，培养对社会问题的敏感性和责任感。对此，学校可以通过开设相关课程，如社会学、社会问题研究等，用学科交叉学习的方式引导学生了解社会问题的本质、社会问题产生的原因和解决方法，增强他们对社会问题的认知和思考能力。同时，组织学生参与社会调研、实地考察等活动，让他们亲身感受社会问题的现实性和紧迫性，培养他们对社会问题的关注和解决意识。

其次，高校应强化学生公民意识的培养。公民意识是作为社会成员履行公民责任的意识和行动能力。高校可通过开设公民教育课程、组织公民讲座等形式，引导学生了解公民权利和义务，学习国家法律法规和公共事务的基本知识，培养他们的法治观念和诚信意识。此外，高校可以通过组织相关实践活动等方式，让学生亲身体验公民参与和公共事务决策的过程，激发他们对公共事务的兴趣和参与意愿。

最后，高校可以通过建立相关评价制度、奖励机制和提供参与社会公共事务的机会，激励学生积极参与社会实践和公益活动。通过奖励制度和荣誉评选，鼓励学生在社会责任领域的表现和成就，提升他们的社会责任感和公民素养。同时，高校可以积极与社会各界建立合作伙伴关系，为学生提供更多参与社会实践和公共事务的机会，让他们在实践中学习、成长并做出贡献。

三、强调创新精神培育

当今时代，创新已经成为引领发展的首要驱动力，在科技水平日益提高和全球化不断深入发展的今天，自主创新能力直接影响着一个国家未来的发展。强调创新精神是新时代社会主义核心价值观培育的重要内容。在当前快速发展和不断变化的社会环境中，培养学生的创新精神具有重要意义。学生应具备勇于探索、勇于创新的能力和意识，以应对未来的挑战和机遇。

高校应注重培养学生的科学思维。科学思维指学生通过观察、分析、推理和实证等方法，追求真理、解决问题的思维方式。高校可通过科学教育课程、实验实践等形式，培养学生的科学思维能力，让他们具备提出问题、设计实验、收集数据和分析结果的能力。同时，高校可以鼓励学生参与科学研究项目，培养他们的科学研究能力和创新意识。

培育学生的创新精神，应强调学生的创新意识培养。创新意识指学生对新事物的敏感性、对问题的思考和解决能力，以及对尝试新方法和创造新知识的意愿。高校可以通过创新创业教育课程、创新实践活动等形式，激发学生的创新潜能和创造力。鼓励学生从不同角度思考问题，提供多元化的解决方案，培养他们勇于尝试和面对失败的勇气，激发他们创新的动力和热情。

同时，高校应注重学生的实践能力培养。实践能力是学生将理论知识应用于实际问题解决的能力。高校可以通过实践课程、实习实训、社会实践等形式，让学生接触真实的社会问题和挑战，培养他们解决问题的能力和创新创造的素养。鼓励学生参与创新项目、技术研发和社会服务等实践活动，提高他们的实践能力和创新能力。此外，高校应创造有利于创新的环境和氛围。建立创新创业教育平台，提供创新资源和支持，为学生提供展示才华和实践创新的机会。校企合作在创新精神培育中同样重要。因此，高校可以与企业、科研机构等建立合作关系，促进学生与实际问题的结合，培养他们的应用能力和创新能力。

四、培育开放包容意识

在全球化不断深化发展的今天，国家强调提升开放水平的必要性，因此，培育学生的开放包容意识同样是新时代社会主义核心价值观培育的重要任务。在当今全球化和多元文化的背景下，学生需要具备积极参与国际交流与合作的意识和能力，拓宽国际视野并增强跨文化交流的能力。他们应具备尊重、包容和理解不同文化、不同民族的意识，形成开放的心态和全球视野，为构建人类命运共同体做出贡献。

在当今时代，国家之间的联系与交流日益紧密，高校在育人过程中注重培养学生的国际视野。学生应该了解全球化对世界的影响，了解国际间的交流与合作，以及不同文化之间的碰撞和交融。高校可以通过开设国际事务、国际关系等课程，组织学生参加国际交流活动、留学项目等，让学生亲身体验不同文化的魅力，开阔他们的眼界，增强对全球事务的关注和理解。

为了更好地将包容、开放的意识落到实处，高校应强调学生的跨文化交流能力培养。学生需要具备与不同文化背景的人进行有效沟通和交流的能力。高校可通过开设跨文化交流、跨文化沟通等课程，培养学生的跨文化意识、跨文化交际技巧和跨文化解决问题的能力。同时，组织学生参与国际交流活动、国际学生组织等，让他们与来自不同国家和地区的学生互动交流，增进相互之间的理解和友谊。

在社会主义核心价值观与思想政治融合育人的过程中，同样需要厘清文化继承与交流间的关系。要秉持开放包容，坚持马克思主义中国化时代化，传承发展中华优秀传统文化，促进外来文化本土化，不断培育和创造新时代中国特色社会主义文化。文明的繁盛、人类的进步，离不开求同存异、开放包容，离不开文明交流、互学互鉴。新时代文化的发展，不仅需要从中华优秀传统文化中汲取智慧和力量，还需要以更加博大的胸怀，更加广泛地开展同各国的文化交流，更加积极主动地学习借鉴世界优秀文明成果。因此，在高校思想政治教育实践中，应该教育学生尊重和包容不同文化、不同民族的差异性，形成对多元文化的尊重和理解。高校可以通过开设多元文化教育课程、组织多元文化交流活动等，培养学生的文化相对主义观念和多元文化适应能力。同时，要倡导和营造一个包容的校园文化氛围，鼓励学生分享自己的文化特色，欣赏和尊重他人的文化背景，从而促进不同文化之间的交流和融合。

当然，开放包容意识的培育离不开物质资源支撑，高校可以通过与国际合作伙伴建立广泛的交流合作关系，为学生提供更多参与国际交流与合作的机会。通过建立国际交流平台、组织国际学术会议等，让学生与来自不同国家的学者、专家进行学术交流和合作研究，提升他们的国际合作能力并拓宽全球视野，为其今后坚定社会主义核心价值观、更好地传承和弘扬中华文化，并更好地参与文化交流奠定坚实的基础。

第四节　社会主义核心价值观与新时代高校思想政治教育融合育人的策略

一、重视理论引领

在中国特色社会主义建设的新时代，社会主义核心价值观与高校思想政治教育的融合，已经成为高校思想政治教育改革的重要任务。以马克思主义为指导，坚持用社会主义核心价值观武装学生的头脑，引导他们树立正确的世界观、人生观、价值观，不仅是社会主义高等教育的基本任务，也是培养德智体美劳全面发展的社会主义建设者和接班人的重要内容。将社会主义核心价值观纳入高校思想政治教育课程体系中，是引导学生树立正确价值观的有效途径。这需要在思想政治的教育内容上，对社会主义核心价值观进行全面深入的解读，帮助学生明确个人的发展目标，引导他们树立正确的社会主义核心价值观。课程教学不仅要将理论知识和社会实践相结合，而且要注重理论联系实际，以实际问题为出发点，深化学生对社会主义核心价值观的理解和认同。

在社会主义核心价值观与新时代高校思想政治教育融合育人的过程中，高校要注重以社会主义核心价值观为基础的校园文化建设，通过丰富多彩的文化活动，提升学生对社会主义核心价值观的理解和接受度。这些活动包括演讲比赛、主题班会、社团活动、志愿服务等，旨在通过学生的参与和体验，使他们在实践中深入理解和内化社会主义核心价值观。

当然，教师队伍建设也是实现社会主义核心价值观与高校思想政治教育融合的关键。高校要坚持教师队伍的政治导向，注重提升教师的理论素养和教育教学能力，使他们能够用活泼生动的方式将社会主义核心价值观教给学生。同时，教师要做到言传身教，用自己的行为践行社会主义核心价值观，为学生树立良好的榜样。

二、强调实践参与

在新时代背景下，推动社会主义核心价值观与高校思想政治教育融合育人必须重视实践育人。鼓励学生参与到各种社会实践活动中，以实践的方式体验和感悟社会主义核心价值观，是理论教育和思想引导的重要补充。通过公益活动、志愿服务、实践教学等方式，不仅能让学生在实践中理解社会主义核心价值观，而且能将理论知识转化为实践能力，从而更好地实现教育目标。

实践教学是一种将理论知识与实际操作相结合的教学模式，对于培养学生的实践能力和创新精神具有重要意义。例如，学校可以设立一些实践课程，让学生在教师的指导下，完成一些有实际意义的项目，通过这些项目，学生可以将社会主义核心价值观具体化，将理论知识转化为实践能力。推动实践教学，需要学校、教师和社会的共同参与和配合。学校需要提供丰富的实践平台和机会，教师需要正确引导学生，帮助他们在实践中理解和感悟社会主义核心价值观，社会需要为学生提供更多的实践机会，共同推动社会主义核心价值观与高校思想政治教育的融合。

社会主义核心价值观与高校思想政治教育融合育人与大学生的生活密切相关，因此，高校应该丰富实践育人活动。比如，高校应鼓励并组织学生参加公益活动。这些活动可以是环保、扶贫、老年人照顾等各种形式的社会服务，通过这些活动，学生可以更直观地理解和体验到"和谐、公平、正义"等社会主义核心价值观的内涵。而且，参与这些活动还能培养学生的团队合作能力和社会责任感，对他们的个人发展也有积极影响。

三、塑造校园文化

良好的校园文化塑造是推动社会主义核心价值观与高校思想政治教育融合的重要手段。通过丰富多彩的校园文化活动和创建积极向上的校园文化环境，让社会主义核心价值观无处不在，无时不在，深深渗透到学生的日常生活中。这其中，主题文化周的开展、行为规范的制定和实施以及优秀个人和团队典型事例的展示，都是校园文化塑造促进社会主义核心价值观与高校思想政治教育融合育人的典型实践路径。

主题文化周是校园文化活动的一种常见形式，如"社会主义核心价值观主题周""人文关怀周"等，这些活动通过主题明确、内容丰富的形式，让学生在参与过程中自觉接受社会主义核心价值观的熏陶。同时，主题文化周的开展，可以激发学生的学习兴趣，培养他们的团队协作能力和组织能力。

制定和实施相关行为规范是将社会主义核心价值观落实到学生日常生活的

重要环节，是推动社会主义核心价值观与高校思想政治教育融合的制度保障。学校应制定既符合学生发展需要，又能反映社会主义核心价值观的行为规范，如尊老爱幼、公平公正、诚实守信等，并通过各种方式，如课堂教育、主题班会、墙报展示等，使学生深刻理解这些规范，从而内化为自己的行为习惯。

榜样的力量对于学生个人的成长与发展来说十分重要，学校可以通过展示优秀个人和团队的典型事例，营造良好的校园环境。典型的力量是无穷的，学校可以通过各种形式，如学校网站、公告栏、校报等，展示那些在学习、工作、生活中积极践行社会主义核心价值观的优秀个人和团队，让他们成为学生学习的榜样，激发学生的奋斗精神和爱国情怀。

四、加强协同育人

当前，我国教育正处在转型之中，党的二十大报告强调了新时代推进素质教育的重要性，指出要坚持以人民为中心发展教育，加快建设高质量教育体系，发展素质教育，促进教育公平。强调了加强教育改革的重要性，提出深化教育领域综合改革，加强教材建设和管理，完善学校管理和教育评价体系，健全学校家庭社会育人机制等要点。

在立足于社会主义核心价值观与新时代高校思想政治教育融合的协同育人中，育人主体不再局限于单一的学校，而由学校、家庭、社会共同进行人才培养，不同主体充分发挥自身的教育资源优势，协同开展育人实践。在这一过程中，由政府引领，由学校主导，充分整合教育资源，各主体间形成有效的沟通与交流，形成教育合力，拓展教育空间，更好地推进社会主义核心价值观与新时代高校思想政治教育融合育人的开展。

（一）加强政策引导，明确教育责任

要实现家校社协同社会主义核心价值观与新时代高校思想政治教育融合育人，需要有明确的政策引导，各级政府和教育部门要加大对家、校、社协同的支持力度，明确家庭、学校、社会各自在思想政治教育中的职责和作用。例如，政府可以出台相关政策，要求家长和学校共同承担起培养学生的责任，积极参与学校的教育活动；社会组织要发挥自身的教育资源优势，承担起对大学生的教育责任，为大学生提供丰富多样的学习和成长机会，与学校合作开展丰富的思想政治教育活动。

（二）构建家、校、社合作机制，促进多方共建

构建家、校、社合作机制，要求家庭、学校、社会多方共同参与，形成良好的教育生态。家长、教师、社会组织要建立定期沟通、交流的平台，共同讨论青少年的成长问题，并制订合理的教育方案。

学校是最重要的教育场所，其聚集着大量的优质教育资源。要推动育人资源优化整合，构建"大协同"育人机制①。因此要整合资源，创建更多有利于学生学习和发展的环境，包括优秀的师资资源和学术研究条件，能够提供丰富的学习资源，如图书馆、数据库等，同时包括营造和谐、宽松的学习氛围，尊重每位学生的个性和创新精神，鼓励他们积极探索和实践。但学校的教育资源毕竟有限，随着时代的发展，协同育人理念越发受到广泛的认可，多元主体协同育人能够调动更多的优质教育资源，集合更多的教育力量，拓展教育空间，提升教育质量。在这种背景下，构建家校社合作机制对于社会主义核心价值观与新时代高校思想政治教育融合育人来说非常重要。

家庭教育具有基础性和持久性的特点。婴儿出生以后最早接受的教育来自家庭，然后逐渐融入社会，家庭教育的方式和内容是人一生中接受到最早最基础的教育。家庭教育也具有全面性和感染性。家庭教育的内容是全方位的，其涉及的内容是广泛的，包括青少年的衣食住行、德智体美劳和情感等。家庭对青少年思想道德素质的教育影响是终身的，为青少年群体步入学校和社会的思想道德素质的培育奠定了坚实的基础，无时无刻不在影响学校德育的效果，也是落实社会主义核心价值观，更好开展思想政治教育，帮助学生构建相对完善的思想道德体系的重要环节。

在家、校、社协同育人中，社会同样是重要的育人主体之一。社会为学生提供了广阔的学习、实践和发展的舞台，它既是学生认识和体验思想政治理论知识、形成和提升思想政治观念的实践场所，也是学生扩展知识、提高综合素质、实现个人价值的重要平台。社会为学生提供了丰富的学习和实践资源。在社会中，学生可以接触到各种各样的人和事，获得与课堂教学不同的学习体验。他们通过参加各种社会实践活动，如志愿服务、社区访问、文化考察等，深入了解社会现状，体验马克思主义及其中国化成果的魅力，深化对思想政治理论的理解。通过一系列的社会实践活动，可以帮助学生从实际生活中汲取知识，提升技能，培养良好的社会责任感和公民意识。社会为学生提供了广阔的发展机会。无论是企事业单位、政府机关，还是非营利组织，都可以成为学生实习和就业的平台，帮助他们将所学知识应用到实际工作中，实现自我价值。同时，通过与社会的互动交流，学生可以锻炼自己的沟通能力，培养团队协作精神，提高问题解决能力，这对他们未来的职业发展大有裨益。

（三）拓展思想政治教育内容，注重实践体验

要实现家、校、社协同开展思想政治教育，需要拓展思想政治教育的内

---

① 梅纪萍，周建祥."大思政课"视域下"五维协同"育人模式研究［J］. 江苏高教，2024（2）：103-107.

容，注重学生的实践体验。由于育人主体的扩展，思想政治教育的教育空间与教学资源得到了极大的拓展。同时，思想政治教育与社会主义核心价值观本身与学生的生活之间有着密切的联系，因此，其教育内容必须与实践充分结合，才能深入学生的内心。在教育实践中，学校要将思想政治教育融入课程体系，家庭要将思想政治教育融入日常生活，社会要将思想政治教育融入公共服务之中，使思想政治教学与实践生活紧密相连。具体到社会主义核心价值观与新时代高校思想政治教育融合育人中，学校可以开设思想政治教育实践课程，让学生在实践中学习和体验社会主义核心价值观，培养社会责任感；家庭可以在日常生活中引导孩子关注时事政治，教育孩子遵纪守法，树立正确的世界观、人生观和价值观；社会各界可以举办公益活动、志愿服务活动等，让青少年参与其中，感受社会的温暖和责任。

（四）创新思想政治教育方法，提高教育效果

家、校、社协同开展思想政治教育，要不断创新教育方法，提高教育效果。学校要运用现代教育技术，如多媒体、网络等，丰富教学手段；家长要因材施教，关注孩子的兴趣特点，引导学生健康成长；社会要充分利用社会资源，为学生提供丰富多彩的学习和成长平台。在社会主义核心价值观与新时代高校思想政治教育融合育人实践中，学校可以运用网络资源，开展线上思想政治教育课程，让学生在互动中学习思想政治知识；家庭成员可以参加相关社会公益活动，培育学生核心价值观；社会各界可以充分利用博物馆、纪念馆等场所，开展丰富多彩的思想政治教育活动，让大学生在实践中感受中华民族宏伟的历史和优秀的文化。

五、完善制度保障

制度保障策略是实现社会主义核心价值观与高校思想政治教育融合的重要保障。具体而言，需要通过建立和完善相关制度，保障社会主义核心价值观在高校的全面落实。应将社会主义核心价值观纳入高校的章程、规章制度和教育教学方案中，使其在制度层面得到充分的保障。

高校应将社会主义核心价值观纳入学校章程，明确学校的办学理念和价值取向，为学校的各项工作提供方向。学校章程是学校的根本大法，对学校的办学理念、教育目标、组织结构、管理方式等进行了全面规定。将社会主义核心价值观纳入学校章程，可以从制度层面保证其在学校的全面落实。

高校应充分发挥主观能动性，将社会主义核心价值观融入各项规章制度，如教学管理制度、科研管理制度、学生行为规范等，让社会主义核心价值观成为高校各项工作的基本遵循。规章制度是对学校各项工作进行规范和指导的重要工具，将社会主义核心价值观纳入其中，可以使其在学校各项工作中得到全面落实。

同时，高校应将社会主义核心价值观纳入教育教学方案中，引导教师在教学中充分体现社会主义核心价值观。教育教学方案是对教育教学过程进行规划和指导的重要工具，将社会主义核心价值观纳入其中，可以使其在教学过程中得到充分体现。

制度保障的制定与实施，需要高校管理者、教师和学生的共同努力。高校管理者需要具有高度的制度观念和规范意识，教师需要在教学中充分体现社会主义核心价值观，学生需要在学习和生活中遵循社会主义核心价值观。只有这样，社会主义核心价值观才能在高校得到全面落实，实现社会主义核心价值观与高校思想政治教育的真正融合。

第五章

红色文化与新时代高校思想政治教育的融合

红色作为中国共产党的象征色，在历史的洪流中越发闪耀。鲜活的红色文化资源为思想政治教育提供了丰富的素材，科学有效运用红色文化资源是提升思想政治教育实效的重要手段[①]。高校作为意识形态的主阵地，高校思想政治理论课是社会主义意识形态的主渠道，在红色文化整合、转化、传承、发扬上具有重要责任。新时代，只有大力传承红色基因、弘扬红色文化，才能引导莘莘学子把爱国情、强国志、报国行融入实现中华民族伟大复兴的中国梦之中。

第一节 红色文化的内涵与特征

一、红色文化的内涵

红色文化是在革命战争年代，由中国共产党人、先进分子和人民群众共同创造并极具中国特色的先进文化，蕴含着丰富的革命精神和深厚的历史文化内涵，它是一种重要的文化资源，包括物质文化和非物质文化。

红色文化源于中国共产党的革命历程和社会主义建设实践，是中华优秀传统文化、革命文化和社会主义先进文化的有机统一。它旨在表达和传承以马克思主义为指导，实现中国人民和中华民族伟大复兴的共产主义理想和社会主义信念。

红色文化有广义与狭义之分，广义的红色文化指世界社会主义和共产主义运动整个历史进程中形成发展的人类进步文明的总和。狭义的红色文化指中国共产党领导人民进行的革命和建设进程中形成发展的，以社会主义和共产主义为指向的，把马克思列宁主义与中国实际相结合，兼收并蓄古今中外的优秀文

---

① 赵政，郭家才.红色文化资源的思想政治教育功能及其实现［J］.学校党建与思想教育，2023（20）：37-40.

化成果而形成的文明总和。从文化的形态和形式看，中国红色文化可分为广义和狭义两种，广义的中国红色文化包括物质文明、政治文明、精神文明、社会文明、生态文明等各种文明形态。狭义的中国红色文化特指以文化形态表现出来的，体现社会主义、共产主义方向和目标的文明形态。红色文化最根本的特征是"红色"，它具有革命性和先进性相统一、科学性与实践性相统一、本土化与创新性相统一以及兼收并蓄和与时俱进相统一等特征。

我们所研究的红色文化是以中国特色的先进文化为主，兼具红色文化广义的内涵，从这一角度看，红色文化的内涵可从以下几方面理解：

（一）理想信念

理想信念是红色文化的核心，它代表了一种坚定的政治立场和强烈的使命感。以马克思主义为指导的共产主义理想和社会主义信念，是红色文化中理想信念的具体体现，是中国共产党人的政治灵魂和精神支柱。

在马克思主义的指引下，红色文化对社会主义理想和共产主义理想进行了深入阐述，强调这种理想信念对于社会进步和人类发展的重要作用。它认为，共产主义理想是对全人类最终实现自由、平等、博爱的理想社会的追求，是人类社会发展的最高理想；社会主义理想是在当前阶段，为了实现共产主义理想，必须坚定理想信念。社会主义理想主张通过社会主义制度，消灭社会的剥削和压迫，实现人的全面发展。

坚守人民立场，是红色文化中理想信念的重要内容。人民是历史的创造者，是国家和社会的根本。红色文化强调，一切为了人民，一切依靠人民，深入人民，服务人民。红色文化通过人民的伟大斗争和光荣传统，弘扬和传递人民主体地位，激励广大人民群众为实现社会主义理想和共产主义理想而奋斗。

红色文化中的理想信念，弘扬了伟大的革命精神。革命精神是中国共产党人的宝贵财富，包括坚定信念、艰苦奋斗、实事求是、为人民服务、敢于斗争、敢于胜利等。这种精神激励着中国共产党人和中国人民，不怕困难，不怕牺牲，坚韧不拔，奋勇前进，为实现社会主义和共产主义理想而不懈努力。

（二）革命精神

红色文化的源泉是中国共产党的长期革命斗争，这一伟大的历史进程孕育了丰富而独特的革命精神。这种革命精神是红色文化的灵魂，它既具有深厚的历史底蕴，也具有鲜明的时代特色。

坚定信念是红色文化中革命精神的核心。长期的革命斗争让中国共产党人坚定了实现共产主义理想和社会主义信念的决心，只有坚守理想，才能在复杂严峻的斗争中保持清醒的头脑，战胜各种困难和挑战。坚定的信念让广大人民在中国共产党的领导下，在逆境中不失方向，在黑暗中始终能看到光明；艰苦奋斗是红色文化中革命精神的重要体现。中国共产党人在艰难困苦的环境中进行革命斗争，面对生死关头，始终坚持人民的利益高于一切，不怕困难，不畏牺牲，以坚韧不拔的毅力克服了一个个看似不可逾越的难关，红色文化蕴含着丰富的精神品质与理想信念。为人民服务是红色文化中革命精神的鲜明特色，中国共产党人始终坚持人民立场，坚信人民是历史的创造者，他们一切的工作和斗争都是为了实现人民的解放和幸福。他们视人民的利益为最高利益，无私地奉献自己的一切，用实际行动诠释了"全心全意为人民服务"的庄严承诺；勇于牺牲、团结互助、追求真理和创新进取也是红色文化中革命精神的重要组成部分。勇于牺牲体现了中国共产党人无私奉献、舍生取义的伟大精神；团结互助体现了他们坚持集体主义，以团结一致的力量战胜困难的精神品质；追求真理体现了他们坚持实事求是，以科学态度对待一切问题的思想品格；创新进取体现了他们敢于突破旧的思想框架，积极探索和实践新的工作方法及斗争策略的革命精神。

（三）革命传统

红色文化是在中国共产党领导的伟大革命斗争中诞生和发展起来的，它所弘扬的革命传统，是对中国共产党和人民军队光荣历史的记忆和赞美。这种记忆和赞美是我们的精神财富，是我们不断前进的力量源泉。

首先，红色文化以独特的方式记忆革命历史。无数的红色故事、红色歌曲、红色影视作品、红色题材的书籍和文章，以各种方式讲述着革命的历史，传承着革命的精神。这些作品以真实的历史事件和人物为基础，以生动的艺术形式，向人们展现了中国共产党人和广大人民群众为实现民族独立和人民解放所进行艰苦卓绝斗争的历史画卷。让我们看到了中国共产党人的坚定信念、英勇奋斗、无私奉献、艰苦创业、实事求是、群众路线、民主集中制、严明纪律等革命传统和优良作风，让我们深深感受到革命的伟大和崇高。

其次，红色文化本身是保持和发扬革命传统的文化保障与精神支撑。革命传统是中国共产党和人民军队的宝贵财富，是我们党和军队的生命线。红色文化弘扬革命传统，要坚守人民立场，坚持党的基本路线，坚持马克思主义，坚持社会主义道路，坚持以人为本，坚持改革开放，坚持社会主义法治，坚持全面深化改革，坚持习近平新时代中国特色社会主义思想等。

（四）革命艺术

红色文化的艺术内涵极为丰富，这种艺术表达方式深入人心，充满了生动、感人的情感和故事。它们描绘了中国人民在中国共产党的领导下进行革命斗争的历程，展示了人民大众的英勇斗争和无私奉献精神，唤起人们对理想的热爱和追求。

以日常生活中常见的艺术展现形式与途径为例，红色歌曲是红色文化的重要载体，它们以朴素的语言和激昂的旋律，唤起人们的革命情感，激发人们的革命热情。红色电影是红色文化的又一重要载体。红色电影通过视觉艺术的形式，将革命历史和革命精神以影像的方式传播出来。红色文学作品以其深刻的思想内涵和艺术表现力，深受广大读者的喜爱。它们描绘了革命时期的生活，展示了人民群众和共产党人的精神风貌，弘扬了革命精神和社会主义核心价值观。

二、红色文化的特征

（一）人民性

人民性是红色文化的一种鲜明特征，这一特性源自红色文化的诞生过程和实践基础。在中国的革命历史中，广大人民群众以血与火编织了一幅幅磅礴大气的历史画卷，而红色文化正是在这样的背景下应运而生，沉淀了丰富的人民智慧，表达了人民群众的历史记忆、情感寄托和理想追求。

从井冈山的星星之火，到延安的万里长征，再到解放战争的胜利，每一次伟大的历史转折，都留下了深深的人民印记。这些印记成为红色文化的核心部分，被历史和人民深深记住。在漫长的革命斗争中，人民群众为了解放和幸福付出了巨大的努力和牺牲，红色文化以其独特的艺术形式和内容，传递和激发了人民的爱国热情和革命情感，成为人民群众情感寄托的重要载体。红色文化始终弘扬共产主义远大理想和中国特色社会主义共同理想，这一理想不仅是中国共产党人的理想，也是广大人民群众的理想。红色文化以其鲜明的理想色彩，点燃了人民的信念之火，激励着人民群众不断奋斗、不断前进。

（二）革命性

革命性是红色文化的显著特征之一。红色文化以马克思主义为指导，旨在弘扬无产阶级革命精神，通过坚定的立场、鲜明的态度和坚决的行动，对旧世界进行彻底的批判和否定，对新世界进行充满希望的描绘和追求。红色文化强调革命精神的传承和发扬。革命精神是红色文化的核心，包括无私奉献、坚定信念、舍小家为大家、为人民服务等价值观念。红色文化通过弘扬革命精神，激励人们勇往直前，不断奋斗，为实现社会主义事业的伟大目标而努力。革命精神鼓舞人们在面对困难和挑战时保持坚定，勇敢地面对矛盾和斗争，为实现社会变革和进步而付出一切努力。

（三）教育性

教育性是红色文化在传承中展现出来的一种特征。红色文化通过丰富的艺术形式和内容，具有强大的教育意义。它以道德教育和思想启蒙为目标，通过艺术作品、音乐、戏剧、电影等多种表现形式，向人民群众传递正面的价值观念，激发他们的爱国情怀和奋斗精神。当今时代，红色文化作为一种重要的教育资源，被广泛应用于学校教育、群众文化活动等场合。通过红色文化的传播和教育，可以增强人们的爱国情怀、民族自豪感和社会责任感，激发他们为实现中国特色社会主义事业的伟大目标而努力。

（四）时代性

时代性是红色文化的重要特征之一。红色文化与时代息息相关，它积极回应时代问题，推动时代发展，引导时代精神，具有强烈的时代性。

红色文化始终积极回应时代问题。在不同的历史时期，红色文化始终关注和回应社会的紧迫问题和挑战。无论是革命斗争时期还是社会主义建设时期，红色文化都以人民的利益为导向，关注社会矛盾和问题，并通过艺术、文学、思想等表达形式，深入剖析问题的本质，提出解决问题的思路和方法。红色文化积极推动时代发展。红色文化以马克思主义为指导，始终与时代的进步和社会的发展相联系。它通过对社会现象和历史进程的观察和思考，提出对时代发展具有指导意义的理论观点和实践经验，为推动社会的进步和发展做出贡献。红色文化以其独特的创作和表达方式，对时代的变迁和发展产生了积极的推动作用。

红色文化能够引导时代精神。红色文化通过表达社会主义核心价值观、弘扬社会主义精神，引导人们形成积极向上、奋发有为的时代精神。它以坚定的理想信念和崇高的人民情怀，塑造和传播正能量，激励人们追求真善美和社会公正，引领时代的价值取向和精神追求。在新时代，红色文化仍然具有重要意义。随着时代的发展和变革，红色文化需要与时俱进，不断回应新的时代问题，推动新时代的发展和进步。红色文化可以通过丰富的表现形式和内容，与新技术和新媒体相结合，更好地传递社会主义核心价值观，引领时代潮流，激发人们的创新创造和奋斗精神，推动社会的繁荣和进步。

（五）传承性

红色文化源自中国的革命历史，承载着中国共产党的革命传统和精神。红色文化将革命历史、英雄人物以及革命精神等元素进行了艺术化的创作和传播，使之得以历久弥新地传承下来，因此具有鲜明的传承性。

革命历史是红色文化的生命线。从辛亥革命到抗日战争，再到解放战争，每段历史都留下了深深的红色印记。红色文化以特殊的方式传播这些历史记忆，让革命历史在新的时代背景下得以延续。红色文化中充满了对革命英雄的尊崇。无论是毛泽东、周恩来等革命领导人，还是无名英雄，他们的事迹和精神都被红色文化以诗歌、歌曲、电影等形式传播开来，成为人们学习的榜样。革命传统是红色文化的灵魂。艰苦奋斗、实事求是、全心全意为人民服务等革命精神，都在红色文化中得以保持和发扬。这些传统既是历史的，又是现代的；既是理想的，又是实际的。

红色文化的传承性不仅体现在对过去的记忆，更体现在对未来的期待。在新的历史条件下，红色文化以其鲜明的传承性，继续引领中国社会前进的方向，激励人们坚定理想信念，奋发有为。

（六）创新性

红色文化不仅具有传承的功能，还积极吸收、借鉴、消化和改造各种优秀文化，不断创新文化形式和内容，使其始终充满生机和活力，具有强烈的创新性。

首先，红色文化在形式上始终进行着创新。红色文化通过不断探索和尝试，创造出多种多样的艺术形式和表达方式，如歌曲、舞蹈、话剧、电影等。这些新颖的形式不仅丰富了红色文化的表现力，也使其更贴近时代和群众，更具吸引力和感染力。红色文化在形式上的创新，为人们提供了更多展示和传播社会主义核心价值观的途径。

其次，红色文化在内容上也进行着创新。红色文化以马克思主义为指导，通过对社会主义核心价值观的解读和阐释，将其与当代社会问题相结合，形成新的思想观念和表达方式。红色文化不断吸收各种优秀文化的精华，融入到自身的创作和表达中，以更丰富、多元的内容回应时代需求，引领人们思考和探索社会发展的方向。

最后，红色文化在文化创新上具有开放性。它积极吸纳和借鉴其他优秀文化的成果，不断消化和改造，使其与红色文化相融合。这种开放性使红色文化能够汲取其他文化的精华，为自身的创新提供更广阔的思路和资源，使其更具包容性和影响力。红色文化的开放性为不同文化之间的对话和交流提供了平台，促进了文化的多元发展。

在新时代，红色文化的创新性仍然具有重要意义。面对新的社会变革和文化发展，红色文化需要保持对时代的敏感性和前瞻性，不断进行创新和改革。它可以通过引进新的艺术形式、拓展文化领域的边界、探索新的思想观念等方式，为实现中国特色社会主义事业的发展注入新的活力和动力。

第二节　红色文化在新时代高校思想政治教育中的育人功能

一、引导学生树立正确的价值观

在当前的信息化社会，学生面临着多元价值观的冲击，如果缺乏正确的价值观导向，可能会对他们的人生观、世界观产生负面影响。因此，引导学生树立正确的价值观是高校思想政治教育的重要任务。红色文化以马克思主义为指导，倡导社会公平、正义，尊重人民的创造性，这些都是正确的价值观，符合社会主义价值取向。红色文化的教育是要通过学习中国共产党领导人民进行革命、建设、改革的历史，让学生明确人生的目标、方向，树立积极向上、人民至上的价值观。

红色文化以马克思主义为指导，倡导共产主义理想，这种价值观体现了马克思主义的科学性和先进性。共产主义理想是人类社会的最高理想，是人类追求自由、平等、公正的最高境界。这种价值观引导学生坚定马克思主义的信仰，坚守人民立场，坚定人民至上的价值取向，积极投身社会主义建设，为实现人类的共同理想而努力奋斗。红色文化弘扬的公平、正义等价值观，符合社会主义的本质要求。在红色文化中，公平、正义是共产党人争取人民权利、改善人民生活、推进社会进步的重要动力。这种公平、正义的价值观体现了马克思主义的人道主义精神，即人是社会历史发展的主体，每个人都应享有平等的权利和尊严。这种价值观既符合社会主义的本质要求，又符合现代社会的发展潮流；红色文化尊重人民的创造性，这种价值观体现了人民是历史的创造者这一基本观点。在红色文化中，人民是推动历史发展的主力军，他们用自己的智慧和力量，创造出一切社会财富，推动社会前进。这种尊重人民创造性的价值观，有助于学生树立人民至上的观念，尊重和信任人民群众，以人为本，关注人的全面发展。

二、培养学生的社会责任感

红色文化作为中国共产党领导的革命历史和社会主义建设历史的精神文化遗产，以全心全意为人民服务的精神贯穿其中。这种精神表达的是党和人民的共同使命和责任，体现的是人的尊严和价值。红色文化可以帮助学生明确个人与社会的关系，理解个人的社会责任，增强他们的社会责任感。

首先，红色文化是一种价值导向，是一种道德规范。通过红色文化的学习，可以帮助学生树立正确的世界观、人生观、价值观，引导他们追求高尚的道德品质，树立社会主义核心价值观。在红色文化中，全心全意为人民服务的精神是共产党人的根本宗旨，是他们行为的最高准则。这种服务人民的精神对于学生来说，是他们理解个人与社会的关系，理解个人的社会责任的重要教材。

其次，红色文化的教育可以培养学生的爱国情怀。红色文化中的革命历史故事，如长征、延安精神等都是中国人民为了民族独立和人民解放，团结一心，艰苦奋斗的历史见证。这些故事可以激发学生的爱国情怀，让他们明白自己是中国人民的一分子，应该为国家的发展和人民的幸福负责。

再次，红色文化中的革命精神，如艰苦奋斗、自力更生、为人民服务等，都是对社会责任感的生动诠释。这些精神可以引导学生树立正确的人生观，理解社会责任的重要性，激发他们的社会责任感。

最后，红色文化中的英雄人物和先进典型，如雷锋、焦裕禄等，都是高尚品质和社会责任感的生动体现。这些人物的事迹可以激励学生学习他们的优秀品质，发扬他们的精神，积极承担社会责任。

三、提高学生的历史文化素养

红色文化，作为中国革命文化的重要组成部分，包含着丰富的历史资源和文化内涵，是中国现代历史的重要载体。红色文化教育是新时代高校思想政治教育的重要内容，是提高学生历史文化素养的有效途径。高校要把握住红色文化的教育价值，使其在新时代高校思想政治教育中发挥更大的作用。

第一，红色文化的教育是学生理解中国近现代历史的重要途径。红色文化诞生于中国共产党领导的革命斗争，是我国现代化进程中产生的重要文化现象。通过学习红色文化，学生可以更深入地理解中国共产党的历史地位和历史作用，理解中国人民的革命斗争历程，理解社会主义制度的历史背景和理论基础。

第二，红色文化的教育可以提高学生的历史思维能力。学习红色文化，需要学生具有扎实的历史知识，需要他们学会运用历史唯物主义的观点和方法去研究和解读历史现象。这对于培养学生的历史思维能力，提高他们的历史理解力具有重要作用。

第三，红色文化的教育可以激发学生的爱国情怀。红色文化中的英雄人物和伟大事件，都是中国人民为了国家独立和人民解放，团结一心，英勇斗争的历史见证。这些深入人心的历史记忆，可以激发学生的爱国情怀，增强他们的民族自豪感。

第四，通过对红色文化的学习，学生还可以提升自身的历史价值判断能力。红色文化弘扬的是公正、正义、和平、发展等人类共同的价值理念，它们是对历史的价值判断和历史的道德评价。通过学习红色文化，学生可以更好地理解历史的价值和意义，提高他们的历史价值判断能力。

四、增强学生的民族精神和民族自豪感

红色文化作为中国革命文化的重要组成部分，积淀了中国人民英勇斗争的精神财富和道德力量，体现了中华民族不屈不挠、自力更生、艰苦奋斗、大公

无私的民族精神，是弘扬民族精神和增强民族自豪感的重要载体。在新时代高校思想政治教育中，红色文化能够显著增强学生的民族精神和民族自豪感。

红色文化教育能够使学生深刻理解中华民族的伟大精神。红色文化诞生于中国人民的伟大斗争，它是中国共产党和中国人民团结斗争的历史见证。通过学习红色文化，学生可以了解中华民族面对困难和挑战时所展现出的伟大精神，了解中国共产党如何领导人民实现了民族独立和人民解放，从而深刻理解和认同中华民族的伟大精神。

学生可以通过红色文化的学习提升自己的自信心与民族自豪感。红色文化中的英雄人物和伟大事件，是中华民族自强不息、不屈不挠的鲜活体现，是我们民族精神的具体化。通过学习这些英雄人物和伟大事件，学生可以更加清晰地认识到自己是中华民族的一分子，是继承和发扬民族精神的一员，从而增强民族自豪感和自信心。

红色文化教育有助于培养学生的民族责任感。红色文化教育强调人民的主体地位和历史作用，使学生明白自己是民族历史和未来的主人，是民族伟大复兴的重要力量。这种教育有助于培养学生的民族责任感，激发他们为实现民族伟大复兴而奋斗的决心和勇气。

第三节　红色文化与新时代高校思想政治教育的有效融合途径

一、完善人才培养方案

人才培养方案是高校教育工作的指南，它直接影响着教育教学的方向和质量。完善人才培养方案，使其能够顺应时代发展的需要，满足学生的个性化需求，对于提高教育教学工作的实效性至关重要。完善人才培养方案有助于激发学生的主动性和创新性。一个科学、完整、有针对性的人才培养方案，可以更好地引导学生树立正确的学习观念和价值观，激发他们的学习兴趣和求知欲，培养他们的创新思维和实践能力。思想政治教育是全方位、全过程的，它涵盖了学生的道德品质、公民素质、人格修养等各方面。红色文化蕴含着丰富的思想政治教育价值，因此，将红色文化的内容和要求纳入人才培养方案中，是保证教育工作质量和效果的关键。

在当今社会，红色文化的价值并未因时间的流逝而淡化，反而在新时代的背景下显得更加宝贵。红色文化教育，作为人才培养方案的重要组成部分，具有不可替代的作用。它不仅为青年大学生的成长提供了精神支撑，也为他们未来的发展奠定了坚实的基础。

高校作为培养社会精英的重要基地，有着至关重要的责任和使命，那就是引导学生树立正确的价值观和人生观，培养他们的社会责任感和历史使命感，而关于红色文化的教育活动则是实现这一教育目标的题中应有之义。红色文化是中华民族在艰苦卓绝的斗争中形成的宝贵精神财富，是坚守理想信念、艰苦奋斗、大公无私、忠诚于人民的生动写照。将红色文化教育纳入人才培养方案，是为了让学生在接受专业知识教育的同时，深入了解并积极继承和发扬这些优秀精神品质。

为了将红色文化教育有机地融入到人才培养方案中，需要在新教育理念的指导下，在课程设计、教学方式、实践教育等方面进行全方位的创新。在课程设计上，高校可以开设有关红色文化的专门课程，或者在现有的思想政治教育课程中增加红色文化的内容。在教学方式上，可以利用多媒体、网络等现代技术手段，丰富教学手段，提高教学效果。在实践教育上，可以组织学生参与各种红色文化主题的活动，如参观革命历史纪念地、观看红色影片、读红色经典书籍等，让学生在实践中感受红色文化的魅力。而红色文化教育的实施，不应仅仅停留在课堂内，还应贯穿在学生的日常生活中。我们可以在校园文化建设中加入红色元素，通过举办红色主题的文化活动，营造浓厚的红色文化氛围。同时，要鼓励学生主动参与，如组织红色文化知识竞赛、创作红色主题的文艺作品等，使学生在参与的过程中更深入地了解和感受红色文化。

二、探索体验式红色文化育人模式

为了让青年大学生深入感受红色文化的魅力，更好地弘扬中国共产党人的精神力量，高校可以探索体验浸入式红色文化育人模式，让红色文化"活"起来。同时，可以深入挖掘本地区的红色教育基地，以此为依托，从政治理论课程学习、红色故事情景教学、亲身体验拓展训练等维度的教育模式，打造红色文化教育体验学习社、学习路线等，让学生重走红色之旅，传承红色文化，营造体验浸入式教育的良好氛围，切实提升红色文化教育的亲近感、实效性。

在新时代高校思想政治教育中，体验式红色文化育人模式逐渐成为一种趋势，受到越来越多学校的关注。体验式红色文化育人模式本质上是实践教学的一种形式，这种模式不仅可以增强学生对红色文化的理解，更能使他们深度感受红色精神的魅力，从而在实践中提升思想政治教育的效果。

体验式红色文化育人模式能够让学生有更直观、更深入的认识。红色文化作为中国革命文化的重要组成部分，是我国现代历史的重要载体。通过实地参观红色教育基地、学习研究红色历史文献、听取革命先烈事迹报告等方式，学生可以更为真切地感受到革命先烈们的伟大事迹和崇高精神，从而更加深入地理解红色文化。体验式红色文化育人模式注重参与感和体验感。比起传统的课堂教学，体验式教育更能激发学生的学习兴趣和参与热情。比如，组织学生亲自参与红色故事的情景剧表演，或者进行实地的社会实践活动，这些都能让学生在亲身体验中学习红色文化，从而加深对红色精神的理解和接受。体验式红色文化育人模式还有助于提升教育的实效性。在实际的体验过程中，学生可以亲身感受红色精神的力量，从而对其产生深深的敬仰和向往，这对于树立他们的理想信念、增强社会责任感具有重要的推动作用。此外，体验式红色文化育人模式有助于促进学生全面发展。在体验中，学生可以提升他们的团队协作能力、解决问题的能力、自我表达能力等，这对于他们的个人成长和职业发展都具有重要的推动作用。

三、充分运用红色文化经典作品

在新时代高校思想政治教育中，充分运用红色文化经典作品是增强红色教育效果的重要手段。这些经典作品蕴含着丰富的历史知识和深厚的思想内涵，是传播红色文化、传承红色精神的重要载体。

一方面，红色文化经典作品可以帮助学生深入了解中国革命历史。作为我国现代历史的重要载体，红色文化经典作品生动记录了中国人民的革命斗争，展现了中国共产党人为实现民族独立、人民解放而进行的英勇奋斗。通过阅读和研究这些作品，学生不仅可以了解中国革命历史的重大事件和人物，也可以感受到革命先烈们的崇高精神和伟大品质，从而增强他们的历史文化素养，深化他们对中国革命历史的理解。

另一方面，红色文化经典作品可以激发学生的爱国情怀和社会责任感。这些作品中的革命故事和人物形象，如解决困难、坚持理想、为人民服务等主题，都能引起学生的共鸣，激发他们的爱国情怀和社会责任感。同时，通过对这些作品的深入研讨和解读，学生可以更好地理解和接受马克思主义的基本原理和立场，从而提高他们的思想素质，增强他们的社会责任感。

在红色文化与高校思想政治融合育人的过程中，高校可以精选红色经典，组织开展作品品读与研讨活动，让大学生深切感受到红色文化经典的魅力，接受熏陶和浸润。在红色文化经典作品的遴选上，可由团委、学生会、学生党支部等牵头，通过现代化传媒渠道，搭建红色经典推荐平台，动员大学生利用平台推荐自己喜爱的红色经典，组织学者推荐红色经典。同时，借助学生组织和社团，开展红色经典品读诵读、红色经典读书报告会、红色电影赏鉴等党团日学生活动，并组织开展红色微电影、红色微剧目、红色诗词讲解等实践活动。而站在学生的角度，以丰富的形式重新演绎当代大学生所理解的红色文化经典作品，能够让红色经典"活"起来。

此外，高校可以通过创新的方式和形式，引导学生参与到红色文化经典作品的传播和创新中来，让学生能够更加直观地体验红色文化的魅力，同时将思想政治知识内化于心。比如，可以组织学生进行红色微电影的创作、红色故事的情景剧演绎、红色歌曲的合唱比赛等活动。这些活动不仅能让学生在实践中学习红色文化，也能提高他们的创新能力和实践能力。

四、激发学生主体诉求

在新时代高校思想政治教育中，学生是教育的主体，他们的主体诉求和需求至关重要。只有满足他们的需求，认真倾听他们的声音，才能真正实现教育的目标。同时，高校应该注重生活化教育，将红色文化的教育内容分散到学生日常的学习、工作和生活中，让他们在感知生活的过程中树立良好的道德品质和坚定的理想信念。因此，新时代加强大学生思想政治教育工作，需要调动其主观能动性，多倾听他们的声音，把他们作为教育的主体看待，提高其实现自我价值的能力。同时，要让思想政治教育生活化，用身边人、身边事教育引导大学生。与此同时，需要关注学生的个体差异，将红色文化的教育内容分散到学生日常的学习、工作和生活中，引导学生在感知生活的过程中树立良好的道德品质和坚定的理想信念。

在实际教学中，激发学生主体诉求，需要明确学生的主体地位。在教育过程中，学生不仅是接受者，更是参与者。他们应该有足够的空间去表达自己的观点，发表自己的看法，甚至对教育过程进行反馈。这样不仅可以提高学生的主动性和参与度，也能让他们更好地理解和接受教育内容。教育者要善于倾听学生意见，学生的意见和建议是优化教育的重要参考。此外，教育者需要重视教学反馈的重要作用，应该定期收集学生的反馈，了解他们对教育内容的满意度、对教育方法的看法、对教育效果的评价等，以此为依据，不断调整和改进教育方案。生活是最好的教材，身边的人和事都是最生动的教学案例。教育者可以把红色文化的教育内容融入到学生的日常生活中，让他们在生活中感受红色文化的魅力，体验红色精神的力量。这样，教育不再是生硬的灌输，而是自然的熏陶，更有利于学生的接受和吸收。

五、营造校园红色文化氛围

新时代高校思想政治教育与红色文化的深度融合中，营造校园红色文化氛围是必不可少的一环。红色文化是一种精神象征，包含了伟大的革命精神和爱国主义情怀，通过营造浓厚的红色文化氛围，可以让学生更加深入地感受红色文化，培养了他们的红色情感和红色精神，主要体现在以下三个方面：

第一，高校可以通过丰富的红色文化视觉展示来增强校园的红色文化氛围。比如，可以在宿舍区、教学区、实验区等地方布置红色文化展板，放置革命历史图片、红色经典名言等，这些视觉元素会在学生的日常生活中持续激发他们的红色情感。同时，可以在校园里设立红色文化主题雕塑，或者在墙壁上绘制红色文化壁画，这些都是营造红色文化氛围的有效手段。

第二，高校可以通过举办红色文化活动来营造红色文化氛围。比如，可以组织红色电影观影活动，让学生在感受电影艺术的魅力的同时，能了解红色历史、体验红色精神。也可以举办红色诗歌朗诵会、红色故事讲述比赛等，让学生亲自参与到红色文化的传播和演绎中，进一步提升他们的红色情感和红色精神。此外，可以组织红色文化学习研讨活动，引导学生深入探讨红色文化的内涵和价值，以此提高他们的思考能力和文化素养。

第三，高校可以通过校园的空间设计和环境营造来弘扬红色文化氛围。比如，可以设立红色文化广场、红色文化长廊等，作为学生学习和交流的公共空间。在这些空间中，可以定期举办红色主题活动，让红色文化成为学生日常生活的一部分。同时，可以利用这些空间展示红色文化的物质文化遗产，如革命历史照片、红色文化艺术品等，让学生在日常生活中随时可以接触到红色文化，进一步增强他们的红色情感。

第六章
校园文化与新时代高校思想政治教育的融合

校园文化是社会主义先进文化的重要组成部分，建设校园文化既是对社会文化的完善，也是促进高校思想政治教育有效开展的重要途径。良好的校园文化，以其自身独特的功能和价值，在高校思想政治工作的进行中发挥着重要的作用。

第一节　校园文化的内涵与特点

一、校园文化的内涵

校园文化是以学生为主体，以课外文化活动为主要内容，以校园为主要空间，涵盖院校领导、教职工在内，以校园精神为主要特征的一种群体文化。校园文化是社会整体文化的一部分。校园文化一般取自该学校的精神文化的含义。从内涵上看，校园文化是一个相对宽泛的概念，它包含了很多方面的内容。简单地说，校园文化可以理解为在学校这一特定环境中，学生、教师以及其他职工在学习、工作和生活过程中形成的特定文化现象和文化价值观。

学校作为教学活动开展的主要场所，对于学生的成长和发展具有重要的作用，对于学生的心理和行为产生也具有重要作用，良好的校园文化可以促进学生身心的健康发展，使学生沐浴在美的氛围中，充分调动学生的积极性和主动性，提升学习效率，有利于学生良好学习习惯的养成。相反，不健康的校园文化会对学生的成长和发展产生不利的影响。学生的身心健康是其正常学习、生活、交往、发展的前提和基础，校园文化的好坏直接影响学生心理健康的发展，因此，校园文化的建设应该得到充分的重视。校园文化由物质文化和精神文化构成。物质文化主要包括学校的建筑、设施、花草树木、硬件配套，等等。精神文化主要包括办学理念、校风、学风、教风、人际环境，等等。

（一）硬件文化

硬件文化是校园文化的重要组成部分，它以实体形态存在，具有直观性和观感性。硬件文化在高等教育中扮演了不可或缺的角色，它不仅为学生和教职工提供了物质条件和环境，也反映了学校的办学理念和特色。

硬件文化首先体现在校园的建筑风格上。校园建筑是学校的"面孔"，是校园文化的窗口。从古典的文艺复兴式建筑到现代的高科技建筑，从东方的园林式建筑到西方的哥特式建筑，不同的建筑风格代表着不同的文化背景和教育理念。这些建筑物既有实用功能，也是学校历史和文化的载体。走在校园中，我们可以从建筑物中感受到学校的历史沉淀，感受到学校的精神内涵。

硬件文化还体现在校园的环境布局上。校园环境布局是学校的"肌理"，是校园文化的脉络。一个学校的环境布局能够展现出其教育理念，如注重科研的学校可能会有更多的研究所和实验室，注重人文教育的学校可能会有更多的图书馆和阅览室，注重体育的学校可能会有更多的运动场地。同时，环境布局也关乎学生的生活品质，如校园内的绿化、休闲区域和生活设施都直接影响着学生的学习和生活。

硬件文化更体现在校园的设施设备上。设施设备是学校的"器官"，是校园文化的功能。优良的设施设备不仅为教学和研究提供必要的条件，也是提高学生生活质量的重要因素。比如，先进的实验设备、完备的图书资源、舒适的住宿条件、便利的餐饮设施、丰富的体育设施等，都为学生提供了良好的学习环境和生活环境。

（二）软件文化

软件文化是校园文化的精神支柱，涵盖了学校的办学理念、教育目标、教育方法、教育制度、学风、师风等方面。这些元素虽然无形，但它们无疑是塑造学生思想品格和人格特质的重要力量，对于学生的成长和发展有着深远的影响。

办学理念是软件文化的核心，它决定了学校的办学方向和目标。办学理念是学校独特精神风貌的集中体现，体现了学校对于人才培养的价值取向，对于教育过程的看法和理解，以及对于教育效果的期望和目标。如此，办学理念在塑造校园文化中起到了关键的引导作用，为学生的成长提供了方向。

教育目标是软件文化的灵魂，它决定了学校的教育内容和方式。教育目标是学校根据其办学理念制定的，旨在指导和规范学校的教育教学活动，以及评价教育教学效果的标准。只有明确的教育目标，才能保证教育教学活动的有序进行，以及教育教学效果的有效评价。

教育方法和教育制度是软件文化的实现途径，它们决定了学校的教育实践。教育方法和教育制度是根据学校的办学理念和教育目标制定的，用来指导教师的教学活动，规范学生的学习行为，以及调整和优化教育教学过程。教育方法和教育制度的科学性及适用性，直接影响了教育教学活动的效果，以及学生的学习效果和满意度。

学风和师风是软件文化的具体体现，它们决定了学校的教育氛围。学风和师风是学校教育教学活动的实际表现，反映了学校的教育态度和教育效果。良好的学风和师风能够激发学生的学习兴趣，提高学生的学习效率。学风和师风是软件文化的具体体现，它们决定了学校的教育氛围，反映了学校的教育态度和教育效果。良好的学风和师风能够激发学生的学习兴趣，提高学生的学习效率，营造积极向上的教育氛围。

软件文化是塑造学生思想品格和人格特质的重要力量，是校园文化的灵魂，它在提高学生的综合素质，培养学生的创新精神和实践能力，以及引导学生树立正确的世界观、人生观、价值观方面发挥了关键作用

（三）人际文化

人际文化是校园文化中的重要一环，涵盖了学校中人与人之间的关系，包括师生关系、同学关系、师师关系等。这些关系直接影响着学校的教育质量，构建了学校的气氛，也影响着每位学生的学习和生活。

首先，师生关系是人际文化中的核心部分，这种关系的良好与否直接影响着教育质量。一个有着良好师生关系的学校，教师能够理解并尊重学生，充分发挥他们的潜力，同时能得到学生的信任和尊重。教师不仅是知识的传播者，更是学生的引导者和朋友，他们之间的关系不仅体现在教学过程中，更体现在对学生人生观、价值观的引导上。

其次，同学关系对于构建良好的校园氛围具有重要影响。在现代信息传播机制影响下，社交不再是"八小时之外自己的事"，而是个体无时无刻不在进行的活动①。同学之间的友谊和互助是塑造健康校园文化的重要力量，它们促进了学生的个人发展，增强了学生的社会适应能力，有助于培养学生的团队协作精神和集体荣誉感。同学之间的关系，对于学生个人的成长，特别是他们的社会情感发展具有深远的影响。

---

① 雷冰洁.关系的时间向度：当代青年人际交往价值观研究［J］.青年探索，2024（3）：70–79.

最后，教师之间的关系对于学校的教育质量和校园氛围产生深远影响。教师之间的合作和互相尊重可以为学生树立良好的榜样，这不仅对于学生的行为规范具有示范作用，也有利于营造和谐的校园氛围。在教师之间，建立一种开放、尊重、合作的文化氛围，有助于提升教育教学的质量，因为教师可以在这种氛围中相互学习、相互鼓励，持续提高教育教学水平。

人际文化的建设需要教师和学生共同悉心呵护，要以人为本，充分尊重每位学生的个性和特长，充分发挥每位教师的专长和热情，同时培养和维护良好的同学关系及师师关系。只有这样，才能营造一个良好的学习氛围，才能真正促进校园文化与高校思想政治教育更进一步的融合发展。

（四）活动文化

校园活动文化是一个多元化、开放性和包容性的概念，主要指学校组织的各种活动，如学术活动、文化活动、体育活动、社会实践活动等。这些活动以学校为主场，不仅丰富了学生的校园生活，也有利于提高学生的综合素质，下面以几个相对比较典型的校园活动文化为例进行分析。

学术活动是校园活动文化的一个重要部分，包括学术讲座、研讨会、科研项目等。这些活动可以让学生们接触到最前沿的学术理论，扩大知识视野，提高独立思考和批判性思维能力。同时，通过科研项目等实践活动，学生们能够将所学理论知识应用到实践中，增强解决问题的能力。

文化活动如各类艺术节、书展、电影展、文化讲座等，旨在丰富学生的文化生活，提升学生的审美素养和文化素养。这些活动能够激发学生的创新思维，培养他们的人文精神，增强他们对传统文化和世界文化的认识和理解。

体育活动，如各类体育竞赛、户外运动会等，能够促进学生的身心健康，提高他们的身体素质，培养他们的团队精神和竞争意识。这些活动能够帮助学生树立正确的体育观念，提高他们的体育技能，增强他们的体质。

社会实践活动，如社会服务、实地考察、实习实训等，可以让学生接触社会，提高他们的社会适应能力和实践能力。通过这些活动，学生能够理解社会的复杂性，提高他们的社会责任感，提升他们的职业素养。

（五）学术文化

学术文化是校园文化的核心和灵魂，它体现在学术思想、学术精神和学术氛围等方面。学术文化是高校追求真理、增长知识、培养人才的重要手段，同时是高校评价和提升自身办学水平的重要标准。

学术思想是学术文化的基础和核心。学术思想体现在学者的观念、态度、理念和价值观上，包括对学术自由、学术公正、学术规范、学术创新等的认识和理解。学术思想的自由、独立、批判、创新是推动学术发展、促进社会进步的重要动力。学术自由是学术思想的基本属性和必要条件。在尊重事实和真理的前提下，学者有权自由选择研究主题、自由表达学术观点、自由进行学术争鸣、自由发表学术成果。学术自由是保障学术活动多元化、民主化的基础，是激发学者创新精神、提高学术质量的关键。学术公正是学术思想的核心原则和道德规范。在学术活动中，应坚持真实、公开、公正、公平，反对任何形式的学术不端行为，如抄袭、剽窃、伪造数据、虚假报告等。学术公正是保障学术活动公信力、维护学术环境健康的重要保证。学术创新是学术思想的内在动力和目标追求。无论是理论创新，还是方法创新，甚至是观念创新，都是推动学术发展、促进社会进步的重要手段。学术创新要求学者具备开放的思维，独立的精神，敢于挑战权威，敢于突破常规，敢于尝试新的研究方法和思考方式。

学术精神是学术文化的灵魂和驱动力，主要体现在追求真理、尊重事实、严谨治学和创新精神等方面。追求真理是学术的初心和终点，尊重事实是学术的基础和前提，严谨治学是学术的方法和要求，创新精神是学术的生命和动力。学术精神是激发学者积极性和创造性、提高学术质量和水平的关键。具体到高校育人实践中，追求真理是学术精神的核心和灵魂。这意味着无论面对什么样的压力和困难，学者都必须坚持对事物本质的深入研究，始终以寻求真理、揭示真实为目标。这种追求不是瞬间的，而是一种持久的、深入骨髓的精神追求。追求真理的学术精神要求一切研究都应该从实际出发，以求真为己任。尊重事实是学术精神的基石。学者必须保持客观公正的态度，对待所有的数据和事实，不能夸大其词，也不能忽视或否定不符合自己观点的事实，只有尊重事实，才能确保学术研究的客观性和准确性，才能保证学术的公正性和真实性。严谨治学是学术精神的重要要求。严谨治学要求学者在研究过程中一丝不苟、精益求精，既对自己严格，也对他人严格。在任何情况下，都不能偷工减料，浮于表面，需要有耐心和毅力深入研究，这是对学术的尊重，也是对学者自身的尊重。

学术氛围是学术文化的具象化和外化，是学术思想和学术精神在校园生活中的体现。一个好的学术氛围应该包含对学术研究的尊重、对学术成果的肯定、对学术争鸣的鼓励、对学术失误的宽容等。学术氛围能够营造一个鼓励探索、包容失败、积极进取、创新发展的环境，对提升学生的学术兴趣和学术能力有着重要作用。

二、校园文化的特点

校园文化是距离学生最近的文化类型之一，其依托于学校这一特殊场域形成，有自身鲜明的特点，校园文化的特点如图 6-1 所示。

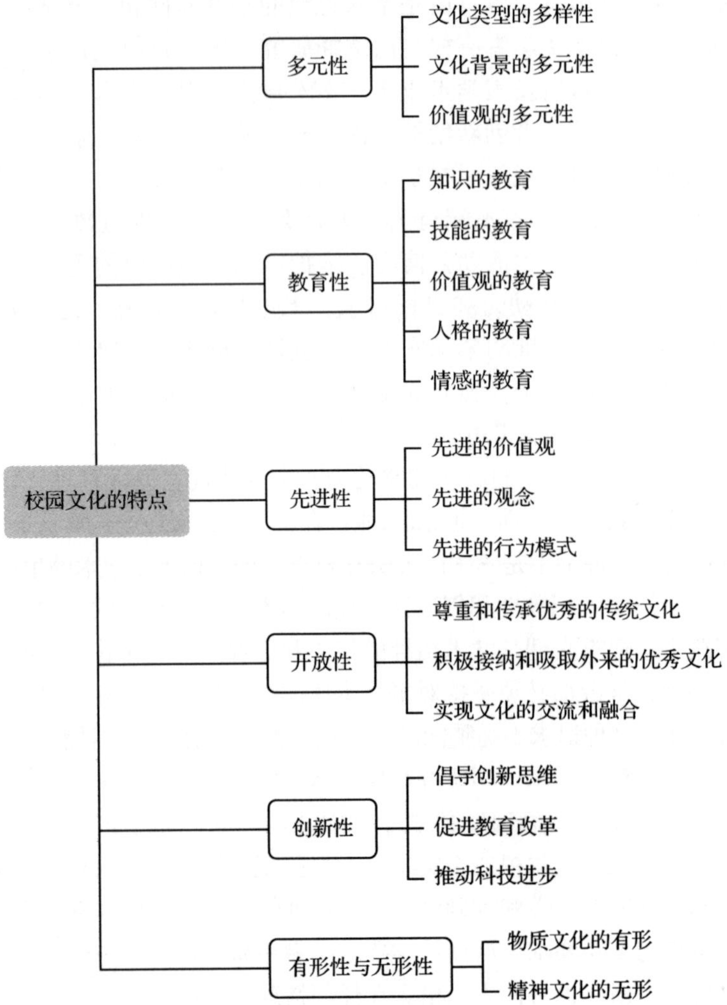

图 6-1　校园文化的特点

（一）多元性

多元性是校园文化的一大特点，主要体现在校园文化类型的丰富多彩上，这里列举几个校园文化的例子来展现其多样性。

学术文化是校园文化中的重要组成部分。这种文化主要包括学术交流、研究探讨、创新思维以及对学术精神的崇尚。在接受高等教育的过程中，学生可以学习专业知识，掌握科研方法，培养独立思考和批判性思维的能力。这种学术文化不仅促进了知识的传播和交流，也鼓励了创新和独立思考，对于培养学生的专业素养和批判性思维有着重要作用。社团文化是校园文化的重要部分。大学的社团活动丰富多彩，包括学术类、艺术类、公益类、运动类等各种类型，这些社团活动为学生提供了展示自我、发现自我、提升自我的平台。通过参与社团活动，学生可以开阔视野，增强团队合作和组织协调能力，同时也能培养各种兴趣爱好，丰富课余生活。活动文化是校园文化的重要体现。校园内的各类活动，如新生欢迎会、文化节、体育竞赛、学术论坛、志愿者服务等，能极大地丰富学生的校园生活，增强学生的归属感和团队精神。这些活动不仅能让学生从课堂中走出来，更加全面地发展自我，而且能让学生在实践中学习，在活动中提升。体育文化是校园文化的一个重要方面。体育活动如足球、篮球、羽毛球、乒乓球等，不仅能锻炼学生的体质，增强学生的团队合作精神，而且有助于学生释放压力，保持身心健康。在这里，体育精神——公平、公正、尊重、坚韧不拔，也是被广泛传播和推崇的。

校园文化的多元性还体现在主体文化背景的多元性上，校园通常有来自不同文化背景的学生、教师和员工，他们带来了多元的文化视角和经验。通过对多元文化的交流和理解，校园文化可以促进文化的尊重和包容，同时开拓学生的全球视野并提升跨文化交际能力。

价值观的多元性也是导致校园文化多元性的重要原因之一。校园是价值观交流和碰撞的场所，学生可以接触到多元的价值观，包括个人价值观、社会价值观、全球价值观等。通过对多元价值观的理解和反思，学生可以形成自己的价值观，同时学习尊重和理解不同的价值观。

（二）教育性

教育性是校园文化的核心特质，它强调校园文化必须与教育目标紧密相连，这有助于促进学生的知识获取、技能发展、人格塑造以及价值观的形成。校园文化的教育性主要体现在以下几个方面：

1. 知识的教育

校园文化饱含着丰富的知识元素。无论是课程设置、教师授课，还是图书馆资源、学术讲座，所有这些都是学生获取知识的渠道。在这样的环境中，学生可以接触到最新的学术研究，了解各个领域的知识体系，增长见识。

2. 技能的教育

通过参加各种学校组织的活动，学生可以在实践中学习和提升技能。例如，参加社团活动可以培养组织、沟通和团队协作的技能；参加科研项目可以提高问题解决和创新的技能；参加志愿服务可以锻炼领导力和公共服务的技能。

3. 价值观的教育

校园文化中蕴含的价值观和规范对学生的价值观形成具有重要影响。学校通常都会提倡诸如诚实、尊重、公平、包容等价值观，并将这些价值观融入到学校的教育政策和活动中。同时，通过对各种社会问题的讨论，学生可以更加科学地构建自身的世界观、人生观、价值观，学习如何尊重和理解不同的观点。

4. 人格的教育

校园文化强调学生的人格发展。学校为学生提供了自我实现的机会，帮助他们塑造积极的自我认知，发现自己的兴趣和潜力。同时，学校鼓励学生发展社会责任感和公民意识，培养他们的道德品质，这不单单符合学生自身发展的需要，同时也是立德树人的内在要求。

5. 情感的教育

健康的成长是身心的协调统一，在校园生活中，学生会经历各种情感体验，学习如何处理人际关系和情感问题。通过参与校园生活，学生可以体验到友谊、爱、悲伤、愤怒、挫折、成功等各种情感，这对他们的情感发展和心理健康非常重要。

（三）先进性

先进性是校园文化的重要特性之一，它强调校园文化在内容和形式上都应反映社会的先进成果，引领时代的发展潮流，其先进性主要体现在以下几个方面：

1. 先进的价值观

校园文化应倡导先进的价值观，包括爱国主义、集体主义、科学精神、创新精神等。比如，学校通过举行升旗仪式、庆祝国家重大节日、开展爱国主义教育活动等方式，培养学生的爱国情怀。同时，通过团队项目、社区服务等活动，弘扬集体主义精神。在课堂教学、科研活动中，强调科学精神和创新精神，鼓励学生独立思考，追求创新。

2. 先进的观念

校园文化应该树立先进的观念，如尊重多元文化、平等公正、公民参与、持续发展等。学校应鼓励学生接纳和尊重不同文化背景的人，接纳和尊重不同的观点和思想。学校应推广公民参与的观念，鼓励学生参与到学校的决策和管理中，如通过学生会、学生代表大会等渠道，让学生参与到学校的教育教学改革、校园文化建设等方面。此外，学校应培养学生的持续发展意识，如环保意识、健康生活方式等。

3. 先进的行为模式

校园文化应引导学生形成先进的行为模式，如民主参与、自我管理、合作学习、公益服务等。学校应提供足够的机会和环境，让学生学习和实践这些行为模式。比如，通过各种课程、活动，培养学生的合作学习能力，让他们在合作中学会交流、协调、解决问题。通过参与社区服务、志愿者活动，培养学生的公益精神和服务意识。

（四）开放性

开放性是校园文化的一个重要特性，它不仅强调校园文化的多元性，更在于其广阔的视野、包容的态度和互动的机制。校园文化的开放性主要体现在以下几个方面：

1. 尊重和传承优秀的传统文化

学校是传承文化的重要场所。在校园中，学生可以接触到丰富的历史和文化知识，学习和了解优秀的传统文化。例如，学校可以通过课程、讲座、展览、演出等方式，让学生了解到国家的历史、民族的文化、人类的文明。同时，学校可以通过各种活动，如传统节日的庆祝、传统艺术的传播等，让学生亲身体验和感受传统文化。

2. 积极接纳和吸取外来的优秀文化

开放的校园文化不仅尊重和传承传统文化，也积极接纳和吸取外来的优秀文化。在全球化的背景下，学校可以通过国际交流、海外学习、外籍教师、外国学生等方式，引入不同的文化资源。通过这种交流，学生可以开阔视野，增强理解和包容，学习和借鉴外来的优秀文化。

3. 实现文化的交流和融合

开放性的校园文化强调文化的交流和融合。学校是各种文化交汇的地方，学生有不同的背景，有着不同的经验和观点。学校应鼓励这种多元化，提供一个公平、公正、自由、开放的环境，让所有的声音都能被听到，所有的文化都能被尊重。通过这种交流和融合，学生可以学习到更多的知识，形成更为全面和深入的理解，同时也能促进个人和社区的发展。

（五）创新性

1. 倡导创新思维

创新是一种思维方式，是一种寻求改变和突破的态度。在校园文化中，我们需要倡导创新思维，鼓励学生敢于质疑、敢于挑战、敢于创新。这意味着我们要尊重学生的独立思考，尊重学生的不同观点，尊重学生的创新行为。我们要创造一个开放、自由、包容的环境，让每个学生都有机会发展自己的创新思维。

2. 促进教育改革

创新性的校园文化要求我们对教育进行创新和改革。这意味着我们要对教学方法、教学内容、评价方式等进行反思和改进，以适应时代的变化和学生的需求。例如，在教学过程中，可以引入新的教学技术，如在线教学、虚拟现实等，还可以开发新的课程，如创新教育、创业教育等，以及可以尝试新的评价方式，如形成性评价、同伴评价等。以上这些都是校园文化的创新性在教育改革领域的体现。

3. 推动科技进步

科技是创新的重要驱动力，也是校园文化的重要组成部分。创新性的校园文化需要关注科技的发展，鼓励科技的创新。这意味着我们要鼓励学生参与科研活动，鼓励学生发表科研成果，鼓励学生申请科研项目。当然，在这一过程中，学校需要提供必要的支持，如科研基金、科研设备、科研指导等，以促进科技的创新和进步。

（六）有形性与无形性

1. 有形性

校园文化的有形性主要体现在物质文化方面。物质文化包括校园的建筑风格、设施设备、校园景观、公共艺术等。这些有形的物质文化是校园文化的直观表现，它们为校园生活提供了舒适的环境，也是校园文化的重要载体。例如，校园的建筑风格可以反映学校的历史和文化，校园的设施设备可以反映学校的教育理念和教学水平，校园的景观可以反映学校的环保意识和审美情趣，公共艺术如雕塑、壁画等可以反映学校的艺术风格和创新精神。因此，我们需要重视物质文化的建设，通过优化校园环境，提升设施设备，丰富公共艺术，以展示学校的特色和品位，提升学校的吸引力和影响力。

2. 无形性

校园文化的无形性主要体现在精神文化方面。高校校园文化育人本身也内在地包含着精神的传递[1]。精神文化包括学校的办学理念、教育目标、学校精神、校训、师风、学风等。这些无形的精神文化是校园文化的灵魂，它们为学校的教育活动提供了指导和动力，也成为塑造学生的思想品格和人格特质的重要因素。例如，办学理念和教育目标是决定学校教育方向和质量的基本原则，学校精神和校训是激发学生的积极性和创造性的精神支柱，师风和学风是塑造学生的学习习惯和道德品质的重要影响力。因此，我们需要关注精神文化的建设，通过弘扬办学理念，明确教育目标，塑造学校精神，倡导优良的师风和学风，以培养具有社会责任感和创新精神的优秀人才。

---

① 王婷婷，向艳. 新时代高校校园文化育人的逻辑机理及路径优化 [J]. 江苏高教，2024（1）：86—90.

第二节　校园文化在新时代高校思想政治教育中的作用与功能

一、形塑价值观

校园文化在形塑价值观方面起到了无法替代的重要作用。它不仅是知识教育的载体，而且是道德教育和情感教育的平台。校园文化作为一种特殊的文化形态，它以独特的方式影响和塑造学生的价值观。因此，学校应该充分利用校园文化，建设和发展特色鲜明、内涵丰富的校园文化，以促进学生全面发展，培养社会主义的建设者和接班人。

（一）校园文化是各类校园活动的载体

校园文化是校训、校歌和各类校园活动的载体。校训是学校的精神象征，承载着学校的办学理念和精神追求，通常表达了对学生的期望和对社会的责任。比如，"自强不息，厚德载物"，这样的校训传递的是勤奋、求实、诚信和奉献的价值理念。校歌是学校精神的集中体现，它融合了音乐和文辞，寓教于乐，通过旋律和歌词向学生传达学校的文化精神和道德理念。各类校园活动，如文化艺术节、科技竞赛、志愿服务等，既丰富了学生的校园生活，也为学生提供了实践和体验的机会，使他们在参与中理解和接受社会主义核心价值观。

（二）校园文化是学校的教育环境和教育资源

良好的校园环境可以营造出浓厚的学习氛围和积极的道德风尚，对学生的价值观产生潜移默化的影响。如学校建筑的设计、图书馆的藏书、校园的绿化等，都可以体现学校的文化气息和道德追求。丰富的教育资源，如校园历史、校园故事、校园公益活动等，都可以为思想政治教育提供生动的教育素材和丰富的教育内容，帮助学生更好地理解和接受社会主义核心价值观。

（三）校园文化是学校的教育制度和教育方法

校园文化是学校的教育制度和教育方法的体现，同时是塑造学生价值观的重要工具。通过各种形式的教育和引导，校园文化能够深入到学生的思想和行为中，使他们接受并践行一种积极向上、有利于个人发展和社会进步的价值观。

首先，校园文化是学校教育制度的反映。教育制度在很大程度上决定了校园文化的内容和形式。合理的教育制度能够在学生中建立起一种积极的学习氛围，鼓励他们追求知识，探索真理，实现自我提升。这种积极的学习氛围将成为校园文化的一部分，影响学生的学习态度和行为方式。

其次，校园文化是学校教育方法的载体。不同的教育方法会形成不同的校园文化。例如，以学生为中心的教育方法会形成一种尊重个性、鼓励创新的校园文化；以教师为中心的教育方法可能形成一种强调纪律、重视基础的校园文化。这种校园文化不仅影响着学生的学习方式，也塑造着他们的思维方式和行为方式。

最后，校园文化是塑造学生价值观的重要工具。价值观是人的精神支柱，决定了人的行为选择和生活方式。校园文化通过教育制度和教育方法的塑造，引导学生形成一种积极的价值观。例如，校园文化中的尊重知识、追求真理的价值导向，能够帮助学生形成尊重知识、追求真理的价值观。

二、塑造校园氛围

塑造校园氛围是校园文化在新时代高校思想政治教育中的重要作用之一。校园氛围的好坏直接影响着学生的学习、生活和成长，也直接反映了校园文化的质量和水平。优秀的校园文化能够营造出积极向上、和谐包容的校园氛围，从而塑造学生的思想品格和人格特质。

（一）激发学生的学习热情和创新精神

积极向上的校园氛围能够激发学生的学习热情和创新精神。校园文化中的学术文化、活动文化等，都可以通过丰富的学术活动、文化活动、社会实践等形式，提高学生的学习兴趣，激发他们的学习动力，促使他们在学术探索和实践中发展创新思维和创新能力。例如，定期的学术讲座、文化艺术节、科技竞赛等，都能在学生中营造出热爱学习、崇尚科学、追求真理的学习氛围。总之，新时代高校的校园文化可以通过多种方式和手段，激发学生的学习热情和创新精神，以促进学生的全面发展和成长。

在新时代文化与思想政治融合发展中，还可以通过实施个性化的教学计划和开展独立研究项目等方式，激发学生的学习热情和创新精神。例如，学生可以根据自己的兴趣和专业要求，选择不同的课程和专题，探究不同的问题，发现新的知识和理论。这样，学生不仅可以拓宽学术视野，提升学术素养，还可以锻炼思维能力，培养创新能力。同时，学校可以通过优化教学环境和提升教学质量，激发学生的学习热情和创新精神。例如，学校可以提供先进的教学设施和教学资源以满足学生的学习需求，还可以引进优秀的教师和研究人员，提供优质的教学和研究服务，并与先进的教学理念与技术相结合，更好地激发学生的学术兴趣。学校可以通过鼓励学生参加各种学术社团和研究小组，激发学生的学习热情和创新精神。在这些学术社团和研究小组中，学生可以与同伴一起探讨学术问题，分享学术成果，挑战学术边界。通过这种方式，学生可以体验到学术研究的乐趣和挑战，从而激发他们的学术热情和创新精神。

（二）培养学生的社会责任感和公民素养

和谐包容的校园氛围能够培养学生的社会责任感和公民素养。校园文化中的人际文化、规章制度等，可以通过公平公正的管理，尊重和包容的交往，形成公正、公平、公开的校园环境，让学生在互助、互爱、互敬的环境中，学习社会规则，培养社会责任感，形成良好的公民素养。例如，公平公正的评价制度、民主开放的学生自治机构、多元包容的校园活动等，都能营造出尊重他人、关心社会、参与公共事务的氛围。

和谐包容的校园氛围倡导尊重他人的价值观和权利。学生在这样的环境中学会倾听、理解和包容他人的观点和意见，培养出良好的人际交往能力和团队合作精神。这有助于他们在社会中形成对他人的尊重和关爱，体现社会责任感。校园文化中的规章制度以及公平公正的管理方式，为学生提供了一个公正、公平、公开的学习和生活环境。学生在这样的规则和制度下，学会遵守公共秩序、遵守规则，体验到公平公正的待遇和评价，从而形成对公正和正义的认同和追求。和谐包容的校园氛围能更好地鼓励学生参与公共事务，培养他们的公民意识和参与意识。学生在校园中参与学生自治机构、学生组织或社会实践等活动，能够学习到公共事务管理、民主参与和公共利益的重要性，培养出对社会问题的关心和解决问题的能力。

（三）塑造学生的思想品格和人格特质

优秀的校园文化能通过各种方式塑造学生的思想品格和人格特质。例如，通过塑造尊重师长、团结友爱的师生关系，培养学生的尊重和感恩的品质；通过推行勤奋学习、自强不息的学风，培养学生的勤奋和坚韧的品质；通过实行公平公正、严明规则的管理，培养学生的公正和诚信的品质。

三、提供教育资源

提供教育资源是校园文化在新时代高校思想政治教育中的一重要功能。校园文化是学校精神和物质财富的体现，包含了丰富的教育信息和教育素材，如校园历史、校园故事、校园公益活动等。这些教育资源都可以作为思想政治教育的内容，帮助学生更好地理解和接受社会主义核心价值观。

（一）传承校园文化

校园历史是学校文化传承的重要载体，也是思想政治教育的重要资源。学校的历史进程、历史事件、历史人物等，都蕴含了深厚的文化内涵和教育价值。通过对校园历史的学习和研究，学生可以了解学校的发展历程，领略学校的文化精神，塑造学校的文化认同感。同时，校园历史中的优秀传统和崇高精神，可以引导学生树立正确的价值观，形成健康的思想品格。

（二）展现校园生活

校园故事是学校文化生活的生动展现，也是思想政治教育的生动教材。学校的优秀师生、优秀作品、优秀实践等，都可以编织成动人的校园故事。通过讲述和传播校园故事，可以将抽象的思想政治教育具体化、生活化，使学生在感人的故事中，理解和接受社会主义核心价值观。

（三）丰富学习实践

校园文化是构建多元、包容和开放的教育环境的重要手段，能有效地丰富学生的学习实践。校园文化的各个维度，包括学术文化、活动文化、社团文化等，都为学生提供了丰富的学习实践机会。

校园文化可以通过学术讲座、研讨会、论文竞赛等具体的活动形式，为学生提供广泛的学术交流平台，使学生能够了解最新的学术动态，开阔知识视野，锐化研究思维。同时，学术文化还能鼓励学生积极投入到学术研究中，通过深入研究，掌握科研方法，提高独立思考和解决问题的能力。还可以通过举办各种文化、艺术、体育、科技等活动，如文化艺术节、运动会、科技竞赛等，让学生在参与活动中，锻炼能力，积累经验，体验成功和挫折，从而提升自身的综合素质。总而言之，校园文化以其多元性和开放性，为学生提供了丰富的学习实践机会，使学生在实践中学习和成长，提高了学生的综合素质，有力地推进了新时代高校思想政治教育的深入开展。

四、弘扬学术精神

（一）追求真理

追求真理是学术精神的核心，也是思想政治教育的基础。在新时代，高校要教育学生坚定真理观，以事实和真理为依据，对待学术问题和社会问题，既要坚持原则，又要具有开放和包容的心态。要引导学生从理性和批判的角度，独立思考，自由探索，勇于追求真理。对于学生而言，追求真理的过程既是一次知识的积累，也是一次独立思考和判断的锻炼。无论是在日常学习，还是在科研实践中，都应倡导以事实和真理为依据，对待学术问题和社会问题的态度。

对于一个国家、一个社会、一个学校来说，追求真理是其长期发展、稳定和繁荣的基础，只有在追求真理的过程中，高校才能更好地发现和解决问题，才能在问题中学习和成长。因此，在新时代高校育人的过程中，在校园文化与高校思想政治融合发展中，要教育学生坚定真理观，不断追求真理，培养独立思考、理性判断的能力。

为了实现这一目标，高校要培养学生的科学精神。科学精神是追求真理的基础，它要求高校以客观、理性和批判的态度对待所有的问题。在学术研究中，高校要鼓励学生严谨的态度，勇于挑战权威，勇于创新思维。在处理社会问题时，高校要引导学生以理性和批判的眼光，去分析问题、解决问题。同时，高校要培养学生的批判思维。批判思维是追求真理的重要工具，它能帮助学生区分事实和观点，理解和评价各种观点，从而形成自己的观点。在学术研究中，高校要鼓励学生独立思考，敢于挑战，敢于创新。在面对社会问题时，高校要引导学生批判地分析问题，寻找问题的根本原因，提出解决问题的方案。另外，高校要注重培养学生的实践能力。实践是检验真理的唯一标准，只有在实践中，高校才能验证和完善高校的理论。在学术研究中，高校要鼓励学生把理论应用到实践中，验证和完善理论。在处理社会问题时，高校要引导学生积极参与社会实践，通过实践了解和解决社会问题。

（二）尊重事实

尊重事实是学术精神的基石，也是思想政治教育的要求。在新时代中，高校要教育学生尊重科学、尊重事实，摒弃偏见和偏激，以公正和公平的态度，对待学术研究和社会实践。高校要引导学生以实事求是的精神，求真务实，以事实为依据，推动学术发展和社会进步。

尊重事实是思想政治教育的重要要求。事实是知识的基础，科学的出发点，也是高校理解世界、解决问题的基本依据。因此，高校应该教育和引导学生尊重科学、尊重事实，摒弃偏见和偏激，以公正和公平的态度对待学术研究和社会实践。尊重事实，首先是对科学的尊重。科学建立在实证基础上，是对事实的理性解释和理解。它是通过观察、实验、推理等方法，探索和揭示自然和社会规律的体系。因此，高校应该教育学生，坚持科学精神，通过实证研究，探寻真理，解决问题。尊重事实，也是对社会的尊重。社会是由无数事实构成的，每件事情，每个现象，都是社会的一部分，都有其存在的道理和价值。因此，高校应该引导学生，尊重社会现象，尊重社会规律，尊重他人的权利和利益，以公正、公平、公开的态度参与社会实践。尊重事实，更是对自己的尊重。人是社会的一员，也是自然的一部分。高校应该教育学生，尊重自然，尊重自我，尊重生活。只有尊重事实，我们才能真实地认识自己、了解自己、提升自己。只有尊重事实，我们才能更好地发展自我、实现自我、超越自我。

（三）严谨治学

严谨治学是学术精神的原则，也是思想政治教育的目标。在新时代的高校中，通过校园文化的力量，能够在学生心中播下追求卓越的种子，激发他们对知识的渴望和对真理的追求。

校园文化是精神家园，能够滋养学生的心灵，培养他们的品格。一个积极向上、充满活力的校园文化，能够鼓励学生追求卓越，追求真理，发扬严谨治学的精神。在这样的环境中，学生会不断追求自我超越，不断提高自己的学术水平。校园文化是学习资源，能够提供丰富的学习素材，激发学生的学习兴趣。各种学术活动、文化活动、社会实践等，都可以作为学生严谨治学的平台。这些活动不仅可以提供学习的机会，还可以提供学习的动力，让学生在实践中深化理解，丰富知识。校园文化还能发挥价值导向的作用，能够传递正面的价值观，引导学生形成正确的世界观、人生观、价值观。学校的校训、校歌、校风校规等，都体现了学校的价值观和精神面貌。这些价值观和精神面貌，可以影响学生的思想和行为，引导他们追求卓越，追求真理，而具体到学术研究中，是一种严谨治学的态度。另外，校园文化也是一种教育工具，能够提供教育的方法和手段，帮助学生形成严谨的学习态度和学习习惯。例如，学校的教育政策、教育理念、教育模式等，都可以影响学生的学习方式和学习效果。这些教育工具，可以帮助学生形成严谨的思维方式，形成严谨的工作态度，提高学生的学术能力和学术素养。

（四）创新进取

创新进取是学术精神的动力，也是思想政治教育的引领。在新时代的高校中，校园文化的多个维度助力学生敢于创新，敢于挑战。

首先，校园文化可以通过其丰富多元的形式，激发学生的创新意识和创新思维。充满活力和包容性的校园文化，能鼓舞学生敢于挑战现状，敢于打破常规，从而在学术问题和社会问题上敢于尝试，敢于失败。在这样的环境中，学生可以更容易地开启自己的思维，发挥自己的创新能力，对已有的知识进行反思和批判，产生新的理解和见解。

其次，校园文化可以通过它的价值导向，引领学生形成创新和进取的态度。学校的校训、校歌、校风校规等，都体现了学校对创新和进取的独特理解和重视。这些价值观和理念，能够在学生的心中形成深刻的印记，引导他们以创新的精神和前瞻的视角，不断进取，引领学术趋势和社会风向。

再次，校园文化是一个学习的舞台，为学生提供了实践创新的机会。各种学术活动、文化活动、社会实践等，都是学生创新的实践场所。在这些活动中，学生可以将自己的创新思维付诸实践，实现自己的创新想法，通过实践提升自己的创新能力。

最后，校园文化可以通过其教育方式，培养学生的创新能力。学校的教育政策、教育理念、教育模式等，都可以为学生提供一个开放、自由、尊重创新的学习环境。在这样的环境中，学生可以自由探索、自由表达、自由创新，形成独立思考、独立创新的能力。

第三节 校园文化与新时代高校思想政治教育融合育人的路径

一、丰富校园文化活动

（一）丰富校园文化的重要性

校园文化活动作为校园文化的重要组成部分及高校思想政治教育的重要载体和手段，不仅丰富了学生的校园生活，提升了他们的综合素质，还为他们在实践中接受思想政治教育提供了有效途径。这些活动以学生为主体，积极引导他们参与其中，从而使他们在互动和参与中受教育、得成长、明价值，使他们的社会责任感和社会实践能力得以提升。

首先，校园文化活动丰富了学生的校园生活，增强了他们的团体归属感。这些活动形式多样，内容丰富，如主题班会、学术研讨会、社团活动、文化艺术节、志愿服务活动等，既有严肃的学术讨论，也有轻松的娱乐活动。它们将学生从单一的学习生活中解放出来，让他们有更多的机会与他人交流和互动，培养他们的团队合作精神和集体荣誉感。同时，这些活动也是学生展示自我、锻炼能力的重要平台。在这些活动中，学生可以大胆尝试，勇于创新，展现他们的才华和潜力。

其次，校园文化活动是思想政治教育的有效载体。在这些活动中，学校可以通过各种形式将思想政治教育的内容融入其中。例如，学校可以围绕某一学术化话题或文化现象来开展主题班会，教师可以围绕国家政策、社会热点问题进行深入讨论，引导学生形成正确的价值观和世界观。在相关文化实践活动中，教育者可以引导学生亲身参与到社会服务中，了解社会现实，增强社会责任感。这样，思想政治教育不再是单调的灌输，而是通过活动的方式，让学生在参与和体验中接受教育，从而使教育更加深入人心。

最后，校园文化活动能提升学生的社会责任感和社会实践能力。在参与活动的过程中，学生可以深入了解社会、体验生活，增强他们对社会的认识和理解。特别是在一些社会实践活动中，学生可以亲身参与社会服务，感受到自己为社会做出贡献的喜悦和自豪，从而增强他们的社会责任感。同时，他们可以在实践中锻炼和提高自己的能力，如组织能力、协调能力、沟通能力等，为将来进入社会打下坚实的基础。

（二）丰富校园文化活动的路径

1. 创新活动形式

在新时代的校园文化与高校思想政治教育融合发展中，创新活动形式是提高教育吸引力和有效性的关键。因此，高校需要跳出传统的讲座、报告、班会等形式，引入更具吸引力和参与性的校园文化活动开展方式，这需要高校打破传统思维的束缚，根据当代大学生的兴趣和需求，不断尝试和探索新的活动形式。

例如，可以尝试线上线下结合的文化活动开展方式，利用现代信息技术开展网络论坛、线上竞赛、网络研讨会等活动，这些以现代信息技术为支撑的活动形式，既能保证活动的规模和广泛性，又能充分利用现代信息技术的优势，使活动的开展更为便捷和高效。线上活动的形式可以跨越地域的限制，使更多的学生能够参与到活动中。同时，线上的形式也可以根据需要进行录制和回放，便于学生在活动结束后，进行复习和反思。

此外，教育者还可以引入角色扮演、模拟演练、情景模拟等互动性强、体验性好的活动形式，这些活动形式既能激发学生的积极性和主动性，又能培养他们的实践能力和创新能力。同时，这些活动形式也能与教学活动充分结合，提升学生的积极性与参与感，有效提升教育质量。

2. 拓宽活动领域

在校园文化活动的组织与实施中，拓宽活动领域必不可少。以传统的学术讲座、社会实践、体育活动等为基础，高校可通过开拓更广泛的领域，引入更多元化的内容，丰富校园文化活动的内涵，增强其吸引力和影响力。

首先，引入国际新闻、社会问题、科技前沿等领域的内容，是拓宽校园文化活动领域的重要举措。可以组织相关领域的讲座、研讨会等活动，让学生有机会从专业的角度，理解和探讨这些领域的问题。通过这样的活动，学生可以获得全新的知识和信息，开阔他们的视野，提升他们分析问题和解决问题的能力。同时，可以让学生意识到，作为社会主义新时代的大学生，他们不仅要具备扎实的专业知识，更要有广阔的视野，积极关注国际事务，深入探讨社会问题，关注科技前沿，以便更好地服务社会、服务人民。

其次，引入艺术、音乐、电影等领域的活动，是丰富校园文化活动形式的有效方式。学校可以组织艺术展览、音乐会、电影节等活动，让学生在欣赏艺术的过程中，提高他们的审美能力和创新思维。艺术有着深厚的人文内涵，它可以激发学生的情感，培养他们的审美品位，激发他们的创新思维。同时，艺术活动是一种非语言的交流方式，可以突破语言和文化的界限，让学生在欣赏和理解艺术的过程中，提高他们的文化素养和人际交往能力。

3. 加强实践性活动

认识来源于实践，并指导实践的开展，实践性活动的开展是提高学生社会责任感和社会实践能力的重要手段，对于深化校园文化与新时代高校思想政治教育的融合具有至关重要的作用。

社会实践活动，包括赴各地农村、企业、社区等进行调研的实地考察、实习实训，或者进行志愿服务等活动，是让学生直接了解和接触社会、感知社会脉搏的重要方式。通过这些活动，学生不仅能学习和掌握各种专业技能，提升综合素质，更能直观感受社会的复杂性和多样性，理解社会的运行机制和规律，对自身的人生观、价值观和世界观进行深刻的反思和研究，从而更好地将理论知识与社会实际相结合，提高自己的实践能力和创新能力。

例如，志愿服务活动是提高学生社会责任感和社会实践能力的重要途径，通过参与各种志愿服务活动，如支教活动、环保活动、关爱弱势群体活动等，学生不仅可以提升自身的社会实践能力，还可以养成乐于助人、积极服务社会的优良品质。学生通过参与志愿服务活动，亲身体验到社会主义核心价值观的实践意义，提高其社会责任感，也使他们能够更好地理解社会、关爱社会，真正做到以人为本、服务社会。

社区服务活动也是一种有效的实践方式。通过在社区中开展各种活动，学生可以更深入地了解和接触社区，理解社区文化，体验社区生活，了解社区居民的生活状况和需求，从而更好地服务社区，提高自己的社会实践能力。

4. 加强活动的跨学科性

学科交叉是当今时代教育发展的重要趋势之一，跨学科教育与跨学科思维培养是当今时代高校育人重要的任务之一，因此，跨学科性活动的加强，是深化校园文化与新时代高校思想政治教育融合的重要途径。这些活动通过打破传统学科的界限，使学生能够从多个角度和层次理解及解决问题，培养其全面的知识视野和跨学科的思维能力。

跨学科的学术活动，如研讨会、讲座、研究项目等，能够促使学生接触到不同的学科知识，了解各学科之间的联系和交叉。例如，研究环境问题需要生物学、化学、地理学等多种学科的知识，理解社会问题需要社会学、经济学、心理学等学科的结合。这样的跨学科学习和研究，能够培养学生的整合性思维，使其能够从不同的角度、使用不同的方法来理解和解决问题。跨学科的学术活动能够拓宽学生的知识视野，接触到更多的新知识、新理念、新技术，从而激发其对未知的好奇心和对学习的热情。这种跨学科的知识融合和交叉，能够激发学生的创新思维，培养其对新问题、新挑战的敏锐洞察和独立解决问题的能力。跨学科的学术活动是培养学生全人教育的重要手段。学生在跨学科的学习和研究中，不仅可以提升专业知识和技能，还可以提升其道德素养、团队协作能力、批判性思维能力等，从而全面提升其综合素质。

二、打造良好的校园环境

（一）校园环境的内涵与特征

1. 校园环境的内涵

学校作为教学活动开展的主要场所，对于学生的成长和发展具有重要影响。校园环境是校园文化的重要组成部分，由物质环境和精神环境构成。物质环境主要包括学校的建筑、设施、花草树木、硬件配套等。精神环境主要包括办学理念、校风、学风、教风、人际环境等。校园环境是校园文化的具体呈现，也是校园文化最重要的载体。

校园环境对于学生的心理和行为具有重要影响，良好的校园环境可以促进学生身心的健康发展，使学生沐浴在美的氛围中，充分调动学生的积极性和主动性，提升学习效率，有利于学生良好学习习惯的养成。相反，不健康的校园环境会对学生的成长和发展产生不利的影响。学生的身心健康是其正常学习、生活、交往、发展的前提和基础，校园环境的好坏直接影响学生心理健康的发展，因此，校园环境的建设应该得到充分的重视。

2. 校园环境的特征

由于自身职能的原因，相较于社会环境与家庭环境，校园环境有显著特征，如图 6-2 所示。

图 6-2　校园环境的特征

（1）广泛性。校园环境看似是一个简单的封闭环境，实则是一个相对较为复杂的系统，其中包含多种因素，有自然的、人文的、物质的、精神的，等等。校园环境作为大学生学习与成长的主要场所，其每一个组成要素都会对学生的发展产生潜移默化的影响。校园环境具有很强的感染和熏陶作用，能够通过各种途径影响学生的身心发展。

（2）直观性。校园环境是形象的、具体的、直观的，无论是校园物质环境，还是校园精神环境，都是能被学生直观感受到的。物质环境以具体的形象呈现在学生面前的，而学校的精神环境蕴含在物质环境和人与人之间的互动交流中，是能被学生明确感知到的。比如，良好的校园环境既体现在校园建筑、设施和花草树木的美观上，也体现在良好的校风、浓郁的学风、和谐的人际关系和友好的师生关系上。

（3）多样性。校园环境根据观察角度的不同呈现多样化特点，因此，校园环境具有多样性，主要体现在以下几个方面：

第一，校园环境的多样性体现在不同学校的环境差异上。学校环境建设没有统一的标准，不同的学校在环境建设上的思路也有所不同，有的学校秉持严谨的办学理念，其建筑风格与绿化设计整齐、严肃，具有一种工整美。有的学校崇尚自由的学风，其建筑风格与校园设计充满活泼、奔放的气息。

第二，校园环境的多样性表现在学校的治学理念上，秉持不同治学理念的学校在课程开展方式、教学计划、课程安排以及学生的管理上会有所不同，形成不同类型的学校精神环境。

第三，校园环境的多样性由于考察标准的不同而不同，我们考察一个学校的校园环境时，有时会看它的物质环境，有时会看它的精神环境；有时会看它的室内环境，有时会看它的室外环境；有时会看它的自然环境，有时会看它的社会环境。观察的角度不同，校园环境会呈现出不同的面貌，展现出多样性的特点。

（4）变化性。时代是不断变化发展的，为了适应时代的要求，教育的理念、内容、模式等要素同样会不断变化发展。作为教育开展的主要环境，校园环境会跟随教育的发展产生变化，既包括教学设施的更新换代，也包括学校面目的焕然一新。校园环境的变化能产生新气象，体现新理念，带来新发展，为教育的开展注入新的活力。

（5）感染性。无论是校园物质环境还是校园精神环境，都能够使学生产生直观的感受，以具体的形象和氛围直接影响学生的审美感受，具有很强的感染性。以教学楼为例，富有青春活力的建筑风格与色彩搭配能够给人以阳光、活泼、求新的审美感受，有利于帮助学生保持积极向上的学习状态。稳重、古朴的建筑风格与色彩搭配能够给人以沉静、严谨、尚学的审美感受，利于使学生避免浮躁、沉心静气、严谨求学。

（二）校园环境建设的作用

1. 促进师生身心发展

校园环境以形象、具体的美为出发点，激发师生的审美情感，满足师生精神生活的需要，提高师生对于学习和生活的兴趣。不同的环境能够给人以不同的审美体验，进而产生不同的心理效应，而不同的心理效应又会对人的行为和价值观产生影响。因此，校园环境的建设对于师生身心的发展十分重要。

在高校文化与思想政治融合发展中，由于学生的生理、心理发展尚不成熟，因此，校园环境对于学生的影响相对较大。从物质环境建设的角度看，校园物质环境美主要表现在学校环境美、教室环境美以及自然环境美等方面。物质环境美能够以具体的形象使学生产生直观的审美感受，进而形成一定的审美心理，并对学生的行动产生积极影响。校园精神环境美主要表现在校风班风、人际关系、校园文化等方面。精神环境美能够直接影响学生审美价值观的形成，比如，良好的校风班风能够激发学生的集体荣誉感、自豪感，能够在日常的学习生活中创造一种美好的心理氛围。

无论是教师还是学生，都始终走在身心成长与发展的道路上，而身心的发展很大程度上受生活环境的影响。校园作为教师与学生主要的工作和学习场所，对于师生身心发展的影响不言而喻。因此，应该重视校园环境的建设。

2. 促进师生工作学习

校园环境对于师生的工作与学习具有重要的影响，主要表现在以下两方面：其一，校园环境能够对师生的审美情感产生显著的影响，而师生的审美情感与教学实践相结合，能够形成独特的审美意识，并进一步影响师生的工作与学习实践。其二，校园环境能够直接影响师生的情绪，进而影响师生的工作与学习状态。

就读在建设情况良好的校园环境中，有助于学生形成良好的心境，唤起学生愉悦的学习情绪，对于学生学习积极性与主动性的提升具有良好的促进作用，教学更容易收到预期的效果。相反地，就读在建设情况较差的校园环境中，学生很容易产生焦躁、烦闷、忧愁等不良情绪，严重影响学生的情绪，使学生难以专心致志进行学习，很难实现理想的教学效果。这种校园审美环境建设的差距，对于大学生的影响尤为显著。当然，学生主观条件的不同也会影响学习的效果，意志坚强的学生能够战胜恶劣的环境，而情绪敏感的学生很容易被环境的变化所左右。因此，校园环境对于学生成长与发展的影响是与其他条件综合作用的结果。

3. 培养学生高尚的道德情操

校园环境建设能够愉悦学生的内心，陶冶学生的情操，使学生沐浴在美的氛围中。整洁美观的校园、窗明几净的教室、文明和谐的人际关系、崇学尚知的校园风气，等等，无论是校园物质环境，还是校园精神环境，都以一种润物细无声的形式，以一种启发式和感召式的教育手段，陶冶学生的情操，给学生带来积极的审美感受，对学生的生理和心理产生持久的促进作用，加深学生对于生活的美好向往，坚定学生对于美好理想的追求，不断完善学生的道德认知体系。

（三）打造良好校园环境的策略

1. 校园物质环境建设的原则

（1）功能性原则。功能性原则是校园物质环境设计的首要原则，因为校园物质环境最主要的功能是教育教学功能，即为教职工和学生提供工作与学习的场所。功能性是设计时需要重点考虑的因素，因为事物总是因为需要实现一定的功能而被设计出来的，比如，交通工具被设计出来是为了方便运输，标志被设计出来是为了提升识别度，房屋被设计出来是为了居住，等等。有的事物重视实用功能，有的事物重视审美功能，但毋庸置疑的是，功能性对于任何事物来说都是其主要属性，校园物质环境同样如此。

环境的功能性本身也是其审美价值的重要组成部分，因为美不仅仅体现在事物的外在形象上，还体现在其内部结构与实用价值上，美是形象与内涵的有机统一。因此，在校园物质环境建设的过程当中，首先要遵循功能性原则。

（2）经济性原则。经济性原则是从成本与功效的角度审视校园物质环境建设的，力求以最小的成本实现最大的价值，在符合学校预算的基础上，获得最实用、优质、美观的建设成果。在校园物质环境建设的过程中遵循经济化原则，不是单纯地减少建设开支，而是使资金发挥最大的功用，既不能铺张浪费，也不能偷工减料。

（3）艺术性原则。艺术是美的集中体现，美的事物应该具有较强的感染力，具有积极向上的精神力量，校园物质环境建设的重要目的是提升校园物质环境的整体形象，丰富校园物质环境的文化内涵，在设计中通过艺术之美展现校园的文化特征。

形象美是校园物质环境建设的重要目标，因为外在形象给人的感受是最直接、最具体的，重视形象美，不仅仅是因为美的形象能够给人以良好的审美体验，更是因为校园物质环境建设需要通过形象之美来展现其内涵之美。比如，如果一个学校的环境毫无美感，在很大程度上会影响人们的审美体验，甚至会对人们的情绪产生影响，尤其对于长期在其中工作和学习的师生来说，更是如此。

在校园物质环境建设的过程中，艺术性与审美性不仅仅体现在外在形象的美化上，还体现在能够将校园文化内涵通过艺术设计完整地呈现出来，校园物质环境建设中的美是形象与内容的有机统一。学校环境应该在实用性的基础上充分体现美感，并将学校的办学理念、治学思想、文化特征、校训等文化元素充分融合进环境的艺术设计中，使学校的环境能够体现丰富的审美内涵。

（4）个性化原则。校园物质环境建设还应该遵循个性化原则，学校环境设计不应该照搬照抄，也不能千篇一律，而应该根据自身的教学与发展实践，在环境设计和建设中体现学校鲜明的个性。在校园物质环境建设中贯彻个性化原则需要注意两个方面：

其一，校园物质环境建设不能千篇一律，需要体现学校的文化特征。学校环境的设计风格、色彩搭配、艺术造型都应具有鲜明的审美特征，不仅仅在形象上要与其他学校有所区别，在内涵上也应体现学校自身的文化特点与价值取向。比如，在环境设计中几何形状、新型技术的合理运用与较为鲜艳、活泼的色彩搭配充满青春与活力，能够给人以崇尚科技、艺术、创新的审美感受，体现学校积极进取、追求创新的理念。

其二，校园物质环境建设不能盲目追求个性，要重视在实用、美观的基础上展示文化特征。美是需要符合事物的性质与发展规律的，学校是教育的场所，不是艺术馆，也不是科技中心，即便是以艺术、体育见长的学校，教育是其最根本的职能。因此，学校环境的设计首先要注重其在教育教学领域的实用性，同时形象不能太过夸张，要注重形象与内涵的统一，保证环境的形象符合学校的定位。

2. 打造良好的校园精神环境

（1）完善办学理念。首先，规范办学行为。规范办学行为是完善办学理念的基础和前提，没有规范化的办学行为，难以体现办学理念的科学性与先进性。规范办学行为，要严格遵守国家的相关规定，并出台一系列规范办学行为的规章制度，保证各类课程与课时的完整，保证教学方式的科学、合理，保证教师和学生按章办事，不违反教育工作的相关要求。

其次，加强教学管理。加强教学管理是完善办学理念的基本保障，目的是让教学理念能够落到实处。学校只有加强教学管理，才能为教学活动的顺利开展提供制度保障，使教学能够达到预期的目的。教学管理的核心仍然是规范，而规范的对象主要是智育、德育、美育、体育和劳育的具体实施过程。

最后，优化课堂教学，优化课堂教学是学校办学理念内化的过程，是落实办学理念的具体路径。优化课堂教学需要贯彻以人为本的教学理念，重视学生的主体地位，完善教学理念，改革教学模式，优化教学方法，构建高效课堂，形成良好的教学氛围，提升课堂效率。

（2）加强学校制度文化建设。学校的制度文化建设是学校文化建设的重要组成部分，也是学校精神文化体系建设的重要保障。只有重视学校的制度文化建设，公正、规范地执行学校规章制度，完善学校管理体制，才能更好地促进学校的精神文化建设，营造良好的校园精神环境。

首先，需要确立和完善学校各项规章制度，学校的各项规章制度是为了保障学校各项教育和管理工作的规范化运行而制定的。规章和制度的内容需要充分完善、合理合法。同时，制度要具有较高的内在质量和普遍的适用性。规章和制度的制定过程必须以人为本、开放民主且符合教育的发展规律和原则。规章制度需要全面、完善，且具有一定的先进性，在实践中不断与时俱进。

其次，要确保学校制度的高效执行，这需要提升全体教职员工和学生们对于制度的认同感，让师生共同参与制度的制定，在制度的制定过程中坚持开放民主的原则。在制度制定完成后，要对师生进行相关的教育和培训，深化师生对于制度的理解，使师生更加主动地配合制度运行。还要维护制度的权威，公正规范地执行制度，只有这样，制度的权威性才能不断得以树立和巩固。另外，制度的高效执行需要刚柔并济、奖惩结合，尽量避免师生对制度产生抵触情绪，以提升制度执行的实效。

最后，要加强学校组织机构和管理队伍建设。加强学校组织机构和管理队伍建设，要构建科学的管理机制，建立和完善校本管理机制，明确学校各部门的职责和任务，改变信息垂直传递的组织沟通方式，增强部门间的横向联系与沟通，深入推进学校管理制度改革，建立符合教育发展规律和学校发展实际的管理机制。管理机制的有效落实需要学校具备一支高素质的管理队伍，只有管理队自身具有过硬的素质，才能真正深入理解并更好地执行管理制度。提升学校管理队伍的素质，需要保证管理者自身对于学校各项制度的内涵具有深入的了解与准确的把握。学校管理者自身需要模范遵守各项规章制度，以身作则，维护学校管理制度的权威性。同时，在管理过程中，应该重视方法的选取，管理者在管理实践中应充分发挥主观能动性，采取灵活、有效的管理方法，促进管理制度的有效落实。

校园管理的目标是实现学校教学系统更好的发展，在这一过程中，规范是必要的，但也要重视系统中成员积极性和主动性的发挥。在校园管理过程中，应该充分发挥奖励和表彰的激励作用，对于模范执行制度的先进典型，应该给予表彰奖励，鼓励广大师生向他们学习，这样既能激励先进模范进一步创先争优，也能鼓励其他师生自觉遵守学校的管理制度。

三、着力打造校本课程

（一）打造校本课程的重要意义

1. 弘扬和传播校园文化

校本课程必须着眼于国家课程的创造性实施，强化"五育"融合及此基础上的"五育"并举①。校本课程可以弘扬和传播校园文化，为学生深度解读校园的历史、传统和特色提供一个有效的平台。通过设计贴近校园生活、反映校园特色的课程内容，使得学生在学习的过程中，不仅可以积累专业知识，更可以感受到校园的魅力和校园文化的独特价值。比如，一门以学校历史为主题的校本课程，可以让学生更好地理解学校的发展历程，对学校的成就感到自豪，从而提高学生的归属感和荣誉感。与此同时，校本课程的设计和实施，可以将校园文化中的价值观深度融入思想政治课程教学中。校本课程不仅是对学生教授学术知识，更有助于学生构建正确的世界观、人生观、价值观。校本课程通过丰富而贴近本校实际的教学内容和活动，在引导学生在理解学术知识的同时，也能够逐步形成健康的价值观。例如，一门以学校的环保理念为主题的校本课程，可以通过让学生参与环保实践活动，深入理解环保的重要性，培养他们的社会责任感和环保意识。

校本课程还是营造和谐、包容、开放的校园文化氛围的重要手段。通过设计一系列反映校园文化精神的课程，如多元文化的交流、学术研讨、社区服务等，可以激发学生的创新精神，培养他们的团队协作能力，帮助他们建立正确的群体观念，进一步营造出和谐、积极的校园环境。

2. 丰富思想政治教育的内容和形式

校本课程是校园文化与高校思想政治教育融合的重要平台，其特点在于能够根据学校的实际情况，结合校园文化的独特资源，设计出贴近学生生活、富有学校特色的课程内容，以此丰富和活化思想政治教育的内容和形式。

一方面，校本课程可以使思想政治教育的内容更加丰富多元，在一定程度上解决了传统思想政治课程内容单一、枯燥的问题，有助于提高学生的学习兴趣和参与度。例如，学校可以设立以校园文化为主题的校本课程，如"校园历史研究""校园建筑赏析""校园环保实践"等，让学生在了解和研究校园文化的过程中，接受思想政治教育的熏陶，培养他们的文化素养和社会责任感。

另一方面，校本课程可以使思想政治教育的形式更加生动活泼，更能激发学生的思考和讨论。通过设计各种各样的教学活动，如小组讨论、角色扮演、案例分析、现场考察等，不仅可以使学生在实践中深化理解，还可以培养他们的合作意识和批判性思考能力。例如，通过组织学生参观校园历史建筑，学生可以直观感受到学校的历史变迁和文化底蕴，对学校的认同感和归属感得以增强；通过组织学生进行环保项目的设计和实施，学生可以深入理解环保理念，

---

① 潘希武. 校本课程建设的转向及其深化［J］. 教育学术月刊，2023（6）：12–17+26.

提高他们的环保意识和社会责任感。

此外，校本课程通过结合校园文化的独特资源，如校园博物馆、图书馆、研究机构等，引入实际案例和实践活动，使思想政治教育更加贴近学生的生活，更能引发学生的思考和讨论。例如，可以让学生研读校园博物馆的藏品，通过对藏品的深度解读，了解学校的历史、文化、科研成果等，培养他们的历史意识和文化自觉；可以组织学生参加志愿者活动，通过服务社区、帮助他人，实现自我价值，提高他们的社会责任感和道德素养。

3. 培养学生的主体性和创新性

校本课程作为教育改革的一项重要措施，以其开放性、灵活性和独特性，有助于培养学生的主体性和创新性，对于推动高校思想政治教育的深入发展具有重要意义。

首先，校本课程的设计和实施鼓励学生积极参与，有助于学生从被动接受知识转变为主动参与学习，进而培养他们的主体性。在传统的教育模式中，学生往往是知识的被动接受者，而教师是知识的主导者和传播者。在校本课程中，学生可以积极参与课程的设计、实施和评价，从而有更多的机会发表自己的观点，提出自己的想法，实现知识的主动建构和价值观的主动塑造。通过参与式的学习过程，学生可以更深刻地理解和把握知识，提高他们的思维能力和表达能力，同时有利于提升他们的自信心和自主性。

其次，校本课程有助于培养学生的创新性。创新是新时代对人才培养的重要要求，也是学生个性发展和社会进步的重要动力。校本课程以开放的态度接纳不同的观点和想法，提供了丰富的学习资源和自由的学习空间，使学生可以在探索和实践中发现新的问题，提出新的观点，形成新的理解。通过参与校本课程的设计和实施，学生可以开展独立的研究，发挥他们的想象力和创新性，从而培养他们的独立思考、问题解决和创新实践的能力。

最后，校本课程有助于加强学生的团队协作能力和社会实践能力。在校本课程的设计和实施过程中，学生需要与他人协作，共同完成任务，这有助于培养他们的团队协作能力和人际交往能力。同时，校本课程往往注重实践教学，通过组织各种社区服务活动、实地考察活动、科研实验等，使学生能够在实践中学习，在学习中实践，从而提高他们的社会实践能力。

（二）校本课程建设的方法

1. 发掘校园文化资源

全面调研并发掘校园文化资源，是校本课程建设的首要任务。这一环节的工作质量直接影响到校本课程能否精准地反映学校的特色，承载学校的精神，以及与学生的生活经验相结合，进而在高校思想政治教育中发挥有效的作用。

学校的历史文化是校园文化的根基，这包括学校的创办历史、发展历程、优良传统、标志性事件等，它们共同构成了学校的历史记忆，寄寓了学校的精神和价值观。深入了解学校的历史文化，可以使我们在校本课程的设计中，灵活运用历史事件、人物故事等元素，让学生在学习的过程中，深入感受学校的历史韵味，理解和接受学校的精神和价值观。

校园景观包括校园的建筑风格、景观设计、标志性建筑等，它们是校园文化的视觉载体，也是学生日常生活的重要组成部分。通过深入研究校园景观，我们可以在校本课程中，利用相关的视觉材料，引导学生进行观察、描述、分析和评价，从而提高他们的审美能力和空间认知能力，同时使他们对校园环境有更深的了解和更强的归属感。

学校的师资队伍、教学资源、研究成果是校园文化的重要组成部分，它们代表了学校的教育水平和研究能力。通过充分挖掘这些资源，我们可以在校本课程中，设计一系列的学习任务和活动，使学生有机会接触最新的研究成果，参与到实际的研究项目中，通过实践提高他们的研究能力和创新能力。

此外，学校的社团活动、校园活动等也是校园文化的重要内容，它们是学生课外生活的重要部分，有着丰富的实践经验和情感体验。通过整合这些活动，我们可以在校本课程中提供多元的学习场景和丰富的社会实践机会，让学生深度参与到课程教学中，在感受校园文化的同时提升自身的思想政治素养。

2. 科学设计课程内容

在课程设计阶段，将校园文化与高校思想政治教育的要求结合，制定出既符合学生需求，又能传播校园文化和价值观的课程内容，是校本课程的核心要务。这样不仅能让学生在学习过程中深入了解并珍视自身学校的独特文化，同时也能以更加积极的态度接受和吸纳思想政治教育的内容。

首先，学校可以设立一些以探讨学校历史、文化、发展等话题为主题的课程。例如，可以开设一门"学校历史与文化"的专题课，通过系统地介绍学校的建校历史、发展变迁、文化传承等内容，让学生了解学校的沿革和发展，增强他们对学校的归属感和荣誉感。同时，这些课程内容还可以融入高校思想政治教育的相关理念，如爱国主义、集体主义、人文关怀等，从而使思想政治教育深入学生心中。

其次，高校可以通过案例教学、情境教学等方式，让课程更加生动和贴近生活。比如，在讲授学校历史的过程中，可以挑选一些重要的历史事件，更加生动、直观地让学生了解历史，也可以使学生在课堂参与和体验中提高自身的团队协作能力和沟通能力。在探讨校园文化的课程中，可以引入真实的校园生活案例，让学生从自身的生活经验出发，深入探讨、理解和实践校园文化，使思想政治教育与学生的日常生活紧密结合，有利于他们的价值观的形成和人格的发展。

同时，课程设计应注重多元化、开放性和实践性，如可以开设一些关于学校特色科研项目的课程，让学生有机会参与到实际的科研工作中，既可以提高他们的实践能力和创新能力，也可以让他们更加深入地了解学校的科研实力和科研文化。

此外，课程内容的设计需要注重启发性和探究性，鼓励学生积极参与到课程的设计和改进中。例如，可以设立一些课程设计的小组任务，鼓励学生围绕学校文化和社会问题，自行设计和实施课程项目，这样既可以激发他们的创新思维和团队协作能力，也可以让他们更加深入地参与和体验校本课程的实施。

3. 创新教学方法

创新教学方法和注重学生主体性是提升教学质量、实现高效教学的重要手段。只有当学生真正成为学习的主体时，才能使其更好地参与到课堂中，真正提升教学质量。

高校应该转变传统的教学模式，避免采用单一的讲授方式。比如，可以尝试使用翻转课堂的教学方式，让学生在课前自行预习，课堂上主要进行讨论和解疑。这样，教师可以把更多的时间用在指导学生思考问题、解决问题上，而不是单纯地传授知识。此外，高校可以采用项目式学习、案例分析等教学方法，让学生在实际的项目中进行学习，以提高他们的动手能力和实践能力。

高校应该注重提升教学的互动性。例如，可以通过小组讨论、角色扮演、模拟辩论等方式，鼓励学生积极参与课堂活动，激发他们的学习兴趣和参与热情。此外，高校可以使用现代信息技术，如网络论坛、在线问答等，创建一个开放、共享、互动的学习环境，让学生能够在课堂之外进行学习和交流。

同时，高校应该着力培养学生的批判性思维和问题解决能力。高校可以设计一些问题导向的课程活动，鼓励学生从多个角度思考问题，挑战传统观念，发表自己的观点和想法。在教学过程中，高校要关注学生的思维过程，而不仅仅是他们的答案。高校要鼓励他们敢于质疑、敢于挑战、敢于创新。

高校应该尊重学生的主体性，让他们在教学过程中发挥主导作用。高校应鼓励学生参与课程的设计和评价，让他们有更多的自主权和决定权。同时，高校要关注学生的个体差异，尊重他们的兴趣和选择，提供个性化的学习支持。

4. 在评估中持续优化课程

实施课程评估和持续优化课程是高效的教学管理和质量保障的核心组成部分，这一过程涉及多个角度和多元化的评估方式，包括但不限于学生反馈、教师评价、专家评审等。

　　学生反馈是课程评估的重要一环，因为学生是课程的直接受益者，他们的感受和建议往往能最直接地反映出课程的优点和不足。可以通过设立在线反馈平台，鼓励学生在课后及时反馈他们对课程的感受和建议，如课程内容的理解度、教学方式的满意度、教学进度的适宜性等。此外，可以定期进行问卷调查，深度了解学生的需求和期望，这对于课程的持续优化具有重要的指导意义。

　　教师评价是不可或缺的一部分。教师在教学过程中能够直接观察到学生的学习状态，从而评价课程实施的效果。同时，教师自身在教学过程中也可能发现课程设计的问题和不足，他们的反馈和建议对课程的优化改进具有关键性的推动作用。

　　专家评审同样是课程评估的重要手段。可以定期邀请校内外的教育专家、相关领域的学者对课程进行评审，从专业的角度对课程设计、教学内容、教学方法等进行深入的评价和建议。专家评审不仅可以从更高层面、更宏观的角度看待课程的优点和问题，还可以引入最新的教育理念和方法，为课程的改进提供有力的支持。

　　课程评估的结果是优化课程的重要依据，是其最重要的功能，通过分析学生反馈、教师评价、专家评审等各方面的数据和信息，可以找出课程的优点和不足，确定需要改进的地方。然后，根据这些评估结果，制定出具体的优化策略和实施计划，如调整课程内容、改变教学方式、增强课程的实践性和互动性等。

第七章
网络文化与新时代高校思想政治教育的融合

网络文化基于现代社会科技的迅速发展，在互联网、手机、移动终端等各种技术支持下，实现了数字化管理与信息化传播。在全球化深入发展的时代背景下，我国网络文化也在不断发展，其所具有的影响力和传播力不断增强。网络文化作为一种新兴的文化形式，它的开放性、虚拟性等特征对大学生的思想政治教育起到了很大的作用。

第一节　网络文化的内涵与特点

一、网络文化的内涵

网络文化是一个相对宽泛的概念，网络文化，顾名思义，是在互联网环境下形成和发展的一种文化形态，它是以网络信息技术为基础，在网络空间形成的文化活动、文化方式、文化产品、文化观念的集合。网络文化是现实社会文化的延伸和多样化的展现，同时形成了其自身独特的文化行为特征、文化产品特色以及价值观念和思维方式的特点。网络文化不仅仅体现出了技术性的变革，也体现了社会、经济、政治、心理等多方面的变化。网络文化是互联网和文化相互渗透、相互融合的产物，是一种全新的文化现象，它以互联网为载体，具有前所未有的广泛性和深远性。

网络文化可分为广义与狭义两种，广义的网络文化指网络时代的人类文化，它是人类传统文化、传统道德的延伸和多样化的展现。它将互联网作为一个全新的社会空间，不仅仅是一个技术工具。在这个空间中，人类的传统文化和传统道德被赋予了新的生命力，得以在网络的世界中实现了延伸和多样化的展现。在这个意义上，网络文化是人类文化的一种新的表达形式，是人类历史文化的重要组成部分。它反映了人类社会在科技进步下的文化变迁和发展。

狭义的网络文化指建立在计算机技术和信息网络技术以及网络经济基础上的精神创造活动及其成果，是人们在互联网这个特殊世界中，进行工作、学习、交往、沟通、休闲、娱乐等所形成的活动方式及其所反映的价值观念和社会心态等方面的总称，包含人的心理状态、思维方式、知识结构、道德修养、价值观念、审美情趣和行为方式等。狭义的网络文化，更加聚焦于互联网中的精神创造活动及其成果。其涵盖了人们在网络世界中进行的工作、学习、交往、沟通、休闲、娱乐等活动方式，以及由此形成的价值观念和社会心态等。具体来说，包括人的心理状态、思维方式、知识结构、道德修养、价值观念、审美情趣和行为方式等。在网络文化的影响下，人们的行为模式、思维方式、价值观等都发生了改变，生活在网络时代的人们被赋予了全新的个体性和多元性。

无论是广义还是狭义的网络文化，它们都体现了网络技术对人类社会，特别是对文化领域的深远影响。网络文化是人类文化发展的重要阶段，也是我们理解和把握现代社会的重要视角。

二、网络文化的特点

网络文化作为一种基于信息与网络技术而产生的新型文化类型，与传统的文化形式相比有其自身独特的文化特征，网络文化的特点如图 7-1 所示。

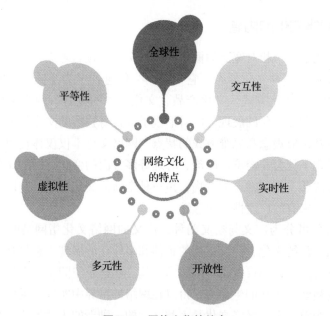

图 7-1　网络文化的特点

（一）全球性

首先，体现在其空间上的无界性。在互联网的连接下，各个角落的人类个体、群体及其创造的文化资源，能通过线上的形式相互接触，相互影响，这对于传统文化来说是无法企及的。不同的地域文化以往因为物理空间的隔阂，交流相对困难，而在网络空间中，这一壁垒被打破，东方的文化可以迅速传到西方，反之亦然。这使得全球的网络用户在文化获取上拥有了前所未有的便捷，丰富了文化体验，也提高了文化交流的效率。

其次，体现在其传播力度上的无界性。在物理世界中，文化的传播受众有一定的限制，而在网络空间中，一则信息、一个观点，甚至一首歌曲或者一部电影，都可以瞬间被全球数以亿计的网络用户所共享，网络文化的传播力度强大到无法估量。因此，网络文化的全球性不仅使文化交流的空间无界，也使得文化传播的力度无界。

最后，体现在其意识形态上的无界性。在网络空间中，人们可以自由表达自己的观点，讨论各种议题，甚至发起全球性的行动。这使得网络文化不仅仅是一种娱乐的方式，也成为人们塑造和传播价值观，影响社会变革的重要平台。因此，网络文化的全球性带动了全球范围内的意识形态交流。

在全球化的大趋势下，网络文化的全球性更加明显，它将进一步深化各个国家、各个民族、各个社区之间的文化交流，推动世界文化的多样性和包容性，促进全球社会的融合与和谐。这不仅是网络文化的全球性带来的文化效应，也是网络文化对于全球化发展的重要推动力。

（二）交互性

网络文化的交互性是其最鲜明的特点之一，它不仅使每个人都可以成为信息的生产者和消费者，也使每个人都可以在网络空间中自由地表达和交流，使得网络文化具有了更强的创新能力和活力，更强的适应性和扩展性，以及更强的影响力和吸引力。因此，网络文化的交互性是其不可或缺的一部分，也是其对人类社会产生深远影响的重要因素。

首先，体现在信息传播的双向性上。在传统文化中，信息的传播通常是单向的，由信息的生产者向消费者传递。然而，网络文化打破了这一模式，使得每一个网络用户都可以成为信息的生产者和消费者，他们可以在网络空间中自由地发布、分享、讨论各种信息，从而形成了一种全新的、多向的、动态的信息传播模式。这种模式不仅增强了信息的传播效率，也极大地丰富了人们的信息获取方式，提升了人们的信息素养。网络文化具有强大的互动能力。在网络文化中，每个人都可以通过各种互动方式，如评论、转发、点赞等，参与到信息的传播和分享中。通过这种方式，人们可以更好地理解、感知和接纳他人的观点和想法，也可以更好地表达和传播自己的观点和想法。这种基于互动的交流方式，不仅提升了信息的传播效率，也扩大了信息的影响力，进一步加强了网络文化的交互性。在网络环境中，个体的行为不再是被动接收信息，而是在不断的互动中积极参与信息的生成与分享。在这个过程中，每个人都有可能通过自身的参与和行动影响网络文化的发展，但这种影响力并不局限于他们的社会地位或物质资源的多少。因此，网络文化对个体赋予了更大的自由和可能性，每个人都有机会通过自己的努力在网络文化中实现自我价值。

其次，体现在社会互动的多样性上。在网络空间中，人们不仅可以通过文字、图像、音频、视频等形式进行信息交流，还可以通过各种社交媒体、论坛、博客、微博、直播等平台进行社会互动。这些互动形式的多样性，使得网络文化具有了前所未有的生动性和丰富性，也使网络空间成为人们展现自我、实现自我、表达自我的重要场所。网络文化提供了一种新的组织形式。在网络空间中，人们可以跨越地理和物理的限制，形成各种新的社区和组织，如网络社区、虚拟团队等。在这些新的组织形式中，人们可以根据自己的兴趣、需求和目标自由地组织和参与各种活动，通过协作和互助，共同创造和分享价值。这种基于共享和协作的组织形式，大大提升了网络文化的创新能力和活力，也使得网络文化具有了更强的适应性和扩展性。

最后，体现在思想交流的平等性上。在网络空间中，每一个网络用户都可以自由地表达自己的观点和看法，无论他们的身份、地位如何。这种平等的思想交流，使得网络文化具有了广泛的包容性和开放性，也使网络空间成为人们追求知识、理解世界、塑造未来的重要阵地。

（三）实时性

在网络环境下，信息的传播速度大大超过了传统的信息传播方式。新闻、事件、想法、创意等信息可以在短时间内迅速传播到全球各地，人们几乎可以在第一时间获取最新的信息，这种实时性不仅改变了信息的传播方式，也改变了人们的生活方式和思维方式。

网络文化的实时性在信息传播的速度上得到了突破。在互联网环境下，无论是文字、音频、视频，还是图像等多媒体信息，都可以通过网络迅速传播。这种快速的信息传播使人们可以在第一时间了解到世界各地的新闻和事件，了解到最新的科研成果，领略到最新的艺术作品，体验到最新的技术应用等。这种实时获取信息的能力不仅极大地丰富了人们的知识储备和生活体验，也使得人们在信息获取上的效率和便利性大大提高。网络文化的实时性还体现在其对于信息的发布和分享有着巨大的推动作用。在传统的文化环境中，信息的发布和分享往往需要通过一定的媒介，且时间和地点的限制相对较大。而在网络文化中，每个人都可以成为信息的创造者和传播者，随时随地分享自己的想法和感受，发布自己的创作和观点。这种实时的信息发布和分享模式，极大地提升了信息的传播效率，增强了人们的表达和分享的自由度。

实时性使得网络文化对于人们的生产生活实践产生了巨大的推动作用，网络文化的实时性使得信息的传播范围得到了空前的拓宽。在网络环境下，信息的传播不再受地域和时间的限制，人们可以在任何时间、任何地点获取到所需的信息。这种空前的信息传播范围使得网络文化的影响力和传播力得到了极大提升，也使得网络文化的传播更加快速和广泛。网络文化的实时性在社交互动上也产生了深远的影响。在网络环境下，人们可以通过社交媒体、在线论坛、聊天软件等方式进行实时的互动和交流，分享自己的观点和想法，了解他人的看法和感受。这种实时的社交互动不仅增强了人们的社会联系，也使得人们在社交互动上的体验更加真实和丰富。

网络文化的实时性在教育和学习上也发挥了重要作用。在网络环境下，教育和学习的形式和方式得到了全新改变，网络教育和在线学习成为可能。人们可以通过网络课程、在线教育平台等方式进行实时的学习和教育，获取最新的知识和技能。这种实时的教育和学习不仅使得人们的学习方式更加便捷和高效，也使得教育的公平性和普遍性得到提升。

（四）开放性

首先，表现在其包容性上。网络环境是开放的，任何人都可以在其中发布和分享信息，不受地域、国界、语言、宗教、种族等限制。因此，网络文化可以接纳和包容各种不同的文化元素，不同的文化在这里可以相互交流、相互影响，形成了丰富多样的网络文化景观。这种包容性使得网络文化具有了极高的多样性和创新性，为人们提供了广阔的思想空间和表达平台。

其次，体现在其普遍性与易接触性上。在网络环境中，每个人都可以接触到来自世界各地的信息和文化，不受地域和国界的限制。这种无国界的信息流动，使得网络文化具有了广泛的影响力，不断地塑造和改变着人们的生活方式、思维方式和价值观。在网络环境中，只要有互联网连接，人们就可以轻易地接触到网络文化。这种易接触性使得网络文化的传播速度和传播范围都大大超过了传统文化，能快速地融入到人们的日常生活中，对人们的生活产生了深远的影响。

最后，体现在其互动性上。在网络环境中，信息的传播不是单向的，而是双向的，甚至是多向的。每个网络用户都可以成为信息的生产者和消费者，可以主动地参与到网络文化的创造和塑造中，使网络文化具有了强烈的互动性和动态性。

（五）多元性

首先，表现在其文化形态的多样性上。在互联网环境下，不同的人群根据自己的需求和兴趣，创造出各种各样的网络文化形态，如博客、微博、社交媒体、网络游戏、在线教育、数字艺术、电子商务、网络社区等。这些不同的网络文化形态，不仅反映了人们在网络环境中的多种生活方式和行为模式，也为人们提供了丰富多样的信息获取、交流、娱乐、学习、工作等渠道。

其次，体现在其内容的丰富性上。网络是一个巨大的信息库，包含了各种类型、各种形式、各种领域的信息和知识，如新闻报道、科技研究、艺术作品、生活资讯、娱乐节目、教育资源等。这些丰富的信息内容构成了网络文化的一部分，反映了网络文化的内涵丰富和多样性。

最后，体现在其价值观的多元性上。不同的网络用户有着不同的背景、观点、理念，他们在网络环境中表达自己的看法和观点，形成了一种多元化的价值观交流和对话。这种多元化的价值观交流，不仅丰富了网络文化的内容，也为人们提供了更多的视角和思考空间，有助于形成开放、包容、多元的网络文化氛围。

同时，从主体角度看，参与者的多样性决定了网络文化的多元性。在网络环境中，任何有互联网连接的人都可以成为网络文化的参与者，他们可以在网络中表达自己的想法和感情，分享自己的生活和经历，参与到网络文化的创造和传播中来。这种参与者的多样性，使得网络文化具有了极强的生命力和创新力，也使得网络文化的形态和内容更加丰富和多元。

（六）虚拟性

虚拟性是网络文化非常显著的特点之一，这种特点源自网络文化发生和发展的特殊空间——互联网。互联网是一个非物质的、无形的、不受物理空间限制的虚拟空间，因此，网络文化本身具有一定的虚拟性。这种虚拟性不仅体现在网络文化的空间形态上，也体现在网络文化的时间感受、交流模式、社会关系、认知方式等方面。

在空间形态上，网络文化的虚拟性使得人们可以跨越地理距离，进行全球化的信息交流和文化交流。无论身在何处，只要有互联网连接，人们就可以进入这个虚拟的网络世界，体验到不同地区、不同文化的信息和资源。这种全球化的信息和文化交流，打破了地理空间的限制，使得网络文化具有了极大的流动性和传播性。

在时间感受上，网络文化的虚拟性使得人们可以在任何时间接触到网络文化，享受到网络服务。网络文化不受时间的限制，不像传统的文化活动，需要在特定的时间和地点进行。在网络文化中，人们可以根据自己的时间安排，随时随地地进行工作、学习、娱乐、社交等活动。这种时间的自由度，大大增强了网络文化的便利性和实用性。

在交流模式上，网络文化的虚拟性为人们提供了全新的交流方式。在网络空间中，人们可以使用文字、音频、视频、图片等方式进行表达和交流，可以通过论坛、社交媒体、即时通讯、博客、视频网站等平台进行交互和分享。这种新的交流方式，不仅增加了人们表达和交流的丰富性，也增强了人们的参与感和互动性。

在社会关系上，网络文化的虚拟性改变了人们的社会交往方式。在网络空间中，人们可以匿名交流，可以自由选择交往的对象和方式，可以建立跨越地理、文化、社会差异的社会关系。这种新的社会交往方式，打破了传统的社会关系模式，使得社会关系更加开放、自由、平等。

在认知方式上，网络文化的虚拟性改变了人们获取信息和知识的方式。网络文化中的信息和知识，可以通过搜索引擎、在线百科、电子图书、网络课程等方式随时获取，这种新的认知方式，大大增强了人们的信息获取能力，提升了人们的知识水平。

（七）平等性

网络文化中的平等性指各个用户都拥有相同的权利去发表自己的意见，分享自己的经验，探讨各种问题，并与其他人建立交流和联系。这种平等性是由网络空间的特性决定的，这个特性打破了现实生活中的种种限制，使网络成为一个开放、自由、平等的社区。

首先，体现在信息的获取和传播上。在网络空间中，每个用户都有同样的机会获取到信息，并将自己的信息传播出去。这与传统的信息传播方式形成了鲜明的对比。在传统的信息传播方式中，信息的生产和传播往往是由一小部分人控制的，大多数人只是信息的接收者，没有机会参与到信息的生产和传播中。而在网络空间中，每个用户都可以是信息的生产者和传播者，这大大增强了信息的民主性，也极大地提高了信息的传播效率。

其次，体现在社交关系的建立上。在网络空间中，人们可以自由选择与谁交流，如何交流，而不受社会地位、年龄、性别、种族等因素的限制。这与现实生活中的社交方式形成了鲜明对比。在现实生活中，人们的社交圈子往往受到地域、社会地位、年龄、性别、种族等因素的限制，而在网络空间中，这些限制都被打破了，人们可以与世界各地的人进行交流，形成了一种全新的、开放的、多元的社交方式。

最后，体现在知识的分享上。在网络空间中，每一个用户都可以分享自己的知识，无论这个知识来自于学术研究，还是来自于生活经验。这与传统的知识分享方式形成了鲜明的对比。在传统的知识分享方式中，知识的分享往往是由学术界、专业机构进行的，而在网络空间中，每个用户都可以是知识的分享者，大大增强了知识的开放性和多元性。

第二节　网络文化的育人功能探析

一、网络文化的育人功能

（一）知识传播与学习

网络文化在知识传播和学习方面展现出了巨大的潜力和独特的优势。首先，互联网作为全球信息的大脑，汇集了世界各地的信息和知识，无论是学术知识、技术资讯、历史文化、社会新闻，还是艺术创作，人们都可以通过网络方便快捷地获取。这极大地丰富了人们的知识来源，突破了地域、时间的限制，使得知识传播变得更加快捷、有效。

网络文化的发展不仅改变了知识的获取方式，也引发了学习方式的变革。以往，学习主要依赖于传统的教室教学，受限于地点、时间、教师资源等因素，其效率和效果往往受到限制。然而，网络文化打破了这些限制，推动了在线学习的发展。例如，现在的在线学习平台，能够提供丰富的学习资源，包括名校的精品课程、优秀教师的讲解，甚至有业界专家的实战经验分享。用户可以根据自己的需求和时间安排选择合适的课程进行学习，不再受限于固定的课程安排和学习节奏。

此外，网络学习具有很高的互动性，这种互动性在很大程度上有利于提升学习的效率与质量。学习者不仅可以通过评论、问答等方式与教师进行互动，获取反馈，还可以与其他学习者进行讨论、交流，分享学习心得，这无疑增强了学习的趣味性和深度。这种互动性，使得学习者在获取知识的同时，提升了自己的沟通能力和团队协作能力。在网络文化的推动下，学习逐渐变得更加个性化、自主化。用户可以根据自己的兴趣和需求选择学习内容，调整学习节奏，甚至参与到课程的设计和改进中，使得学习更加符合个人的发展需求，提升了学习的效果和满意度。

（二）价值观塑造与思想引领

如果说，传统的文化生产是生产富含社会主流价值观的文化产品或以文化产品的方式建构社会主流价值观，那么网络文化生产既是社会主流价值观的建构过程，也是社会主流价值观的传播和弘扬过程①。网络文化中充斥着各种各样的信息和观点，这些信息和观点来自于全球各地，涵盖了各领域和层次。人们可以通过浏览网页、阅读博文、观看视频、参与讨论等方式接触到这些信息和观点。这些广泛的信息源使得人们有机会接触到不同的文化、观点和生活方式，可以开阔视野，拓宽思维，从而有助于塑造开放、包容的价值观和态度。也正因如此，在学生的思想观念以及行为方式的发展等方面，网络文化发挥着重要的引领作用。首先，网络空间形成的价值取向对大学生的思想产生了潜移默化的影响，它所反映出的价值观念、道德目标以及行为准则折射出一定的价值标准，通过价值标准引导学生的思想和行为。其次，网络文化能够很好地发挥价值导向作用，引领学生积极向上。网络文化凭借其强大的信息传输能力，有利于学生按照文化价值观的内容和标准进行实践，使其在实践中将文化价值观内化吸收。最后，网络文化的互动性使网络文化价值趋于稳定。受到网络开放性、交互性的影响，网络上出现的文化价值观念不断被强化，从而形成一种价值形态，这种价值形态逐渐被大众所接受和推崇。

网络文化使零距离的交流互动成为现实，使得其信息传输具有渗透性，能够对学生产生潜移默化的影响。首先，网络文化通过信息共享的方式使不同的思想与多样的文化实现融合共生。在网络平台中，学生从以往被动的信息接收者转变为主动交互式的文化参与者，通过网络实现信息资源的共享，使各种网络资源得到充分的利用。其次，网络空间的开放性使各种文化资源得到共享，有利于提升文化传播的影响力。在网络学习过程中，学生头脑中构建的知识储备系统与网络提供的时事政治、热点新闻及社会生活常识的信息相互交融碰撞，从而产生思想共鸣。可以说，学生从获取信息到学习交流的跨越，实现的是思想引领的教育过程。

当然，网络文化对人们的价值观和态度的影响是复杂多元的，包含积极和消极两个方面。在享受网络带来的便利和资源的同时，我们也要警惕网络中的不良信息和观点，学会批判性思考，建立正确的价值观和态度。我们可以利用网络的特性，通过教育和引导，塑造和弘扬积极的价值观和态度。例如，我们可以通过网络平台发布和推广积极的信息和观点，引导公众关注社会问题，参与公益活动，提升公民素质，促进社会的和谐和进步。同时，我们也可以利用网络技术，开展网络素养教育，教育公众识别和抵制不良信息及观点，建立健康的网络使用习惯和态度。

---

① 张三元.网络文化生产与社会主义核心价值观的大众化［J］.探索，2024（3）：142-156.

（三）实践教育与技能培养

网络文化可以丰富教育的内容，拓展教育的渠道，更新教育的方法。首先，网络文化的包容性能够开拓思维、拓宽视野、增长见识，破除文化交流和信息获取的时空界限，学生可充分利用网络平台获取信息资源、发表观点看法。其次，网络文化的互动性便于交流，打破时空的限制，利用网络平台的平等性，自主选择网络信息，从而降低网络文化参与的成本。最后，网络文化的多元性使选择多样化。网络文化的传播速度快、形象直观，具有强大的感染力，从而引起情感共鸣，这种感化的力量以其广泛的传播范围而具有强大的凝聚功能，不受时空的限制。例如，网络文化中关于道德规范的内容，通过网络弘扬模范先进事迹，向模范学习。

网络文化作为一个庞大、复杂且快速发展的体系，为人们的技能培养提供了独特且丰富的资源。它不仅提供了一种全新的学习环境和方式，使人们有机会获取和掌握各种新的技能，而且为人们提供了实践和应用这些技能的机会。具体来看，网络文化通过强大的信息传输能力拓展了人们获取知识与信息的渠道，使人们通过网络平台对社会实践具有一个更加全面、深入的理解，通过网络新闻、知识分享、交流沟通等渠道，人们可以从不同角度观察实践，用更多元的思路进行思考。

网络文化也可以帮助人们培养信息素养。信息素养指寻找、分析和评价信息的能力。在网络文化中，信息是海量的，变化是快速的，这要求人们有高度的信息素养，才能从中获取有价值的信息，避免被错误或无关的信息所干扰。网络文化提供了各种信息处理的工具和技术，如搜索引擎、数据分析软件等，可以帮助人们提升信息素养。同时，人们可以通过参与网络文化的各种活动，如论坛讨论、博客评论等，来实践和提升这种信息素养。

网络文化可以帮助人们培养交际技能。在网络文化中，交流和合作是常态。人们可以通过社交网络、论坛、聊天室等平台，与世界各地的人进行交流和合作。这不仅可以帮助人们提升语言和沟通的技能，也可以帮助人们学习和理解不同的文化和观点，增强跨文化交际的能力。

（四）社会参与

21 世纪是信息时代，网络文化已经成为人们日常生活中不可或缺的一部分，同时成为人们参与社会活动的重要平台。人们可以通过网络参与到各种社会活动中，这种参与不仅有助于提升人们的社会责任感，培养公民精神，同时有助于塑造和发展个体的社会身份和价值观。

首先，网络文化为人们参与公共事务提供了空前的便利。在网络上，人们可以参与到各种公共事务的讨论和决策中，如政策讨论、公共服务改革、环保活动等。人们可以发表自己的观点，参与到公共事务的决策中，感受到自己是社区一员，从而提升社会责任感。与此同时，网络的开放性和多元性也为人们提供了更广阔的视野，使得人们在参与公共事务的过程中，可以接触到多元的观点和信息，从而有助于培养包容和公正的公民精神。

其次，网络文化为公益活动的组织提供了新的平台。网络的全球性和实时性使得公益活动的影响力得以迅速扩大，更多的人可以参与到公益活动中。例如，网络募捐、在线志愿者服务等都是网络文化对公益活动的重要贡献。人们在参与这些公益活动的过程中，可以体验到帮助他人、改善社会的满足感，这不仅有助于培养个体的公民精神，也有助于提升个体的道德修养。

最后，网络文化有助于社区的建设。网络社区是一个开放、包容的空间，人们可以在这里分享自己的生活，交流自己的观点，帮助和支持他人。在参与网络社区的过程中，人们可以感受到归属感和共享感，同时可以学习到如何与他人合作、如何解决冲突的社会技能。这些都是构建和谐社会、发展社区公民精神的重要因素。

二、网络文化在育人方面的突出优势

（一）丰富的教学资源

互联网作为一种全球性的信息共享平台，提供了极其丰富的学习和知识资源。这些资源覆盖各个领域和层次，为不同需求的用户提供了极其丰富的选择。网络文化的丰富资源为育人活动提供了广泛而多样的选择，涵盖了各个领域和层次的学习和知识资源，从基础学科到前沿科技、从历史人文到艺术文化，无论是学科知识还是实践技能，都可以在互联网上找到相应的资源。资源的丰富性为不同需求的学生提供了更多元化的学习选择和机会。无论是数学、物理、化学、生物等自然科学，还是历史、地理、文学、哲学等人文社科，互联网上都有大量的学习资料和教学资源可供选择。学生可以根据自己的学科兴趣和学习需求，选择适合自己的学习资源，从而提高学习效果和兴趣。互联网上有大量的学习资料和教材可供免费或付费获取。教师和学生可以通过在线图书馆、电子书籍、开放式教材等途径获得与课程内容相关的各种学习资料。这些资源丰富多样，包括教科书、参考书、研究论文、实验指导等，能够满足不同学习层次和需求的学生。比如，互联网上存在大量的学术期刊、研究机构和科学数据库，提供了世界各地的科研成果和学术资源。教师和学生可以通过互联网轻松获取最新的学术研究论文、科学报告和专业期刊，了解领域内的最新进展和前沿知识，促进教学和学习的科学性和前瞻性。

互联网能够为学生提供实践技能和应用知识的学习资源。无论是编程、设计、音乐、绘画等技能培养，还是实验、实地考察、实习等实践活动，互联网上都有相关的教学视频、教程、在线实验平台等资源可供学生学习和实践。这为学生提供了更广泛的学习领域和机会，培养了他们的实践能力和创新思维。互联网上有众多的在线课程平台，提供各种学科和专业领域的课程。学生通过这些平台学习各种知识和技能，无论是大学课程、职业培训，还是兴趣爱好的学习，都有相应的在线课程可供选择。教学视频也是互联网上丰富的教学资源之一，教师和学生可以通过在线视频平台观看和分享教学视频，加深对知识的理解和应用。

以多媒体资源为代表，互联网文化包含了丰富的教学资源与教学手段。教师可以使用图片、音频、视频等多种形式的多媒体教学资源，让教学更加生动、直观。例如，通过在线图库和视频分享平台，教师可以获取高质量的图片和教学视频，用于讲解和演示，激发学生的兴趣和注意力。互联网上的学习资源还具有时效性和实时性。无论是最新的科研成果、学术论文，还是行业动态、前沿技术，互联网上的学习资源可以随时更新，保持与时俱进。学生可通过关注科研机构、学术期刊、行业博客等渠道，获取最新的学术研究、行业发展信息，保持对知识的更新和深入了解。

（二）灵活的学习方式

网络文化所带来的灵活学习方式为教育领域带来了巨大的变革和创新。传统的教育模式通常是在特定的时间和地点进行面对面的教学活动，学生需要按照固定的课表安排参加课堂教学，受时间和地点的限制。然而，网络文化的出现打破了这种传统教育的局限，为学习者提供了更加灵活、自主的学习方式。学习者能够根据自身的时间、地点和兴趣自主选择学习内容和学习方式。这种灵活性使得学习更加便捷、个性化和自主，为学习者提供了更多的学习机会和学习支持。网络文化的发展和普及将进一步推动教育的创新和改革，促进学习者的终身学习和全面发展。

网络文化使学习者能够自由安排学习时间。传统教育要求学生按照固定的课程表参加课堂教学，而网络学习允许学习者根据自身的时间安排自由选择学习时间。学习者可以根据工作、家庭和个人时间安排，在任何时间进行学习，无论是早晨、晚上还是周末。网络文化消除了地理限制，学习者可以在任何地点进行学习。传统教育通常需要学生前往学校或其他教育机构参加课堂教学，而网络学习则打破了这一限制。学习者只需要一个具有互联网连接的设备，就可以在家中、咖啡馆、图书馆或任何其他地方进行学习。地点的灵活性为学习者提供了更多自由选择的机会，使得学习更加便捷和舒适。

网络文化的学习方式还体现在学习内容的个性化和定制化。通过互联网，学习者可以根据自身的兴趣、需求和能力选择学习内容，实现个性化的学习体验。在线学习平台和教育资源丰富多样，学习者可以自主选择学习材料、课程和学习路径，以符合自己的学习目标和节奏。这种个性化的学习方式使学习者能够更好地适应自己的学习风格和节奏，提高学习效果和积极性。此外，网络文化还为学习者提供了更多的学习支持和互动。学习者可通过在线讨论、教学平台、社交媒体等方式与教师和其他学习者进行互动和交流。这种互动性可以促进学习者之间的相互学习和合作，增强学习者的学习动力和参与度。同时，学习者可以根据自己的兴趣和需要，参加在线学习社群、参与学习项目和合作研究，与全球范围内的学习者和专业人士建立联系，拓宽学习的视野。

（三）较强的互动性

互动性是网络文化在教育中的一大优势，它改变了传统教育中教师和学生之间、学生与学生之间的单向传递和接受知识的模式，为学习者提供了更加丰富、灵活和个性化的学习体验。互动性的网络文化激发了学习者的主动性和参与度，促进了知识的交流和共享，培养了学习者的合作能力和创新思维，提高了学习的实效性和深度。

网络文化鼓励教师和学生之间的互动和交流。传统教育中，教师往往是知识的主要提供者，学生扮演被动接受者的角色。然而，在网络文化中，教师与学生之间的互动不再局限于传统的课堂教学环境。通过在线教学平台、社交媒体和即时通讯工具，教师和学生可以随时随地进行交流和互动。教师可通过在线讨论、答疑解惑等方式与学生进行交流，提供个性化的指导和支持。学生可通过提问、评论、分享思考等方式与教师互动，获得更多的反馈和指导。这种教师和学生之间的互动促进了更深入的学习和理解。

网络文化鼓励学生与学生之间的互动和合作。传统教育中，学生之间的交流和合作往往局限于课堂上的小组活动或小范围的讨论。然而，在网络文化中，学生可通过在线社交平台、协作工具和学习社群与其他学生进行交流和合作。他们可以分享学习资源、互相提供帮助和支持，共同解决问题和探索知识。这种学生与学生之间的互动和合作不仅增强了学习的互动性，也培养了学生的合作能力、沟通能力和团队意识。

互动性强的网络文化为学习者提供了更加丰富和多样的学习体验，在很大程度上提升了学生学习的积极性与主动性，学习者可以通过在线讨论、群组活动、博客写作、虚拟实验等方式与教师和其他学习者进行互动，分享观点、讨论问题、展示成果。这种互动不仅促进了知识的交流和共享，还激发了学习者的思维和创造力。学习者在互动中能够得到及时的反馈和指导，加深对知识的理解和应用，提高学习的实效性和效果。

（四）开放和多元的学习环境

网络文化对于在教育中营造开放性和多元的学习环境具有重要意义。这一特点使得学习者能够接触到不同的观点、文化和思想，从而培养开放的思维方式和接纳多元文化的能力。

首先，网络文化提供了广泛的信息和知识资源，使学习者能够自由地获取和探索各种学科领域的内容。无论是教材、学术论文、在线课程，还是个人博客、社交媒体、在线论坛，网络文化以其开放性和包容性，为学习者提供了多样的学习资源。学习者可以自主选择感兴趣的内容进行学习，拓宽视野、深化理解。这种开放的学习环境鼓励学习者探索不同的知识领域，开拓思维，促进跨学科的交叉学习和思维碰撞。

其次，网络文化提供了交流和互动的平台，使学习者能够与其他学习者、专家学者进行广泛的讨论和交流。学习者可通过在线社交媒体、学术论坛、博客等平台分享自己的见解和经验，同时能够从他人的观点和经验中获益。这种开放的交流环境有利于学习者从多个角度理解问题、探索解决方案，培养批判性思维和分析能力。学习者在与他人的交流中接触到不同的观点和意见，能够更好地理解和尊重多元文化，培养开放的思维方式和接纳多元文化的能力。

最后，网络文化还鼓励学习者主动参与创造性的学习和知识构建。通过在线协作平台、虚拟实验室、创客空间等，学习者可以与他人合作，共同创建、实践和分享自己的学习成果。这种开放性的学习环境鼓励学习者勇于尝试新的想法和方法，积极参与创新活动，培养创造力和解决问题的能力。

第三节　网络文化对新时代高校思想政治教育的影响

一、网络文化对新时代高校思想政治教育的积极影响

（一）信息传播和知识获取方式的变革

网络文化使信息传播更加快捷和广泛，学生可通过网络获取到丰富的知识和信息资源。这为思想政治教育提供了更多的教学素材和案例，丰富了教学内容和方法。同时，学生可以通过网络平台参与讨论、互动和分享，拓展思维，深化对思想政治问题的理解。

网络文化的快捷和广泛的信息传播能力为新时代高校思想政治教育带来

了诸多变革。学生可以通过网络获取到丰富的知识和信息资源。互联网作为一个全球性的信息共享平台，提供了丰富多样的学习资料和研究成果，包括各类学术论文、电子书籍、在线课程、教育视频等。学生可根据自己的兴趣和需求，在任何时间、任何地点浏览和学习相关内容，大大拓宽了知识获取的渠道。

网络文化能为思想政治教育提供了更多的教学素材和案例。教师可通过网络平台收集和分享相关的思想政治教育资源，包括历史事件、政治理论、社会问题等。这些丰富的教学素材可帮助教师更加生动地讲解和阐述重要概念，激发学生的兴趣和思考。同时，学生可通过网络搜索和分享自己的学习成果和研究成果，促进互动和交流，从而加深对思想政治问题的理解和思考。

网络文化为新时代高校思想政治教育带来了更多的教学方法和工具，引领教育手段与方法的革新。例如，教师可以利用在线教学平台和教育应用程序设计各种形式的互动课程，包括在线讲座、讨论板、虚拟实验室等，这些基于信息技术与网络技术的教学工具可以为学生提供更加灵活和个性化的学习体验，帮助学生更好地理解和应用思想政治知识。

（二）交流和互动的拓展

网络文化的交流和互动平台为新时代高校思想政治教育提供了更加全面、立体和多元化的展开方式，促进学生深入思考、相互学习和尊重多元文化。这种开放和多元的交流环境能够培养学生的思辨能力、表达能力和跨文化交流能力，推动思想政治教育的有效实施。学生可通过社交媒体、在线论坛等渠道与教师和同学进行实时的交流及互动。他们可以分享自己对思想政治问题的理解和见解，从而促进深入思考和相互学习。这种互动不仅能够增加思想碰撞，激发出更多新的思考角度，还能够提高学生的表达能力和逻辑思维能力。

同时，网络文化交流平台的开放性和多元性，可以帮助学生更加容易地接触到各种不同的观点和文化。学生可以与来自不同背景和地域的同学进行交流，了解和尊重不同文化的观点和价值观。这有助于培养学生的宽容心态、理解能力和尊重多元性的素养。通过与多元文化的交流，学生能够更好地认识到自己的主观偏见，拓宽自己的视野，形成更加全面和客观的思考方式。此外，网络平台还为学生提供了展示和分享自己观点的机会。学生可通过博客、微博、个人网站等方式，展示自己对思想政治问题的思考和研究成果。这种分享和展示不仅能够提高学生的自信心和表达能力，也能够激发其他同学的兴趣，促进彼此之间的思想交流和互动。

在高校思想政治教学实践中，网络互动可以使得学生与教师之间的联系更加紧密。教师可通过在线教学平台和社交媒体与学生进行互动和反馈，及时解答学生的问题，指导学生的学习和思考。这种即时性的交流能够提高教学效果，使得思想政治教育更加贴近学生的需求和实际，激发了学生的学习兴趣和积极性。

（三）有利于创新教育和实践能力培养

网络文化对于思想政治教育的影响在于推动创新教育和实践能力的培养。它提供了创新的教学方法和资源，鼓励学生参与实践活动，培养解决问题的能力。同时，通过开放性的交流环境促进学生的思考和探索，培养创新意识和独立思考能力。这些都为思想政治教育的创新和发展提供了广阔的空间和机遇。

网络文化提供了具有创新性的教学方法和资源，为教师创设丰富多样的教学场景和教学方式提供了可能。教师可以借助网络平台和多媒体技术，设计创新的教学活动，如在线讨论、虚拟实验、模拟演练等，激发学生的创新思维和动手实践能力。这种创新教学方式能够激发学生的学习兴趣和参与度，提高他们的学习效果和能力。

网络文化还提供了丰富的实践机会和平台，使学生能够将所学的思想政治知识应用到实际情境中，并通过实践活动提升解决问题的能力。学生可通过在线社区、志愿服务组织、实践项目等途径参与社会实践和公益活动，积极投身社会，解决实际问题，培养社会责任感和实践能力。网络平台的互动性和全球性还为学生提供了与不同背景和地域的人们交流合作的机会，进一步开拓视野，培养跨文化交流和合作的能力。

与此同时，网络文化的开放性鼓励学生思考和探索新的思想和观点。学生可以通过网络获取各种思想和观点，展开独立思考和自主学习。他们可以参与在线讨论、辩论和分享，表达自己的观点和想法，与他人进行深入交流和辩论。这种开放性的交流环境能够激发学生的思辨能力、创新意识和批判思维，培养他们独立思考和判断问题的能力。

（四）拓宽国际视野并提升跨文化交流能力

借助网络平台，通过与来自不同国家和地区的学生交流、多元文化的学习和跨文化的互动，学生能够更加开阔眼界，增强对多元文化的理解和尊重，培养全球意识和全球公民责任感，为他们在全球化时代背景下的未来发展奠定坚实基础。

在交流机会方面，网络文化为学生提供了与来自不同国家和地区的学生进行交流的机会。通过在线社交平台、国际学生交流项目等，学生可以与海外学生交流思想、文化、经验和观点，深入了解不同文化背景下的思考方式和价值观念。这种跨国交流不仅拓宽了学生的国际视野，还加深了对多元文化的理解和尊重，培养了学生在全球化时代背景下应对复杂多变环境的能力。

在教育资源方面，网络文化提供了无国界的、丰富多样的跨文化学习资源。学生可以通过网络平台访问来自世界各地的优秀文化作品、文化遗产、艺术品等，了解和欣赏不同文化的独特之处。网络文化还为学生提供了参与跨文化交流活动的机会，如在线文化交流论坛、国际合作项目等，让学生在虚拟环境中跨越地域和文化的界限，与不同文化背景的人进行深入对话和合作。这种跨文化学习和交流不仅培养了学生的跨文化沟通能力，还培养了学生的全球意识和全球公民责任感，使他们能够更好地适应和参与全球化的社会和经济发展。

在信息获取以及信息时效性方面，网络文化为学生提供了了解世界时事和国际动态的渠道。通过网络媒体、新闻平台等，学生可以随时获取全球范围内的新闻资讯，了解不同国家和地区的政治、经济、文化等方面的发展动态。这种全球化的信息获取让学生更加关注全球问题，拓宽了他们的视野，培养了对国际事务的敏感性和理解能力。

二、网络文化对新时代高校思想政治教育带来的挑战

（一）加大了思想政治教学的难度

随着网络文化的快速发展，传统的思想政治教育方式发生了改变，原来主要是以课堂为中心的，有计划、有目的灌输式的授课方式，现在，大学生可以随时随地掌握丰富的信息。思想政治教育的阵地也发生了改变，呈现多元化的发展态势，传统的教育方式已经不能满足新形势下的教育需求。教育者的权威地位也因网络的多元性受到了冲击，对思想政治教育工作者提出了挑战。因此，思想政治教育工作者需要与时俱进，不断提升自身的教育技能和素养，以应对网络文化带来的新挑战，更好地进行思想政治教育工作。

（二）影响思想政治教育对象的身心健康

受网络文化的冲击，一部分大学生过度痴迷网络游戏、网络聊天和网络发泄，人格随之发生了扭曲。对网络产生的痴迷状态使大学生产生难以抗拒的心理，对于上网带来的快感会一直有心理和生理上的依赖。网络成瘾包括网络色情成瘾、网络关系成瘾、信息超载、网络强迫行为、网络游戏成瘾等，这种心理疾病对大学生的学习、生活、工作等产生了极大的危害。长期使用电脑导致人体的植物神经功能严重紊乱，影响到了大学生的正常社会性发展。同时，大学生对网络的依赖程度越强，主观幸福感越低，社会疏离感越强。

　　大学生长时间沉浸于网络世界可能会导致他们忽视现实生活中的人际关系，造成社交能力下降。他们可能会更喜欢在网络中与人交流，而避免面对面的社交，这将对他们的沟通技巧和社交技巧产生负面影响。在网络中，人们可以通过文字、图片、表情符号等表达自己的情感和想法，这无疑降低了表达的难度。然而，这种方式无法完全代替现实生活中的人际交往，因为现实生活中的人际交往需要更多的语言和非语言的交际技巧。长时间的网络沟通可能使大学生在现实生活中的人际交往中感到不适应，影响他们的社交能力。

　　网络文化对大学生的心理健康也可能产生不利影响。网络环境中的各种压力，如网络欺凌、网络暴力等，可能导致大学生产生心理压力，引发一系列心理问题，如抑郁、焦虑等。一些网络事件的发生，如网络热点、网络谣言等，可能会给大学生带来心理困扰，导致他们无法正常学习和生活。

　　因此，高校和教育者需要高度重视网络文化对大学生身心健康的影响，通过提高大学生的网络素养，教育他们正确使用网络，预防和解决由于网络导致的身心健康问题。同时，需要建立完善的心理咨询和辅导体系，为大学生提供心理支持和帮助，以应对网络文化带来的挑战。

（三）对思想政治教育者提出了更高的要求

　　思想政治教育工作者承担着思想政治教育的光荣使命，是人类灵魂的工程师。在网络文化的不断冲击下，由于教育的对象、方法、环境和内容都发生了新的变化，因此，思想政治教育者的素质状况关系大学生思想政治教育的效果。现在教育者的信息优势由于网络的发展而丧失，部分教育者由于网络技术低下或是英语水平低，在快速发展的网络时代利用网上信息很困难。因此，由于不能很好地掌握学生的思想状况，在思想政治教育工作中处于被动局面。

　　网络文化的即时性和快速性也使思想政治教育面临着挑战。信息传播的快速和广泛，使得思想政治教育工作者需要在第一时间对热点事件进行引导和解读，否则可能失去教育的时效性。但是，由于网络事件的突发性和复杂性，往往需要教育者具有高超的应变能力和深厚的理论素养，这对思想政治教育工作者提出了更高的要求。

（四）信息过载与真假难辨

　　互联网上的信息爆炸式增长，学生在获取信息时往往面临信息过载的问题。同时，互联网上也存在大量的虚假、误导性和低质量的信息，这给学生带来了辨别真实性和可靠性的挑战。在思想政治教育中，学生需要具备辨别信息真实性和可信度的能力，以确保获取到准确、可靠的知识。

在这种环境下，教育者们需要适应这种信息环境，学会如何筛选、整合、解读和传递网络信息，使得学生们在面对海量的信息时，不仅能够有效地处理这些信息，还能够辨别其中的真假，避免被错误的或者是具有误导性的信息所影响。这需要教育者具有高度的信息素养和批判性思维能力，只有这样，他们才能引导学生在网络环境中进行有效的学习和成长。

同时，教育者需要注重对大学生的信息素养教育，让他们在面对网络文化中的海量信息时，能够运用科学的方法和技巧进行筛选、判断和处理，以获得高质量、有用和可靠的信息。这不仅需要培养他们的信息获取和处理能力，还需要培养他们的批判性思维能力，让他们能够对获取到的信息进行科学、独立的分析和判断，从而避免被错误或者误导性的信息所影响。此外，需要加强对大学生的网络道德和网络安全教育，让他们在使用网络的过程中，能够遵守网络道德和法规，避免因为网络行为不当导致的各种问题，如网络诈骗、网络欺凌、个人隐私泄露等。

（五）信息碎片化和注意力分散

互联网的快速发展使得学生在学习和思考过程中面临着大量的信息碎片化和注意力分散的问题。学生往往只是浏览和阅读网上的简短文章、微博或推文，而缺乏深入思考和系统学习的能力，这对高校思想政治教育是一种挑战，因为培养学生的批判性思维和综合分析能力需要他们具备深入研究和思考的能力。

网络文化的碎片化很容易导致的学生注意力分散。首先，信息碎片化破坏了系统性的学习。网络上的信息普遍呈现出碎片化的特点，学生往往通过浏览微博、推文、短视频等获取信息，这些信息量小、内容浅显，很难涵盖某一主题的全貌。长此以往，学生对于系统性的、深度的学习缺乏足够的耐心和兴趣，这对于思想政治教育中需要的理论素养和深入思考能力构成了挑战。其次，注意力分散使得学习效果受到影响。网络环境中信息的爆炸性增长，社交媒体、游戏、娱乐等内容的丰富多样性，都极易引发学生的注意力分散，使得学生在学习过程中无法集中注意力，进一步影响思想政治教育的效果。

信息碎片化和注意力分散的双重影响会在一定程度上导致思想政治教育的持久性和连贯性受到影响。对于一些重要的思想政治理论知识，需要学生有持久的、连续的学习过程，通过对知识的逐步理解和消化，形成自己的观点和见解。然而，在信息碎片化和注意力分散的环境下，学生的学习过程往往被打断，学习的连贯性和深度受到影响，这不利于形成系统的、深入的思想政治理论。

第四节 网络文化与新时代高校思想政治教育融合育人的策略

一、创新思想政治教育模式

（一）拓展教育资源与教学途径

教师可以通过互联网平台开拓教育资源，通过学生喜爱的媒介进行教学输出，转变传统的教学形式，营造良好的学习氛围，激发学生学习的积极性。教师可以依托网络平台，如公众号、班级微信群对学生推送主流网络文化，帮助高校师生在网络中不断感受思想政治文化，提升高校网络文化的影响力，使学生在教学中接受先进的、积极的、科学的网络文化。

具体来说，在寻求教育模式创新的过程中，一方面，教师可以挖掘网络平台中的教育资源，如优质的在线课程、互动问答平台、学术论坛、知识社区等，将这些资源融入到教学过程中，丰富教学内容，提升教学效果。通过网络资源的广泛利用，教师可以以更具吸引力和感染力的形式传递知识，培养学生的思考能力，激发学生的学习兴趣。另一方面，教师可以利用网络平台开展创新的教学方式。例如，利用网络平台的社交功能，构建开放、包容、互动的教学环境，鼓励学生积极参与到课程的讨论、合作和创新中。同时，教师可以利用网络平台进行个性化教学，根据每个学生的学习需求和学习进度进行教学，提高教学效果。

另外，教师可以通过网络平台，对学生进行价值观引导。例如，教师可以将积极的网络文化元素，如公益活动、志愿服务、环保行动等，融入到教学内容中，或者整合教育资源开展案例教学，提升教学内容的形象性，同时，培养学生的社会责任感和公民精神。

（二）提高网络思想政治教育的吸引力

教育者应不断提高网络思想政治教育的吸引力，使思想政治教育内容与互联网充分融合，充分发挥学生的学习积极性，促进学生自主学习。如在网站上提供优秀的课程资源，让学生了解思想政治教育的内涵、感受到思想政治教育的魅力。

在提高网络思想政治教育的吸引力方面，可以关注其对于思想政治教学内容的形式和表达方式上带来的提升。网络思想政治教育可以以学生感兴趣的方式呈现思想政治教育的内容，如通过情景剧、故事、案例等方式，将枯燥的理论知识转化为生动有趣的内容，这样可以大大增加教育的吸引力，调动学生学习的积极性。此外，运用多媒体技术，如视频、动画、音频等，可以使包含有大量理论知识的思想政治教学内容更加生动，帮助学生更好地理解和吸收知识。还可以引入现实生活中的案例，使学生能够将抽象的思想政治理论联系到实际生活中，提高理论的实际意义和应用价值。通过分析现实中的案例，学生可以更深入地理解和体验到思想政治教育的内涵，感受到其在现实生活中的重要性。再者，提倡参与式学习，鼓励学生积极参与到网络思想政治教育中，如开展在线讨论、小组合作、项目研究等活动。通过积极参与，学生可以更好地理解和掌握知识，同时能提高他们的实践能力和团队协作能力。

（三）充分利用网络平台

学校要充分借助相关官方网络媒体，如《人民日报》、学习强国等，鼓励学生进行线上学习，养成学生关心时事的良好习惯。教师要学会运用现代教学技术，通过线上学习分享会的方式进行教学，丰富课堂形式。通过多渠道获取知识，加深学生对知识点的理解，促进网络文化与思想政治教育的进一步融合。

在借助官方网络媒体进行教学的同时，教育工作者可以将非正式的社交媒体平台纳入教学考虑，将思想政治教育真正与学生的生活融为一体。例如，微博、微信、抖音等平台，尽管它们以娱乐性内容为主，但因为其传播具有广泛性，因此这类平台也能成为传播思想政治教育内容的有力工具。通过制作具有吸引力的短视频、漫画或者音频，可以在学生日常使用的社交媒体平台上推广思想政治教育内容，让学生在轻松愉快的环境中自然地接收到教育信息。此外，网络论坛和社区也是推进网络思想政治教育的重要平台，学校通过设置线上讨论区、组织网络研讨会等形式，鼓励学生参与到学术讨论中，互相交流心得体验，通过互动和讨论，不仅可以帮助学生理解和消化知识，同时能提高他们的思辨能力和表达能力。

二、充分发挥网络育人优势

（一）转变传统教育观念

教育者应转变传统观念，认识到网络在思想政治教育中的重要作用，真正发挥网络文化优势。应充分利用视频、音频、图片等多种手段，及时改变言语交流方式，建立与之相适应的话语体系，增强其实效性，促进思想政治教学的发展。

转变观念的过程不仅限于理论上的理解，还需要教育者具备相应的网络教育技能和素养。这意味着教育者需要熟悉网络教育平台的使用，掌握各种多媒体内容制作方法，如视频制作、音频编辑等，以提升网络教学内容的吸引力和教学效果。转变传统教育观念不仅意味着教学过程的现代化，也意味着教育者需要重新思考教育评价的方式。由于评价方式对于教学过程具有重要的导向作用，因此，传统的考试评分方式可能不能完全适用于网络教育环境。若想充分发挥网络育人的优势，需要教育者探索新的评价方式，如项目式评价、在线行为观察、参与度评价等，以更全面、更准确地评估学生的学习进度和效果。教育者还需要积极面对网络文化的多元性，引导学生批判性地思考和接纳各种文化观念，培养他们的全球视野和跨文化交流能力。同时，教育者需要关注网络环境下的学生心理健康问题，及时发现和解决学生的网络成瘾、网络霸凌等问题。

（二）优化教学方式

在网络文化与新时代高校思想政治教育融合育人的过程中，优化教学方式需要教育者充分利用互联网优势，做好高校学生的思想政治教育工作，教师应提升自身的教学水平与现代化教学技能，运用多媒体技术制作优秀的课件，使思想政治教育课程活跃起来。学校可通过校园网络对学生的三观进行塑造，辅助教师的教学工作，从而达到育人的目的。

在制作优秀课件的同时，教育者可以尝试运用网络交互式教学方式，如在线讨论、学生互评、群体合作等，使思想政治教育过程更具参与感和互动性，提升学生的学习兴趣和思考深度。借助网络平台，教育者可以给予学生更多的自主学习空间，如自主选择学习资源、自我安排学习进度等，以激发学生的主动性和创新性。在这个过程中，教育者的角色更像是引导者和协助者，以帮助学生进行自我发现和自我成长。教育者还可以利用大数据和人工智能技术，进行学生学习行为分析，了解每个学生的学习习惯和需求，提供个性化的学习建议和辅导，同时依据大数据分析得出的结论，对自身的教学实践进行不断的优化。

网络教学有利于跨界学习和实践教学的推进，网络为学科交叉提供了更加便利的途径，教育者可以借助网络资源，整合不同学科的知识，打破传统学科界限，进行跨界思想政治教育。例如，结合历史、哲学、社会学等多个学科，让学生从多角度理解和思考思想政治问题。同时，教育者可以借助网络平台，组织线上社会实践活动，如线上调查、网络公益活动等，让学生在实践中体验和学习思想政治教育的价值。

（三）打造高效思想政治课堂

高校思想政治含有大量的理论知识。课堂教学是高校思想政治教学最主要的途径之一。在新媒体环境下，教师要充分发挥网络平台和技术的优势，打造更加高效的思想政治教育课堂，同时要求教师重视互联网的应用，不断提高教师的网络思维和素养，加强对网络应用的了解。

　　为了在新媒体环境下打造高效的思想政治课堂，教育者需要积极探索和实践新的教学方法和策略。在网络信息技术的支持下，思想政治课已不再仅仅局限于三尺讲台，教师可以在充分运用多媒体，优化课堂教学的同时，将思想政治课堂搬到网络之上，扩展课堂的内涵与外延。例如，借助网络平台，可以实现同步和异步的教学，让学生根据自身的时间安排和学习需求选择最适合自己的学习方式。通过在线测试和评价系统，教育者可以及时了解学生的学习进度和效果，对教学内容和方式进行灵活调整。同时，在实际教学中引入网络课堂讨论环节，可让学生在交流和讨论中深化对思想政治教育内容的理解，有利于培养学生的批判性思维和表达能力。另外，通过开展网络社区服务等活动，将思想政治教育延伸到课堂之外，使学生在实践中感受和理解思想政治教育的价值。

三、提升思想政治教师的网络文化素养和信息技术能力

（一）重视教师队伍建设

　　重视教师队伍建设，加强辅导员、班主任工作队伍建设和管理，通过开展教学培训、外出学习、实践锻炼等方式提高教师思想政治理论水平和信息技术应用能力，定期或不定期地对教学工作者进行培训。强化学校网络育人环境营造，要将网络文化与高校思想政治教育融合发展作为重要内容加以推进。

　　高校可以设置专门的网络技术课程和网络思想政治教育理论课程，引导教师深入理解网络文化和信息技术的影响，了解网络思想政治教育的实践方法，进而提高他们的教学效果。也可以定期举办网络教育培训班和研讨会，让教师有机会交流他们在教学中的成功经验和挑战，从中找到最适合自己的教学方法。学校应鼓励教师在课堂上尝试使用网络教育工具，如线上互动、直播教学、视频教学等。这种尝试可以从小规模的试验开始，通过反馈和调整，逐步扩大到更多的课程和教师。

（二）完善教师职业素养

　　思想政治教师要提高自身修养，从严治教，把思想政治文化融入师德师风建设中，坚定政治方向，提高自身思想道德水平，以身作则，通过网络平台多渠道开展思想政治教育宣传，通过线上课堂进行学术交流，设置知识竞赛，以深化教师的理论水平，为推广思想政治教育奠定良好的基础。

　　从学校角度来说，可以建立以网络教学成果为重要依据的教师评价体系，将教师的网络教学成果，如在线课程的质量、在线教学的反馈等纳入教师绩效评价的重要内容。这会鼓励教师投入到网络教学中，激励他们不断提高网络教学能力。

　　从教师个人角度来说，教师不仅要理解网络文化，更要在实际教学中将网络文化的理念体现出来，如利用网络资源进行自主学习，使用在线社区进行合作学习等。只有在实际行动中实践网络教育理念，教师的网络文化素养和信息技术能力才能得到真正提升。

（三）正确处理师生关系

　　在网络文化与新时代高校思想政治教育融合的过程中，教师要正确对待师生关系，创造一个良好的课堂气氛，并在课堂上坚持"以人为本"的思想，将学生作为教学的核心，坚持学生的主体地位，加强与学生的交流，以取得良好的教学效果，改变传统的教学方式进行数字化，把"互联网"和"思想政治"教学有机地融合在一起，在提高课堂的趣味性的同时，提高学生的学习兴趣。教师要不断地改进网上教学，把网上的优质教学与课堂教学紧密结合起来，以达到吸引学生、提高教学效果、提升教学质量的目的。

第八章

教师队伍建设推动文化与高校思想政治教育的融合

教师是进行思想政治教育的重要力量。要推动文化与高校思想政治教育更好地融合，高校必须重视加强教师队伍建设，提高教师的思想政治教育素质和教学水平。无论是文化育人还是思想政治教育，都具有美育、智育与德育的本质，这一本质要求教育工作必须重视对于学生的情感教育，必须改革以往以理论知识灌输为主的教学模式。无论是教学的设计还是教学的实施，教师的作用都是不言而喻的，一支具备深厚人文底蕴与良好素质结构的高水平师资队伍，是推动文化与高校思想政治教育融合的重要保障。

第一节　新时代高校教师推动文化育人的功能探析

一、知识的传授者

在新时代文化与高校思想政治教育融合发展中，教师扮演着重要的"知识传授者"的角色。他们负责为学生提供系统的思想政治教育知识，引导他们建立正确的价值观和世界观。教师是课堂的主导，是教学活动的关键参与者，是学生知识的教授者，是学生进行实践训练的指导者，因此，教师水平的高低，直接影响到高校人才培养的质量。

文化与高校思想政治教育融合的发展历程相对较短，无论是人才培养模式、教学体系、知识体系，还是教材与教学资料，都处在不断的探索、丰富与发展之中。在这种情况下，教师的作用更加重要。学生自主学习的难度较大，需要在教师的引导下开展思想政治学习与实践。当今时代强调教育过程中学生的主体地位，重视学生自主学习能力的培养，并不是对教师作用的忽视，教师的职责是"传道、授业、解惑"，学生在思想政治学习的过程中遇到难以解决

173

的疑惑与困难时，需要通过向教师请教来解决。

新时代的文化与思想政治融合育人涉及大量学科交叉的知识，且教学内容具有较强的实践性，但学生知识结构有限且缺乏相关经验，因此，在学习过程中很多时候要依赖教师的教学与引导。

在教学实践中"教师是主导，学生是主体"，这个理论普遍适用于多种学科的教学中，思想政治教学也不例外。在教学过程中，教师应该充分发挥主导作用，引导学生进行思想政治学习。摆正师生之间的关系，明确教师与学生不同的作用，有利于营造和谐良好的课堂学习氛围，充分发挥学生思想政治学习的积极性与主动性。

二、教学的实践者

在新时代文化与高校思想政治教育融合发展中，教师不仅是知识的传授者，更是教学的实践者，他们运用丰富的教育技巧和方法，结合新时代的网络技术，对教学过程进行改革和创新，以满足当今学生的学习需求。

作为教学的实践者，高校教师在教学过程中首先要运用多元化的教学方式。在网络信息时代，学生的获取信息的方式和渠道不再单一，因此教师需要跳出传统的教学模式，运用网络资源和多媒体设备丰富教学方式，如PPT课件的使用、网络教学平台的应用、微课程的制作等，以吸引学生的注意力，提高他们的学习兴趣。

在文化与思想政治融合育人的过程中，教师作为教学实践者的重要作用不言而喻。教师是知识与价值观的传播者，他们不仅传授专业知识，还通过不同教学方法和实践活动，将文化元素和思想政治教育有机地结合起来，从而全面提升学生的综合素质。而若想保证教学质量，教师自身应具备丰富的文化底蕴和高度的思想政治觉悟，才能在教学中注入深刻的文化内涵和正确的思想导向。而在实际教学中，除部分理论知识灌输外，教师还可通过课堂讨论、小组活动等多元化的教学方式，激发学生的主动性和参与性，让学生在实际操作中更好地理解和接受文化与思想政治教育的重要性。

在人才培养的过程中，教师需要不断反思和更新自己的教学理念和方法。教师需要不断学习与成长，不断提升自身的专业化水平的，特别在网络时代，教师不仅要有深厚的专业知识，还要掌握先进的教育理念和技术。因此，教师需要时常进行自我学习和研修，以提升自身的教学素养，保持教育教学工作的活力和创新性。

三、学生的管理者

在教学实践中，教师不仅仅是知识的传授者，同时也是教学活动的管理者。在新时代文化与高校思想政治教育融合中，教师作为教学管理的执行者，扮演着至关重要的角色，教师负责管理整个教学过程，包括课程设计、教学进度、学生表现等，以确保教学质量和效果。在这个过程中，教师需要对新教育理念与新时代人才培养要求有相对深入的了解，以便更好地进行教学管理。

教师不仅是课堂教学的主导者，更是课程设计、教学方法和评估体系的规划者。通过精心设计的课程内容和教学活动，教师能够把文化教育和思想政治教育有机地整合到学科教学中，从而让学生在掌握专业知识的同时，也能受到强有力的文化熏陶和思想政治指导。教师还需运用有效的教学管理技巧，如课堂控制、时间管理和学生评估，以保证教学质量和达成教学目标。作为教学管理者，教师要关注学生的个体差异和需求，通过合适的教育策略和教学方法，调动学生的学习兴趣和参与热情。同时，教师应该创建一个包容性强、鼓励多元文化和观点交流的学习环境，使学生在实践和交流中不断地加深对文化和思想政治教育内涵的理解与认同。总体而言，教师在文化与思想政治融合育人中起着至关重要的管理和引领作用。

四、价值的引领者

在新时代文化与高校思想政治教育融合发展中，教师不仅扮演着知识传授者和教学实践者的角色，更在某种程度上成为"价值的引领者"。他们通过自身的行为和态度，对学生产生积极影响，引导他们形成良好的价值观和人生观。

在新时代文化与高校思想政治教育融合发展中，教师负责教授思想政治课程，为学生传授正确的理论知识和价值观。在课堂教学中，教师需要深入阐述社会主义核心价值观，帮助学生理解和把握这些价值观的内涵与要求。此外，教师要培养学生的爱国主义情怀、敬业精神、诚信道德等品质，从而使学生在接受知识和专业技能培训的同时，能够形成正确的价值观念和道德品质。

教师要通过自身的教育教学实践，展现对人的尊重和关爱。在具体的教学过程中，教师需要尊重学生的个体差异，理解和接纳学生的不同观点，帮助学生认识和发展自我，进而激发学生的自尊心和自信心。教师对学生的尊重和关爱，不仅体现了自身的价值，也能引导学生尊重他人，爱人如己。教师作为学生学习的榜样，要通过自身的言行，展现良好的道德风貌。教师应遵守社会的公共道德，恪守教师的职业道德，诚实守信，公正无私，对学生公正无偏，无论在教学还是生活中，都要身体力行，树立良好的道德榜样。教师的道德行为，能引导学生认识和接受社会的道德规范，形成良好的道德品质。

教师应通过具体的教育教学活动，引导学生形成正确的价值取向。在教学过程中，教师要让学生明白，个人的价值并不仅仅在于个人的能力和成就，更在于个人对社会的贡献。教师要引导学生关注社会问题，关心社会发展，关心他人的需要，培养学生的社会责任感和公民素养，并通过科学的教育理念和方法，引导学生形成积极健康的人生观。教师要让学生明白，人生并不只是一场竞争，而是一场对自我、对他人、对社会的责任和使命的实现。教师要帮助学生树立正确的成功观和失败观，使他们懂得生活的意义在于追求和实现内心的价值。教师作为价值引领者，直接影响学生的心理和行为。教师在课堂上的言传身教，以及在课外的辅导与关怀，都会对学生产生深远的影响。学生往往会以教师为榜样，模仿他们的思维方式、言行举止和价值观。因此，教师需要具备高尚的师德品质，以身作则，践行社会主义核心价值观。只有这样，他们才能够引导学生走向正确的道路，为社会主义现代化建设输送合格的人才。

五、教育的研究者

在新时代文化与高校思想政治教育融合发展中，教师应扮演着教育的研究者角色。对于高校教师来说，他们不仅仅是知识教学与学生管理的主体，同时肩负着科研的重任。他们需要不断钻研教育理论、探索教育实践，以深化对教育的理解，提升教育教学的效果。

教师作为教育的研究者，要积极学习和理解教育学的基本理论，掌握教育学、心理学、教育心理学等学科的基础知识，以理解教育的本质、目标、方法和规律。同时，他们需要关注教育学领域的最新研究成果，以便及时更新教育观念，改进教育方法。

教师需要关注并研究学生的学习情况，需要通过观察、评价、反馈等方式，了解学生的学习需求、学习困难、学习进步等，以便针对性地提供教育教学服务。同时，他们需要借助科学的研究方法，对学生的学习过程和学习结果进行系统的分析和评价，以提高教育教学的有效性。

当然，作为教育的研究者，教师不能将关注点仅仅放在教学实践上，还要关注教育本身。教师需要对自己的教学设计、教学实施、教学评价等进行深入的研究与分析，立足于实践，发现教学中的问题，寻找教学的改进之道。同时，他们需要研究和学习其他教师的优秀教育教学实践，以提升自己的教育教学水平。教师还需要研究和探索新的教育教学方法和技术。随着信息技术的发展，教育教学的方式和方法正在发生深刻的变化。因此，教师需要积极学习和掌握新的教育教学技术，如网络教学、移动学习、微课程、在线评价等，以适应新时代的教育教学需求。

第二节　高校教师专业发展的内涵与构成要素

一、教师专业发展概述

（一）一般职业与专业性职业

研究职业与专业，应从二者的含义出发。职业指个人所从事的服务社会并作为自身主要生活来源的工作，而职业本身又分为一般职业和专业性职业。

"职业"一词在英文中的翻译有三个，即 occupation、profession 以及 vocation。其中，occupation 侧重于指代一般的谋生职业，还有消遣和业余活动的意思，而 profession 指代需要特殊专业能力或是较高教育水平的职业。2013年，我国公布的教育学名词中包括"专业性职业"一词，虽然其英语解释中同时出现 profession 和 occupation，但该词的公布表明在汉语语境中，已经对一般的职业与专业性职业进行了明确的划分。

"专业"一词在《汉英双解现代汉语词典》中有三个解释：第一，在高等学校的一个系里或中等专业学校里，根据科学分工或生产部门的分工把学业分成的门类；第二，产业部门中根据产品生产的不同过程而分成的各业务部分；第三，形容专门从事某种工作和职业的。这里讨论的教师专业发展使用的是第三个解释，即教师职业要求从业者不断提升自己的专业知识和专业技能，以实现职业的不断发展。这里的"专业"与专业性职业的概念基本相同，即需要较高的知识或能力需求的职业。

（二）专业化的含义

如上所述，随着社会分工的不断细化，越来越多的一般性职业逐渐发展为专业，这是历史发展的必然趋势，而这一发展过程是职业的"专业化"过程。专业化指在一定时期内，一般职业群体通过不断发展，最终逐渐达到或超越专业的标准，成为专业性职业群体的过程。

专业化是一个过程，具有历史性。一般职业的专业化是一个历史的发展过程，在较长一段时间内，该职业的从业人员不断提升自身的专业知识水平和专业技能素养，使得职业在发展过程中提升了行业的整体标准，并达到专业的水平，成为专业性职业，而在这一阶段，该职业从业人员的专业素质必须达到其专业的标准。

专业标准的制定和提升是专业化的重要标志，也是考察职业专业化程度的重要因素。专业标准将专业性职业与其他职业区分开来，同时为从业人员提供了奋斗目标与评测标准。在某一职业中，行业内的从业人员通过不断的知识学习和技能磨炼以提升自己的专业能力，可以实现职位的升迁或报酬的提升。行业外的人员可以通过该行业专业技能的学习进入行业内部，成为专业人员。专业标准的制定主要以行业内从业人员的普遍专业水平为标准，在我国，行业的专业标准通常表现为准入标准。例如，从事法律专业性强的相关职业，需要拥有国家法律职业资格证书，律师行业还需要额外考取律师执业资格证。建筑工程类职业根据具体工作内容的不同，需要通过对应的考试，比如一、二级建造师考试，消防工程师考试，监理工程师考试等。而在教师行业，专业的准入标准一般为教师资格证。相对于其他行业的标准来看，教师行业虽然有自身的评价体系和评级制度，但准入标准相对并不严格，教师资格证的考取难度并不算高，且对象范围非常广，整体的专业性相对较低。

职业专业化是一个不断发展的过程，因此其专业标准不是一成不变的。随着职业专业化程度的不断提升，或者专业性职业内部分工的不断细化，专业标准会随之变化，以适应专业发展的要求。

（三）教师专业化与教师专业发展

探讨教师专业发展的内涵，首先要明确教师专业化与教师专业发展的含义以及教师专业发展的内在要求。

教师专业化是教师职业专业化的过程，从广义上讲，它有两个层面的含义。其一，教师作为一门职业，其专业化程度不断提升，对于从业人员素质的要求更加严格。其二，作为从业者的教师群体不断丰富自身专业知识、提升自身教学能力和技巧的自我提高过程。从狭义上讲，教师专业化更多是从社会学角度考虑问题，更加强调作为一个整体的教师的专业性提升过程。高等教育作为层次较高的教育形式，国家对其师资队伍的专业化发展水平十分重视。例如，近年来，政府和社会给予高校跨境电子商务师资队伍建设大量的支持，以促进跨境电子商务师资队伍专业化水平的提升。

教师行业的专业性在世界各国已经得到普遍的认同，联合国教科文组织明确提出教育工作是一种专业性强的专门职业，并于1996年提出了一系列加强教师专业化的建议，包括构建科学的职业发展体系，创设适当的行业评价体系、提升教师职业的收入与社会地位等。但在实际生活中，教师专业性没有受到足够重视，许多人对于教师的专业性持怀疑态度，教师专业化本身的发展也的确存在一定的不足，需要进一步提升。

　　学术界关于教师专业化与教师专业发展间的关系的讨论主要有三种不同的观点：

　　第一，教师专业化的过程等同于教师专业发展。

　　第二，教师专业化与教师专业发展的主体不同。教师专业化的主体是教师职业，含义是教师职业不断完善，专业水平不断提升的过程。教师专业发展的主体是教师，指教师自我提升的过程。

　　第三，教师专业化包含教师专业发展。教师专业化包括教师职业和教师个体两个主体，教师专业化同时具有实现职业整体发展和从业者个体进步两个层面的含义。

　　综上可以看出，广义上的教师专业化与教师专业发展之间并没有太明确的界限，"发展"即"变化"，教师专业发展与教师专业化间存在诸多相通之处，均指加强教师专业性的过程。

　　从狭义上看，教师专业化与教师专业发展是两个不同的概念。双方强调的主体不同，教师专业化更加强调整体，即教师这个职业，而教师专业发展更加强调作为行业从业者的教师个体成长的过程。我们所研究的高校思想政治教师专业化发展，是充分结合教师专业化发展的两层含义，既要重视教师自身专业化发展水平的提升，同时又重视高校教师队伍整体的专业化发展。

二、教师专业发展的内容指向

（一）知识结构

1. 思想政治教育专业知识

　　思想政治教育专业知识毫无疑问是高校思想政治教师所需具备的专业知识结构体系中最为重要的组成部分，教师需要对马克思主义基本原理和中国特色社会主义理论体系有深入的理解和坚定信念，这是教师思想政治教育专业知识的基石，有助于教师在教学过程中准确阐述理论，提高学生对理论的理解和接受程度。

　　教师对马克思主义基本原理和中国特色社会主义理论体系的深入理解和坚定信念，是确保教学内容科学性和准确性的重要保证，能够让他们的教学更具有感染力和说服力，从而引导学生接受和认同这些理论，形成正确的世界观、人生观和价值观。只有深入理解和坚定信念，教师才能在教学中准确传达这些理论，引导学生正确理解和应用。

2. 基础教育理论知识

　　教师作为教育者，必须具备充足的教育学知识。教师专业发展中的基础教育理论知识主要包括教育心理学、教育学、教育法学、教育管理学等相关学科的基本理论、基本知识。通过这些知识，教师能够理解教育过程中的教学原则和学生发展规律，从而在教学实践中做出科学决策。

（1）教育学知识。教育学知识是教育理论知识的基础，包括教育的本质、教育的目的、教育的内容、教育的方法等核心问题。教育学知识也包含对教育模式和教育制度的理解。教育学知识在教师的专业发展中起着核心作用。首先，它是思考和理解教育实践的基础。教育的本质问题涉及教育的目标和价值取向，对教师明确教育目标，理解和实施教育活动有着重要的指导意义。教育的目的问题直接关系到教学的指向和落脚点，有助于教师准确把握教育方向，避免盲目教学。其次，教育学知识对教师理解教育内容，确定教学内容有重要帮助。教育内容问题主要涉及教育的知识结构、知识体系和知识领域，对教师开展课程设计、课程开发和课程实施起到重要的指导作用。最后，教育学知识对教师采取教育方法，进行教学活动有指导作用。教育方法问题主要涉及教学方法、评价方法和组织方法，对教师如何进行教学设计、教学实施和教学评价具有重要的指导作用。教育学知识还涉及教育模式和教育制度的理解。这有助于教师理解和熟悉现行的教育制度和教育模式，进而在教育实践中找到适应当前教育制度和模式的教学策略，以提高教学效果。

（2）教学理论知识。教学理论知识涵盖了教学设计、教学方法、教学评价等方面的知识。包括但不限于传统的教学理论如直接教学、探究式学习，也包括现代教育技术在教学中的应用和影响。

教学理论知识在思想政治教师专业发展中具有至关重要的作用，其中，教学设计是提高教学质量的关键环节。优秀的教学设计能够帮助教师清晰地理解和精确地表述教学目标，明确教学内容，选择合适的教学方法，设计有效的教学活动。在思想政治教育中，合理的教学设计能够帮助学生更好地理解和接受教育内容，激发学生的学习兴趣，提高教学效果。教学方法是实现教学目标的重要手段。教学方法的选择应基于教学目标、教学内容和学生的实际情况。在思想政治教育中，采用多元化的教学方法，如案例教学、讨论教学、合作学习等，可以激发学生的学习兴趣，促进学生的主动参与，提高教学效果。教学评价是教学过程的重要组成部分，它对教学过程和结果进行评价，为教师改进教学提供反馈。在思想政治教育中，合理的教学评价能够帮助教师了解学生的学习进度和理解程度，调整教学策略，提高教学效果。

现代教育技术在教学中的应用和影响是教学理论知识的重要组成部分。网络技术、多媒体技术等现代教育技术的应用，使得教学方式和手段更加多元化，也对教学理论产生了深远影响。在思想政治教育中，教师应善于利用现代教育技术提高教学效果，使教学活动更加生动、有趣。

（3）教育心理学知识。教育心理学知识涉及学生的学习动机、学习策略、认知发展和社会情感发展等方面的理论知识。如派格特的认知发展理论、维高斯基的社会文化理论、马斯洛的需求层次理论等。

教育心理学知识对于思想政治教师来说极为重要。它可以帮助教师更好地理解和引导学生的行为，优化教学方法，从而提高教学效果。关于学生学习动机的理论知识，能帮助教师理解学生的学习需求和欲望，找到激发学生学习热情的有效方法。在思想政治教育中，教师可以通过设置合适的教学目标、设计吸引学生的教学活动、提供正面的反馈等方式，提高学生的学习动机。学习策略的理论知识能帮助教师教导学生如何有效学习，如自我调控学习、元认知策略等。在思想政治教育中，教师可以教导学生如何有效理解和记忆政治理论知识，如何批判性地思考政治问题等。关于认知发展和社会情感发展的理论知识，能帮助教师了解学生的发展阶段和特点，以便采用适合学生发展水平的教学方法。在思想政治教育中，教师可以根据学生的认知发展阶段，选择适当的教学内容和方法。同时，教师可以关注学生的社会情感发展，如培养学生的公民素质和社会责任感。

（4）教育评价理论知识。教育评价理论知识涵盖学生学习成果的评价、教师教学效果的评价、课程实施的评价等方面。教育评价理论知识要求教师掌握各种评价方法，如形成性评价、终结性评价、同行评价等。

教育评价理论知识的掌握对于教师在思想政治教育中的实践有巨大的推动作用。它不仅能够提供对学生学习效果的有效测量，也能够作为教师自我反思和自我提升的工具，还能对课程实施效果提供重要反馈。在学生学习成果的评价方面，合理的评价可以激励学生积极参与思想政治课程的学习，鼓励他们在思考和理解中不断深化对思想政治知识的理解。在教学过程中，形成性评价能够及时发现学生的学习困难，为教师提供调整教学策略的依据。而终结性评价可以对学生的学习成果进行总结性的评估，检验教学目标的实现情况。对于教师教学效果的评价，教师可以借此反思自己的教学行为，找出自身在教学过程中的不足，从而提升教学能力。同行评价可以在教师之间形成良性的教学交流，推动教师共同成长。课程实施的评价对课程设计和实施提供反馈，有助于教师及时调整课程方案，使之更加贴近实际，更好地实现教学目标。

（5）教育管理知识。教育管理知识主要包括教育资源的配置、学校文化的建设、学校政策的实施等理论知识。

教育管理知识的掌握对于思想政治教师来说至关重要。首先，教育资源的配置是教育管理的一项重要任务。思想政治教师应具备对教育资源的认知，了解资源配置的原则和方法，包括人力资源、物质资源和信息资源的有效分配和利用，以便在实际教学中合理安排教学资源，提高教学效率。其次，学校文化的建设对于高校思想政治教育的深入发展具有重要影响。思想政治教师不仅要理解学校文化的内涵，还要积极参与学校文化的建设，通过丰富多彩的校园活动，传播社会主义核心价值观，培养学生的社会主义意识形态，使其成为学生日常生活和学习的自觉行动。最后，学校政策的实施是教育管理的重要内容。思想政治教师应清晰了解学校的管理制度和教学政策，理解其背后的价值取向，遵循这些政策进行教育教学活动。同时，他们需要根据学校政策，制定适合自身教学的教学计划和教学方法。

3. 综合文化知识

（1）历史文化知识。包括中国历史、世界历史、文化史等。教师需要对历史进程有全面的了解，包括社会形态的演变、文化的发展等，历史文化知识有助于教师为学生提供全面、深入的历史观和文化观。

（2）文学知识。包括古代文学、现代文学、外国文学等。理解和欣赏文学作品，可以加深教师对人性、社会和历史的理解。同时，可以提升教师的文学素养，使其在教学过程中能够更好地引导学生进行文化感悟。

（3）哲学知识。包括中西哲学思想、伦理学、逻辑学等，对于提升教师的思维能力、理论素养有着重要影响。

（4）社会科学知识。包括社会学、政治学、经济学等。这可以帮助教师更好地理解社会现象，提供全面的社会科学视角。

（5）艺术知识。包括音乐、美术、戏剧、电影等。艺术是人类精神的寄托，通过艺术，可以陶冶情操、涵养品格。精致的艺术创造也是中国传统文化的重要组成部分。

4. 信息技术知识

信息技术知识在高校思想政治教师专业发展中具有重要意义。随着信息技术的飞速发展，思想政治教师需要具备一定的信息技术知识，以更好地进行教学和研究。信息技术知识主要包括计算机操作系统的使用、办公软件的操作、网络浏览器的使用等。这些基础知识是进行信息化教学的基础。音频、视频、动画等多媒体内容的制作和编辑，能够丰富教学手段，提高教学效果。网络技术知识包括网络的基本原理、网络通信协议、网络安全等，能够帮助教师在网络环境下进行有效的教学和管理。而教育信息技术知识包括教育信息化的发展趋势、在线教育平台的应用、教学资源的收集和整理、在线教学方法等，以实现更高效的教育教学模式。

（二）实践教学能力

1. 教学设计能力

面对一个特定的教学任务，教师如何组织教材，如何设计教学程序，采用何种教学方法和技术来开展教学显得尤其重要。好的课堂设计可以使课堂教学跌宕起伏、妙趣横生，可以很快紧紧抓住学生的注意力，激发学生求知的欲望。教学设计能力的高低与可操作性知识的多少密不可分。但是，可操作性知识丰富并不意味着教学设计能力强。文化与思想政治教学融合水平的高低在很大程度上取决于教学设计，高校思想政治教师要有意识地加强有关教学设计的研讨，不同的教学设计理念、不同的教学活动的选择、不同的教学媒体的运用在很大程度上会影响教学效果，影响学生思想政治知识的习得、巩固和提升，也影响文化与思想政治教学融合的水平。

2. 教学沟通能力

现代教育教学理论已经不再把教学看成是知识输出和接受的过程，而是师生之间交流和对话的过程。所以，国内有学者提出"教育即交流"的命题，认为教育的过程实质上是师生沟通的过程。在日常教学中，同一堂课，相同的教学内容，面对相同的学生，有的教师把握起来得心应手，有的教师的课堂却死气沉沉，主要原因是教师沟通能力存在差异，无效或低效的沟通直接影响了教师的教学效能。因此，良好的沟通能力对于教师来说是最基础的能力。特别是在思想政治教学中，更应注重教师与学生之间的交流与互动，因为思想政治教学与学生的生活具有非常紧密的联系。

教师要实现有效的沟通和交流，必须从心底里树立以学生为本的思想，在教学中充分发扬民主，公平地对待每一位学生，耐心倾听每位学生的心声。同时，要注意沟通时的语言技巧，让学生乐于沟通，乐于参与课堂学习，进而热爱老师，热爱思想政治的学习。充分有效沟通和交流的教学才是有效的教学，具备有效沟通和交流能力的教师才是真正胜任教学的专业教师。

3. 教材开发运用能力

高校思想政治教师的专业发展不仅包括对专业知识的掌握，也包括教材的开发与运用能力。在当前信息化的社会背景下，思想政治教师不仅要具备基础的教学能力，更需要有独立开发和利用教材的能力，以满足现代教育的需求，提升教育教学的质量。

教材是教学活动中的重要工具，是学生学习的主要参考资料，也是教师教学的重要指导。教材的质量直接影响到教学的质量和效果。思想政治教师如果能够掌握教材开发与运用的技能，就能够开发出更符合学生学习需求、教学目标和教学内容的教材，从而提高教学效果。现代教育越来越强调个性化教学，要求教师根据学生的学习特点和需求，提供个性化的教学服务。传统的教材往往无法满足这种需求。如果教师能够掌握教材开发与运用的技能，就能够根据学生的实际需求，开发出个性化的教材，满足个性化教学的需求。

在信息化社会，传统的纸质教材已经无法满足教学的需求。现代教学越来越依赖于电子教材、网络教材等新型教材。如果教师掌握教材开发与运用的技能，就能够利用现代信息技术，开发出丰富多样的电子教材，适应信息化教学的需求。教材开发是一项需要创新能力的工作，教师在开发教材的过程中，需要对教学内容进行深入研究，对教学方法进行创新，对教学资源进行整合，这些都有助于培养教师的创新能力。

（三）教育研究能力

在高校思想政治教师专业发展中，教育研究能力包括四点：第一，理论研究能力是教学研究的基础，包括对思想政治教育的基本理论、基本问题、基本方法的深入理解和把握，以及对相关理论的创新思考和研究。第二，实证研究能力，主要涉及对教学实践的观察，收集、整理、分析数据的能力，以及基于数据对教学效果进行评价，找出问题并提出解决方案的能力。第三，教学反思能力，指在教学过程中或教学结束后，对自身的教学行为、教学效果进行反思，从而持续提升教学质量的能力。第四，教学创新能力，即在教学过程中，敢于尝试新的教学方法、教学模式，以求取得更好的教学效果的能力。

教学研究能力直接影响教师的教学质量。通过对教学实践的持续研究和反思，教师可以找出教学中的问题，以及提出解决这些问题的策略。这对于教师个人教学水平的提升，以及整体教育质量的提高至关重要。教学研究能力可以帮助教师不断深化对于教学理论和实践的理解，从而提升教师的专业素养，使其能更好地适应教育的发展和学生需求的变化，实现自我更新和专业成长。通过教学研究，教师可以尝试和探索新的教学方法、技术和模式，以提高教学效率和效果，更好地激发学生的学习兴趣和积极性，培养学生的创新能力和批判性思维。通过教学研究，教师可以更准确地评价学生的学习情况，从而为学生提供个性化的教学和指导。同时，教师可以通过评价自己的教学效果，优化教学方案，提高教学效果。

（四）教师职业道德

所谓"传道、授业、解惑"，传道是教师的首要责任，教师的使命是立德树人，在于把社会主义核心价值观通过教育教学活动浸润到学生心田中，积极传播中国特色社会主义共同理想和中华民族伟大复兴中国梦，把学生培养成为党和人民需要的社会主义事业建设者和接班人。新时代教书育人工作不能只限在课堂中、课本上，更需要扎根大地、扎根学生的日常生活，要把学校教育与家庭、社会联结起来，让价值观教育落实到学生的日常行为中。

教师对职业的热爱、对学生的关心和尊重、对工作认真负责的态度，都是教师持续进步和发展的原动力。高校在教师职业道德建设中，既要运用制度惩恶功能，也要发挥制度扬善作用[①]。当教师所从事的教育工作成为自己生命的重要组成部分，当教师完全驾驭了推动其发展的外部积极因素，摆脱了消极因素的束缚时，思想政治教育和教学就不再仅仅是职责，而是一种享受和快乐。因此，教师只有具备正确的职业观和职业道德，才会全身心投入教学，努力提高教学水平，积极地针对教学过程中的问题和困扰自主寻找答案，做到使学生满意，使自己问心无愧。

在情感方面，教师首先要热爱思想政治教育事业，并愿意为之付出心血。青少年是祖国的未来，是中华民族复兴事业的主要承担者，他们素质的高低直接影响中国未来的发展。因此，每个高校思想政治教师都要有一种责任感，有高度的责任心，立志把学生培养成有用之才。教师应该喜欢自己的学生，因为学生的成长体现着教师的价值，是教师生命的无限延伸。在日常的教学中，尽管学生由于个体性格与个性的不同会给教师的工作带来一定的困难，但他们的点滴进步是对教师最好的回报。教师要热爱每一个学生，对学生要一视同仁。一个班级的学生来自不同的家庭，每个家庭都有自己独特的情况。每个学生也有自己的个性特点，教师要平等地对待每个学生；不偏袒自己特别喜欢的学生，也不歧视自己不喜欢的学生，要对学生充满爱心，以求得融洽和谐的师生关系。

教师的职业道德体系中，除对岗位和学生的热爱，还应该树立正确的专业认同感和专业发展意识。专业认同有助于教师明确自身的定位，以专业身份的标准进行自我要求、自我管理、自我约束和自我规划。教师一旦树立了发展的意识与专业的认同感，就会把自己看作专业发展的主体，不断谋求自身发展的动力和途径。教师不会满足于现有的知识储备和教学水平，更不会安于现状、墨守成规、故步自封，而会以发展的眼光审视变化的教学环境、教学目标、教学对象和教学内容，在实践中不断更新理念，提升教学和科研水平；相反，如果教师缺乏对职业的专业认同感，就会迷失职业生涯的目标，缺乏发展的动力，投入工作的热情明显不足。

在意志方面，教师要具有克服困难的勇气和决心。文化与思想政治教育的融合是一个教育命题，在教学实践中必然要面临挑战。一名优秀的教师需要在教学实践的过程中不断地发现问题、解决问题；不断地通过学习、研究提高自己的教学水平。每名教师都是生活在这个社会中的人，每个人在生活中都有自

---

① 王正青，蒋文程．高校师德制度建设的现代性规则困境与破困路径［J］．现代教育管理，2024（5）：62-73.

己的烦恼，教师要善于控制自己的情绪，不要把不良的情绪带到课堂中。

另外，教师应该具有高尚的品德，在教学实践中，教师应该先教会学生怎么做人，做一个具有高尚道德的人，这要求其自身是一个具有高尚道德的人。教师应该具有非常丰富的情感和色彩，这样，课堂才会富有激情和诗意，教师才能用高尚的品德塑造人。

第三节　新时代高校教师在文化与思想政治教育融合育人能力与素质方面的提升

一、完善教师培训机制

（一）教师培训的重要性

1. 紧跟教育发展趋势

当前的教育环境正在发生快速的变化，尤其是新技术的出现，如互联网、大数据、人工智能等，它们都正在深刻地改变教育方式和方法。此外，文化与思想政治教育的融合也是教育发展的新趋势。因此，教师需要通过培训机制而跟上这些变化，以保持自己的教学技能和知识的现代性。

为了跟上教育发展趋势，教师必须接受专业和技能培训，以便能够熟练应用新的教学工具和理论。举例来说，如果教师能够熟练使用互联网进行教学，那么他们就能够利用在线资源和工具去更有效地教学，进一步提升教学效率和学生学习的吸引力。同时，这使得教师能够更好地适应远程教育和混合式教学的趋势。在教学理论方面，文化与思想政治教育的融合需要教师有整合和创新的思维方式。这意味着教师需要有能力把握文化和政治教育的共同点，能够在教学中灵活运用各种教育理念和方法，以实现教学目标。而这样的能力可以通过专业培训得到提升。

此外，完善的教师培训机制需要考虑到教师的个人发展需求。在新的教育环境下，教师不仅要更新自己的教学技能和知识，也要有足够的时间和空间进行自我反思和自我提升。因此，教师培训机制应该为教师提供一个开放、多元和互动的学习环境，以促进他们的专业成长。

2. 提升教学质量

培训机制可以帮助教师获得新的教学理论、方法和技能，使他们能够更有效地进行教学。通过此类培训，教师可以更好地理解学生的需求，掌握更有效的教学策略，从而提高教学质量。

　　教育领域不断涌现出新的教学理论和方法，通过培训，教师可以了解到最新的教学研究成果和教学实践案例，教师通过系统的培训可以学习到更有效的教学策略，如激发学生的主动性、培养批判性思维和创新能力等，以提高教学效果。专业培训可以帮助教师更好地了解学生的需求和特点，从而更好地满足他们的学习需求。通过学习教育心理学、教育科学等方面的知识，教师可以更准确地分析学生的学习特点和困难，采用相应的教学方法和策略，提高教学的针对性和个性化。培训可以帮助教师学习和掌握多样化的教学策略，以应对不同学生的学习风格和需求。教师可以学习到多种教学方法，如合作学习、问题解决、案例教学等，从而使教学更富有趣味性、互动性和启发性。教师可以通过专业培训提升自身的教育素养，包括教学能力、教育观念、教育伦理等。教师可以通过培训加强自己的教育思想及教育方法，提高自身的教育专业水平和道德素养。

　　3. 塑造良好的教育环境

　　通过培训，教师可以更好地理解并实践教育理念，包括对学生的尊重、对学生个性的认可、对合作和交流的重视等，这有助于塑造一个充满尊重和开放的教育环境。

　　专业培训可以帮助教师深入理解并更新教育理念，从而更好地指导他们的教学实践。通过培训，教师可以接触到最新的教育研究成果和教学方法，了解到如何更好地尊重学生、关注学生个性差异、重视合作和交流等，从而在教学过程中积极营造一个尊重、包容的教育环境。专业培训可以帮助教师更好地理解学生的需求和特点，从而更注重激发学生的主体性和参与性。教师通过培训可以学习如何设立开放性的学习环境，鼓励学生提问、表达观点、参与讨论和合作学习，使学生成为教学过程中的主体，从而促进学生的积极参与和全面发展。

　　通过专业培训，教师可以更好地理解学生，认识到每个学生的个性差异和需求，从而建立良好的师生关系。通过培训，教师可以学习到如何更好地与学生进行沟通和互动，关注学生的情感需求，建立师生之间的信任和尊重，创造积极向上的教育氛围。培训机制可以帮助教师认识到合作和共享对于教育的重要性，并学习如何在教学中营造合作和共享的氛围。通过培训，教师可以学习如何组织合作学习活动、鼓励学生分享观点和经验，以及如何促进师生之间的互动和合作，从而培养学生的合作精神和团队意识，建立起积极的学习氛围。

　　4. 提升教师的职业满意度

　　专业培训是教师不断地学习和成长的重要路径，这不仅可以提高他们的教学能力，也可以提高他们的职业满意度。对教师职业发展的关注和支持，可以增强教师的工作积极性和满足感。教师通过参加专业培训可以不断学习和更新自己的知识及技能。这种不断学习的机会可以增加教师的专业发展，提高他们的教学能力和水平，从而增强他们职业生涯中的成就感和满足感。教师培训机制可以提供发展个人兴趣和专业兴趣的机会。培训包括教学技能的提升、教育研究的深入探索、教育管理的学习等，使教师能够在自己的专业领域中取得更大成就，从而增强他们的职业满意度。

教师培训可以为教师提供支持和认可，让他们感受到自己的工作受到重视和赞赏。教育机构和学校可以通过奖励机制、晋升机制、表彰优秀教师等方式表达对教师的认可，增强他们的职业满意度和工作动力。通过培训，教师可以不断提升自己的教学能力和专业素养，增加他们对自身能力的自信心，培养专业自豪感。这种自信心和自豪感能进一步激发教师的热情和投入，提高他们在教学中的职业满意度。

5. 实现教育公平

完善的教师培训机制能确保所有的教师都有机会获得高质量的培训，可以避免教师之间的能力差距过大，进而促进教育的公平。教师培训的目标之一是提高教师的专业能力。通过培训，教师可以学习最新的教学理论和方法，了解教育研究的最新成果，提高自己的教学水平和能力。这有助于减少不同教师间的能力差距，促进教育公平。教师专业培训可以为教师提供资源共享和协作的机会。通过培训活动，教师可以相互交流教学经验、分享教学材料和教学资源。这种资源共享和协作有助于提高教学质量，缩小因资源不足而导致的教育差距。

（二）完善教师培训机制的路径

1. 制订全面的培训计划

制订全面的培训计划对于教师的专业发展至关重要，因为对于教师的专业发展来说，若想提高培训质量，需要有针对性的培训计划。这意味着教育行政部门和学校应该明确教师的培训需要，并满足这些需要。培训计划应包括对新教师的入职培训、对在职教师的持续专业发展培训以及对高级教师的领导力培训等。

教育行政部门和学校应该进行需求评估和分析，以了解教师的培训需求。可以通过调查问卷、访谈、教学观察等方式进行，以确定教师在不同领域和技能方面的培训需求，包括教学技能、教育理论、课程设计、评估方法、学生管理等。同时，基于需求评估和分析的结果，制定明确的培训目标。培训目标应该具体、可衡量，并与教师的个人发展和学校的教育目标相一致。这可以帮助教师明确自己需要提升的领域，以及培训后所期望达到的能力水平。培训计划应该包括不同层次和阶段的培训。针对新教师，应提供入职培训，帮助他们适应教学工作并掌握基本的教学技能。对在职教师，应提供持续的专业发展培训，包括进修课程、研讨会、教学交流活动等，帮助他们不断提高教学水平和专业能力。对于高级教师，应提供领导力培训，以培养他们的领导才能和管理能力。

2. 建立多元化的培训方式

传统的面对面的培训方式虽然有效，但不能满足所有教师的需求。因此，需要采用多元化的培训方式，如在线培训、混合式培训、工作坊、研讨会等，以满足教师不同的学习风格和时间安排。

促进培训方式的多元化发展，可以利用互联网和数字技术，为教师提供在线学习的机会。在线培训可以提供灵活的学习时间和地点，教师可以根据自己的时间安排选择适合自己的学习内容和学习进度。在线培训包括在线课程、教学资源的共享平台、虚拟讨论和互动等。还可以结合传统面对面培训和在线培训的方式，使教师在面对面交流和互动的同时，利用在线资源进行学习和扩展。这种培训方式可以提供更灵活的学习体验，并促进教师之间的合作及交流。也可以举办研讨会，通过专家讲座、案例分享、小组讨论等形式，提供实践经验和教学策略的分享及交流。这种培训方式可以促进教师之间的互动和合作，共同解决教学中的难题，并提升教学质量。还可以建立教师社区学习的平台，教师可以在社区中分享教学资源、交流教学经验、互相提供反馈和支持。社区学习可以通过在线论坛、教学社交媒体群组等方式进行，以促进教师之间的交流和合作。

3. 提供丰富的实践机会

理论培训是必要的，但只有当教师有机会将所学应用到实践中，才能真正提高他们的教学技能。因此，培训机制应提供足够的实践机会，如课堂观察、教学实习、教学反思等。

实践是教师培训的关键环节，它能够让教师将所学知识付诸实践，并在实际教学中不断调整和完善自己的教学策略。通过实践，教师能够更好地理解学生的需求和学习方式，把握教学的节奏和效果。实践使教师能够更好地理解学生。课堂观察和教学实习让教师亲身体验学生的学习过程，了解他们的兴趣、能力和学习需求。通过与学生的直接互动，教师能够更准确地把握教学内容的难度和深度，采用更合适的教学方法和策略，从而提高教学效果。实践促使教师不断反思和改进自己的教学实践。教学反思是教师提升自身专业能力的关键环节，通过对教学过程和效果的深入思考和评估，教师可以发现自己的教学优势和不足之处，并积极寻求改进的方式和途径。教师通过反思和改进，才能不断提高自己的教学质量和教学效果。实践也提供了教师与同行交流和合作的机会。教师通过参与教学团队、研讨会和教学交流活动，与其他教师分享自己的实践经验，学习借鉴他人的教学方法和策略。这种合作与交流的过程可以帮助教师开拓思路，拓宽教学视野，从而不断提升自己的教学水平。

4. 保持培训的持续性

教师的专业发展是一个持续的过程，因此，教师培训也应该是持续的。这可能需要定期的培训，以及对教师的持续支持和指导。持续性培训可以帮助教师跟上教育发展的步伐。教育领域也在不断变化，新的教育理念、方法和技术不断涌现。教师通过持续性培训，可以接触到最新的教育理论和实践，了解最新的教育政策和课程改革方向，不断更新自己的教学知识和技能，以更好地满足学生的学习需求。

保持培训的持续性，要经培训机制形成制度，纳入教师专业发展的总体规划当中，保证培训的市场与质量。同时，培训应该进行跟踪评估，了解教师参与培训的情况和效果，并根据评估结果进行持续改进。这可以确保培训计划的有效性和适应性，以满足教师的需求和发展。

二、提升教学研究水平

（一）提供研究资源和支持

学校和教育机构可以提供丰富的研究资源，如图书馆、电子数据库、期刊等，以便教师进行教学研究。同时，提供研究经费、研究场地和研究设备等支持，以鼓励教师进行深入的教学研究。

学校的图书馆应该配备丰富的教育研究文献和参考书籍，包括相关领域的学术期刊、研究报告和专著等。教师可以通过图书馆借阅或在线访问这些资源，以便深入研究和了解最新的教育研究动态。学校需要订阅教育研究领域的电子数据库，如学术期刊数据库、在线图书馆等，为教师提供方便快捷的在线查阅和下载研究文献的途径。此外，可以提供教育研究领域的在线资源平台，为教师提供开放并可获取的研究报告、学术论文和研究工具等。学校可以设立研究经费，鼓励教师进行教学研究。教师可以通过申请研究经费来支持他们的研究项目，用于购买研究材料、参加学术会议、开展实地调研等。此外，学校可以设立教学研究资助项目，鼓励教师申请资助，支持他们的教学研究活动。

学校还应为教师提供专门的研究场地，如研究室或实验室，为他们提供一个专注和舒适的研究环境。此外，需要在研究设备和工具上给予教师全力的支持，如电脑软件、实验仪器等，以支持教师的教学研究工作。

（二）培养研究意识和兴趣

学校可以通过组织研讨会、研究讲座和研究项目等活动，培养教师的研究意识和兴趣。同时，学校可以邀请优秀的教师和研究者分享他们的研究经验和成果，激发教师的研究热情。

　　学校可以定期组织研讨会和研究讲座，邀请优秀的教师、教育专家和研究者分享他们的研究经验和成果。这些活动可以为教师提供一个了解最新研究动态和趋势的平台，激发他们对教学研究的兴趣。还可以设立研究项目和课题，鼓励教师主动参与研究。这些项目和课题可以围绕教学实践中的问题和挑战展开，激发教师对问题的深入思考，并通过研究来寻找解决方案。学校可以为教师提供资金、资源和指导，支持他们的研究项目。

（三）导师指导和合作研究

　　学校可以为教师配备导师，由经验丰富的教师指导新教师的教学研究。导师可以提供研究指导、建议和反馈，帮助教师提升研究水平。此外，鼓励教师之间的合作研究也可以促进研究能力的提升。

　　学校可以与其他科研院校充分合作，而为教师配备导师是提升教师教学研究能力的重要措施。导师通常是经验丰富、在教学研究领域有较高造诣的教师或研究者。他们可以提供研究方向的指导、研究方法的建议和研究过程的反馈。导师可以帮助教师制订研究计划、明确研究目标，并在整个研究过程中提供指导和支持。导师的经验和指导可以帮助教师更好地开展教学研究，提升研究水平。除导师指导外，学校还可以鼓励教师之间的合作研究，这也是提升教师研究能力的有效途径。教师之间的合作研究可以促进彼此间的学习和成长。通过合作研究，教师可以共享资源、交流经验、互相启发，提高研究的深度和广度。合作研究可以丰富教师的研究视野，激发创新思维，拓展研究的领域和范围。

（四）建立研究交流平台

　　学校需要联合学校、企业、社会等，建立教学研究交流平台，如学术论坛、研究小组和在线社区等。这样可以为教师提供一个交流和分享研究成果的平台，促进彼此之间的学习和成长。

　　学校可以定期组织学术论坛，邀请教师和研究者分享他们的研究成果和经验。论坛可以包括学术报告、研究演讲和讨论等环节，为教师提供一个广泛的交流和学习的平台。教师可以借此机会了解最新的研究进展，与其他研究者进行互动和讨论，分享自己的研究成果，并获得反馈和建议。学校还可以建立在线教学研究社区，为教师提供一个便捷的交流和分享平台。在线社区可以通过在线论坛、博客、研究群组等形式，让教师随时随地进行交流和互动。教师可以在社区中发布自己的研究成果、教学经验和问题，与其他教师进行讨论和交流，从而促进教学研究的共同成长。

　　学校与相关机构可以联合组织教师交流研究成果展示活动，为教师提供展示研究成果的平台。这可以是学术研讨会、展览会、研究展示会等形式。教师可以展示自己的研究项目、研究报告和研究成果，与其他教师分享自己的研究成果和经验，互相学习和借鉴。

三、优化师范教育

师范教育是培养高质量教师资源的关键途径，对教师进行专业技能训练、职业道德培育和教育理念熏陶，为社会培养大批素质全面、具有专业素养的教师。然而，随着时代的发展，师范教育自身也面临着改革和优化的问题，以适应高校教师专业发展的需要。文化与思想政治教育的融合育人要求教师具备广泛的文化素养和深厚的思想政治理论基础，能够将其融入到教学实践中，引领学生树立正确的世界观、人生观、价值观。为此，优化师范教育的重要性不可忽视，并需要探索适合的路径和方法。

师范教育是培养教师专业能力和素养的重要途径，对于高校教师在文化与思想政治教育融合育人方面的能力提升至关重要。因此，学校和教育部门应高度重视师范教育，加大投入和支持，提升师范教育的质量和影响力。师范教育的课程设置应充分融入文化与思想政治教育的内容和要求。教师需要系统学习和掌握相关的思想政治理论知识、传统文化、国情国史等内容，理解并运用这些知识和理论进行教学和育人工作。

除理论学习，师范教育还应重视实践环节的设置。学校可以提供实习和教学实践机会，让教师将所学的文化与思想政治教育理论应用到实际教学中。通过实践，教师能够更好地理解学生的需求和特点，掌握教学的策略和方法，提升自身在文化与思想政治教育融合育人方面的能力。高校应与其他学校建立稳定合作机制，为师范生提供良好的实习条件。在实习期间，师范生可以亲身参与实际教学工作，与学生进行互动和交流。他们可以实践教学策略和方法，应用文化与思想政治教育理论，培养学生正确的价值观和思想觉悟。通过实习，师范生可以了解学生的需求和特点，熟悉教学环境，积累宝贵的教学经验。学校也可以设计教学实践项目，要求师范生独立或合作完成。这些项目可以涉及文化与思想政治教育的内容，如开展思想政治教育课程设计、组织思想政治活动等。师范生可以通过项目实践，深入了解文化与思想政治教育的实施方式和效果，掌握教学策略和方法，提升自身在融合育人方面的能力。学校可以建立教学实验室或模拟教学场景，供师范生进行教学实践。这些实验室可以模拟真实的教学环境，让师范生在模拟情境中进行教学演练，培养教学技能和能力。通过实际操作和反思，师范生可以更好地理解文化与思想政治教育融合的具体实施过程，提高教学效果和育人效果。

参考文献

［1］李鸿雁，张雪著．高校思政课教学改革与创新研究［M］.延吉：延边大学出版社，2022.

［2］严昌莉．高校思政理论课教学实务研究［M］.北京：北京工业大学出版社，2021.

［3］陈彦雄．高校思政课教学质量问题研究［M］.北京：北京工业大学出版社，2021.

［4］陈金平．多媒体时代高校的思政教育研究［M］.北京：北京工业大学出版社，2020.

［5］任金晶．新时期高校思政课程理论与实践探索［M］.长春：吉林大学出版社，2022.

［6］顾雁飞．新时期高校思政协同育人机制探究［M］.长春：吉林大学出版社，2022.

［7］连那．新时代高校思政育人体系建设研究［M］.长春：吉林大学出版社，2022.

［8］范彬．新时代高校思政育人理论体系研究［M］.长春：吉林大学出版社，2022.

［9］谢波，孙玉．新时代背景下高校思政育人体系路径探索［M］.长春：吉林大学出版社，2022.

［10］余晓宏．传统文化与高校思政教育探索［M］.哈尔滨：黑龙江人民出版社，2019.

［11］李冠楠．中国传统文化与高校思政教育［M］.长春：吉林大学出版社，2016.

［12］王海云．弘扬中华优秀传统文化培育社会主义核心价值观：基于高校思政课的教学与研究［M］.昆明：云南人民出版社，2021.

［13］王俊棋，王昕．全球化与中国文化［M］.成都：西南交通大学出版社，2020.

［14］史逸君，朱放敏，余友情．大学生思想政治教育与校园文化建设［M］.长春：吉林出版集团股份有限公司，2020.

［15］寇进.全媒体环境下高校思政教育创新研究［M］.延吉：延边大学出版社，2022.

［16］傅莹.新媒体时代高校思政工作创新［M］.汕头：汕头大学出版社，2019.

［17］崔岚.高校思政课程建设与大学生人文精神培养［M］.北京：北京工业大学出版社，2020.

［18］丁海蒙.校园文化与高校德育联动探究［M］.上海：立信会计出版社，2013.

［19］石加友，苗国厚.大学生思想政治教育管理学［M］.北京：光明日报出版社，2022.

［20］于超.大学生思想政治教育理论与实践创新研究［M］.长春：吉林大学出版社，2022.

［21］朱彬.高校思政教育网络资源建设研究［D］.南昌大学硕士学位论文，2022.

［22］周兴杰.高校思政课教学落实立德树人根本任务研究［D］.贵州师范大学硕士学位论文，2022.

［23］经正新.高校思政课教学中运用虚拟红色文化资源的现状及改进研究［D］.上海财经大学硕士学位论文，2022.

［24］韩丽君.新时代高校思政课师生关系建设研究［D］.辽宁师范大学硕士学位论文，2022.

［25］黄山力."四史"教育融入高校思政课存在的问题及对策研究［D］.湖北民族大学硕士学位论文，2022.

［26］李苗苗.新时代高校思政课教师师德师风提升研究［D］.大连理工大学硕士学位论文，2022.

［27］徐铁柱.高校思政课程与"课程思政"协同育人研究［D］.沈阳师范大学硕士学位论文，2022.

［28］李俊龙.革命文化融入高校"课程思政"育人研究［D］.西安工业大学硕士学位论文，2022.

［29］马强.中华优秀传统文化融入高校思政课教学研究［D］.青海大学硕士学位论文，2022.

［30］熊祎.新时代高校思政课实践教学模式研究［D］.四川外国语大学硕士学位论文，2022.

［31］徐棠棠.高校思政课教学中大学生主体性研究［D］.沈阳工业大学硕士学位论文，2021.

［32］王光辉.高校思想政治理论课教师提升马克思主义理论素养研究［D］.

桂林理工大学硕士学位论文，2021.

［33］于文香.新时代高校思政课涵育大学生文化自信研究［D］.上海师范大学硕士学位论文，2021.

［34］吕菲.在高校思政课中发挥学生主体性作用研究［D］.燕山大学硕士学位论文，2021.

［35］林文君.高校思政课加强文化自信教育研究［D］.湖南大学硕士学位论文，2021.

［36］朗叶莹.高校思想政治理论课铸魂育人问题研究［D］.东北师范大学硕士学位论文，2020.

［37］彭丽丽.高校思想政治工作大格局及其构建路径研究［D］.长安大学硕士学位论文，2019.

［38］李刚.儒家文化融入高校思想政治理论课教学研究［D］.江西财经大学硕士学位论文，2016.

［39］程瑶.高校思想政治理论课教学改革及其实效性研究［D］.温州大学硕士学位论文，2016.

［40］陈兰兰.校园文化在高校思想政治教育中的作用研究［D］.山东大学硕士学位论文，2016.

［41］王丹琦.当前高校思想政治教育资源开发利用问题及对策研究［D］.华中师范大学硕士学位论文，2016.

［42］张贺程.高校思政课教师人文素养拓展问题研究［D］.华北电力大学硕士学位论文，2015.

［43］刘骏，高向东.基于高校第二课堂学分系统的学生综合素质评价研究［J］.思想理论教育，2022（9）：106-111.

［44］董怀良.“四史”教育融入高校思政课的价值意蕴与实现［J］.沧州师范学院学报，2023（2）：90-94+116.

［45］吴桐，李波，赵晓娟.党史学习教育融入高校思想政治教育的研究［J］.大众文艺，2023（11）：100-102.

［46］王维佳.“三全育人”视阈下红色文化融入高校思政教育的实践机制［J］.廊坊师范学院学报（社会科学版），2023（2）：116-122.

［47］韩波.课程思政背景下高校传统文化育人路径探索［J］.大庆社会科学，2023（3）：151-154.

［48］赵培琳，董前程.红色文化融入高校思政课的路径探析［J］.现代商贸工业，2023（13）：206-208.

［49］王霞，李利芳.红色文化资源融入高校思想政治理论课的价值与路径

［J］.现代商贸工业，2023（13）：209-211.

［50］潘红，王志建.党的二十大精神融入高校思政课教学研究［J］.黑龙江教师发展学院学报，2023（6）：1-3.

［51］冯静，徐宁.高校思政课教师学习共同体建构：现状、问题和路径［J］.黑龙江教师发展学院学报，2023（6）：41-45.

［52］胡忠英.红色文化融入高校思政课的路径选择——评《红色文化与高校思想政治教育耦合发展研究》［J］.中国教育学刊，2023（6）：110.

［53］马松，孙秀玲.新媒体赋能高校思政教育的应用价值、现实瓶颈及实践路径［J］.传媒，2023（11）：83-86.

［54］李平.党史教育融入高校思政课教学的逻辑理路和进路探析［J］.佳木斯职业学院学报，2023（6）：10-12.

［55］陈礼荣，刘小文.红色文化融入高校思政课实践教学的路径探究［J］.新西部，2023（5）：138-141.

［56］王雷.全媒体时代背景下的高校思政工作调整策略研究［J］.湖北开放职业学院学报，2023（10）：163-165.

［57］孙成娟.文化自信视域下高校思想政治教育效果提升研究［J］.湖北开放职业学院学报，2023（10）：102-103+106.

［58］陈瑶.高校思政教育中红色文化资源的开发与应用［J］.中学政治教学参考，2023（20）：103.

［59］薛伟芳，樊亚.新时代地方高校思政课多维立体化教学体系建设与思考［J］.牡丹江大学学报，2023（5）：95-102.

［60］刘志艳，纪静，刘瑞华.高校思政教学工作思路创新初探［J］.采写编，2023（5）：158-160.

［61］王欢.高校思政课引领大学生思想的重点、难点与应对策略研究［J］.湖北开放职业学院学报，2023（9）：91-93.

［62］王晓靖，岳龙.新时代高校思政教育创新路径探究［J］.秦智，2023（5）：110-112.

［63］秦瑛，秦鹏.中华优秀传统文化融入高校思政教育的实施路径［J］.林区教学，2023（5）：24-27.

［64］张丹.新媒体视域下高校思政教育工作的创新研究［J］.陕西教育（高教），2023（5）：22-24.

［65］何淑婷."互联网+"时代下高校思政育人模式的构建［J］.经济师，2023（5）：179-180+182.

［66］潘希武.校本课程建设的转向及其深化［J］.教育学术月刊，2023（6）：

12–17+26.

［67］赵政，郭家于．红色文化资源的思想政治教育功能及其实现［J］.学校党建与思想教育，2023（20）：37–40.

［68］刘杨．试论高校思政课教师信息化教学能力的提升［J］.学校党建与思想教育，2023（24）：39–41.

［69］王婷婷，向艳．新时代高校校园文化育人的逻辑机理及路径优化［J］.江苏高教，2024（1）：86–90.

［70］吴砥，郭庆，郑旭东．智能技术进步如何促进学生发展［J］.教育研究，2024，45（1）：121–132.

［71］梅纪萍，周建祥．"大思政课"视域下"五维协同"育人模式研究［J］.江苏高教，2024（2）：103–107.

［72］雷冰洁．关系的时间向度：当代青年人际交往价值观研究［J］.青年探索，2024（3）：70–79.

［73］杨贤金．用社会主义核心价值观培育时代新人［J］.红旗文稿，2024（9）：4–8+1.

［74］王正青，蒋文程．高校师德制度建设的现代性规则困境与破困路径［J］.现代教育管理，2024（5）：62–73.

［75］张三元．网络文化生产与社会主义核心价值观的大众化［J］.探索，2024（3）：142–156.

［76］王增福．中华优秀传统文化融入思想政治教育的实践路径［J］.教学与研究，2024（6）：36–45.

后　记

对习近平总书记关于"两个结合"的重要论述和高校思想政治教育有关问题的实践探索与思考，对校级课题"宜宾学院'党建统揽'工程与'三全育人'的整体性协同性研究"和十佳党建案例"擎灯工程""五心五提"优秀支部工作法的实践，促进了我对本书的构思和撰写完成。当书稿即将付梓之际，心中充满了许多感激与期待。

文化是一个民族的根脉，中华优秀传统文化是中华 5000 多年文明的积淀，也是劳动人民智慧的结晶，承载着中华民族的共同期待和共同价值，其核心内容已融入中华民族血液，镌刻成每个中华儿女的文化基因，"日用而不自知"地渗透在中国人的人生之路和一言一行之中，当然也影响着大学生的世界观、人生观和价值观的养成。

在多年从事高校思想政治教育工作的过程中，我深切感受到了思想政治教育工作在新时代背景下所承担的时代责任。文化作为高校思想政治教育的重要载体，文化育人是思想政治教育的重要组成部分。文能载道，高校思想政治教育把中华优秀传统文化所蕴含的天道、人道等珍贵的精神资源和其包含的现代意蕴植根于大学生内心深处，为践行社会主义核心价值观夯实了精神支柱和价值支撑，提供了幸福美满的文化滋养。文可弘道，文化育人是"三全育人""十大育人体系"之一，高校思想政治教育工作主导着文化育人的路径和成效。加强大学生对中华优秀传统文化等的理解、认知和把握，可以让他们更能明晰悠悠中华的发展历程、传统文化和文明积淀，从而增进对当今社会主义中国来之不易的认知，更加在思想上强化对伟大祖国、中华民族、中华文化、中国共产党、中国特色社会主义的认同。文也能化人，文化与高校思想政治教育深度融合，既是对大学生实现人的全面自由发展的尊重，也是塑造良好精神品格和美丽人格的催化剂，其根本目的是唤醒青年大学生的个人自觉，把个人的进步与国家的进步、个人的命运与国家的命运、个人的发展与国家的发展、个人的理想与国家的梦想结合起来，在建设中国特色社会主义、推进中华民族伟大复兴的征程中奏响时代的华章。

正是各种育人文化与高校思想政治教育的融合，才使思想政治教育能更好地为大学生发展提供动力支持。面对中华民族伟大复兴战略全局和百年未有之大变局，大学生要担负起中华民族伟大复兴的时代重任，高校思想政治教育工作使命光荣且任重道远。为此，本书站在立德树人的高度，对不同育人文化的内涵、载体、路径等进行了探索。尽管有些尝试和观点还缺乏深入思考，但培育大学生成人成才是一项久久为功且系统性的工程，希望这些尝试和观点能够起到抛砖引玉的作用。我也将和广大思想政治教育工作者一道，持续努力推进思想政治教育这一伟大工程。

在撰写本书的过程中，利用了曾经在宜宾学院党委宣传部、党委组织部、党委办公室、马克思主义学院等部门工作、任教积累的一些经验和思考。本书的完成，得到了许多前辈和学校领导、专家、同事的大力支持、指导及帮助。何会宁教授作为思想政治教育专家，亦师亦友般地对书稿花费了大量心血，对书稿框架、理论逻辑等进行了细心指导，给予我大量启发；徐斯雄博士对书稿的形成提出了自己的观点，对书稿的完成提供了学术支持；竭仁贵博士对书稿的形成提出了大量建议，并对书稿出版提供了大力支持。本书能够成稿出版，要感谢宜宾学院马克思主义学院和科研与学科建设处的指导和支持，感谢宜宾学院党委办公室的同事和其他朋友们的关心帮助。同时，还要感谢所有参考文献的作者，是你们的研究成果坚定了我写作的决心，你们的观点激发了我写作的灵感。在此，我向在完稿过程中以各种方式给予支持的各位专家、领导以及提供帮助的同事和朋友们表示最诚挚的谢意。

由于时间仓促，加之水平有限，书中难免存在疏漏与不足之处，恳请广大读者提出宝贵意见和建议。